Diogenes Taschenbuch 20041

de
te
be

W0071498

Werkausgabe

Band 21

William Faulkner
Eine Rose für Emily

Erzählungen
Aus dem Amerikanischen
von Elisabeth Schnack

Diogenes

Die ›Collected Stories of William Faulkner‹
erschienen bei Random House, Inc., New York, 1950
Nachweise am Schluß des Bandes
Copyright © 1964 by
Fretz & Wasmuth Verlag AG Zürich
Lizenzausgabe mit freundlicher Genehmigung
Umschlagzeichnung von
Tomi Ungerer

Veröffentlicht als Diogenes Taschenbuch, 1972
Alle Rechte an dieser Ausgabe vorbehalten
Diogenes Verlag AG Zürich
40/91/8/5
ISBN 3 257 20041 2

Inhalt

Eine Rose für Emily

I

Als Miss Emily Grierson starb, ging unser ganzes Städtchen zum Begräbnis: die Männer aus einer Art verehrungsvoller Anhänglichkeit an ein gestürztes Monument, die Frauen meistens aus Neugier, um das Innere des Hauses zu sehen, das in den letzten zehn Jahren niemand außer einem alten Diener – der gleichzeitig Koch und Gärtner war –, gesehen hatte.

Es war ein großes, fast quadratisches Holzhaus, das, ehemals weiß, mit Kuppeln und Spitztürmchen und verschnörkelten Balkonen im überladen eleganten Stil der siebziger Jahre verziert war, und es lag an einer Straße, die sich einst als unsre vornehmste präsentiert hatte. Aber Garagen und Baumwollmühlen hatten selbst die erlauchten Namen jener Gegend verdrängt und ausgelöscht; einzig Miss Emilys Haus war übriggeblieben und erhob sich in all seinem Verfall hartnäckig und kokett über die Baumwollwagen und Benzinpumpen – ein Schandfleck unter Schandflecken. Und nun war Miss Emily verschieden, um sich zu den Trägern der erlauchten Namen auf dem von nachdenklichen Zedern bestandenen Friedhof zu gesellen, wo sie zwischen den Gräbern der unionistischen und konföderierten Offiziere und unbekannten Soldaten lagen, die in der Schlacht von Jefferson gefallen waren.

Zu ihren Lebzeiten war Miss Emily eine Tradition, eine Pflicht und eine Sorge gewesen, eine Art erblicher Verpflichtung unseres Städtchens, die von jenem Tag im Jahre 1894 datierte, da der Oberst Sartoris, unser Bürgermeister – es war der gleiche, von dem die Verfügung stammte, daß keine Negerin ohne Schürze auf der Straße erscheinen dürfe –, ihr die Steuern erließ, und diese Dispensation galt vom Tode ihres Vaters an auf ewige Zeiten. Nicht etwa, daß Miss Emily Wohltaten empfangen hätte. Oberst Sartoris erfand eine verwickelte Geschichte, die dahin lautete, daß Miss Emilys Vater der Stadt Geld geliehen habe, das die Stadt aus geschäftlichen Gründen auf diese Weise zurückzuzahlen vorzog. Nur ein Mann von Oberst Sartoris' Generation und Denkart hätte so etwas erfinden und nur eine Frau hätte es glauben können.

Als die nächste Generation mit ihren moderneren Ideen zu Bürgermeistern und Stadtverordneten aufrückte, erregte das Abkommen leisen Unwillen. Am Ersten des Jahres schickten sie ihr mit der Post einen Steuerzettel zu. Der Februar kam, aber keine Antwort. Sie schrieben ihr einen formellen Brief mit der Bitte, zu einer ihr passenden Stunde im Büro des Sheriffs vorzusprechen. Eine Woche drauf schrieb ihr der Bürgermeister persönlich und bot ihr an, sie aufzusuchen oder sie in seinem Wagen abholen zu lassen; darauf erhielt er auf einem Briefblatt von altmodischem Format mit verblaßter Tinte in feiner, flüssiger Handschrift die Antwort, daß sie überhaupt nie mehr ausginge. Der Steuerzettel lag bei, ohne irgendwie erwähnt worden zu sein.

Daraufhin wurden die Stadtverordneten zu einer Sondersitzung zusammengerufen. Eine Abordnung suchte Miss Emily auf und klopfte an die Haustür, durch die kein Besucher mehr gegangen war, seit sie vor acht oder zehn Jahren aufgehört hatte, Unterricht in Porzellanmalerei zu erteilen. Der alte Neger ließ sie in einen dunklen Flur eintreten, von dem eine Treppe zu noch dunkleren Schatten emporführte. Es roch nach Staub und unbenützten Räumen – ein dumpfiger, modriger Geruch. Der Neger führte sie in einen Salon mit schweren Ledermöbeln. Als er die Stores an einem Fenster hochzog, konnten sie sehen, wie brüchig das Leder war, und als sie sich niederließen, stieg um ihre Schenkel ein feiner, träger Staub auf und kreiselte mit langsamen Sonnenstäubchen durch den einzigen Sonnenstrahl. Vor dem Kamin stand ein Pastellbildnis von Miss Emilys Vater auf einer schwarz angelaufenen, vergoldeten Staffelei.

Sie erhoben sich, als sie eintrat – eine kleine, fette Frau in Schwarz mit einer feinen Goldkette, die bis zur Taille niederhing und in ihrem Gürtel verschwand; sie stützte sich auf einen Ebenholzstock mit blindem Goldknauf. Ihr Knochengerüst war fein und schmächtig; das war vielleicht der Grund, weshalb das, was bei einer andern Frau nur rundlich gewesen wäre, bei ihr als aufgeschwemmt wirkte. Ihre Haut sah aufgedunsen aus wie bei einer Leiche, die lange in stagnierendem Wasser gelegen hat, und zeigte die gleiche Blässe. Ihre Augen, die sich in den Fettpolstern ihres Gesichts verkrochen, sahen wie zwei in einen Teig gedrückte Kohlestückchen aus, als sie von einem Gesicht zum andern wanderten, während die Besucher sich ihres Auftrags entledigten.

Sie forderte sie nicht zum Sitzen auf. Sie stand einfach in der Tür und hörte stumm zu, bis der Sprecher der Abordnung stockte. Dann konnten sie die unsichtbare Uhr am Ende der goldenen Kette ticken hören.

Ihre Stimme war trocken und kalt. »Ich bin in Jefferson nicht steuerpflichtig. Oberst Sartoris hat es mir erklärt. Vielleicht kann einer von Ihnen Einblick in die Akten der Stadt nehmen und sich davon überzeugen.«

»Aber das haben wir getan! Wir verkörpern die städtische Behörde, Miss Emily! Haben Sie den Brief vom Sheriff nicht erhalten, den er selbst unterschrieben hat?«

»Ich habe ein Papier bekommen, doch«, sagte Miss Emily. »Vielleicht hält er sich für den Sheriff. Ich bin in Jefferson nicht steuerpflichtig.«

»Aber das geht aus den Büchern nicht hervor. Wir müssen uns nach dem richten, was . . .«

»Sprechen Sie mit Oberst Sartoris! Ich bin in Jefferson

nicht steuerpflichtig!« (Oberst Sartoris war seit beinahe zehn Jahren tot.) »Tobe!« Der Neger erschien. »Begleite die Herren hinaus!«

II

Sie siegte also auf der ganzen Linie – genau wie sie vor dreißig Jahren ihre Väter besiegt hatte, als es um den Geruch ging. Es war zwei Jahre nach ihres Vaters Tod gewesen und kurz nachdem ihr Liebhaber – von dem wir geglaubt hatten, er würde sie heiraten – sie sitzengelassen hatte. Nach ihres Vaters Tod ging sie nur sehr wenig aus; nachdem ihr Liebhaber fort war, sah man sie fast nie mehr. Ein paar Damen besaßen die Dreistigkeit, ihr eine Visite zu machen, aber sie wurden nicht empfangen, und das einzige Anzeichen von Leben auf dem Anwesen war der Neger – damals noch ein junger Mann –, der mit einem Marktkorb ein und aus ging.

»Als ob ein Mann – egal, wer – eine Küche instand halten könnte!« sagten die Damen; sie waren daher nicht überrascht, als der Geruch auftrat. Es war ein neues Bindeglied zwischen der vulgären, wimmelnden Welt und den hochmütigen, stolzen Griersons.

Eine Nachbarin beschwerte sich beim Bürgermeister, Richter Stevens, der damals achtzig Jahre alt war.

»Aber was meinen Sie denn, Madam, was ich in der Sache tun soll?« fragte er.

»Oh, schreiben Sie ihr, es müsse aufhören«, sagte die Frau. »Wir haben doch schließlich Gesetze!«

»So weit brauchen wir sicher nicht gleich zu gehen«, sagte Richter Stevens. »Wahrscheinlich handelt es sich nur um eine Schlange oder Ratte, die ihr Nigger im Hof totgeschlagen hat. Ich kann ja mit ihm darüber reden.«

Am nächsten Tag wurden ihm zwei weitere Beschwerden vorgetragen, die eine von einem Mann, der mit einer bescheidenen, aber flehentlichen Bitte kam. »Wir müssen wirklich etwas dagegen tun, Richter Stevens! Ich bin gewiß der letzte, der Miss Emily belästigen will, aber wir müssen etwas dagegen tun!« Am Abend traten die Stadtverordneten zusammen, drei Graubärte und ein jüngerer Mann – einer von der kommenden Generation.

»Ist doch ganz einfach«, sagte er. »Geben Sie ihr Anweisung, ihr Haus säubern zu lassen! Räumen Sie ihr eine bestimmte Frist ein, und wenn sie es nicht tut . . .«

»Verdammt noch mal, sir«, sagte Richter Stevens, »wollen Sie einer Dame ins Gesicht sagen, daß es bei ihr schlecht riecht?«

Also schlichen sich am folgenden Abend bald nach Mitternacht vier Männer über Miss Emilys Rasen und wie Einbrecher ums Haus: sie schnupperten am Backsteinfundament und an den Kellerluken, während einer mit gleichmäßiger, säender Gebärde seiner Hand etwas aus dem an seiner Schulter hängenden Sack holte. Sie brachen die Kellertür auf und streuten dort und in allen Nebengebäuden Kalk aus. Als sie den Rasen wieder überqueren wollten, war ein Fenster, das vorher dunkel gewesen war, erleuchtet: Miss Emily saß dort, hinter sich das Licht, und so gerade und reglos wie ein Götzenbild. Sie schlichen leise über den Rasen und in den Schatten der Akazien, die längs der Straße wuchsen. Nach ein oder zwei Wochen war der Geruch verschwunden.

Damals war's, als die Leute anfingen, sie richtig zu bedauern. In unserm Städtchen erinnerte man sich daran, wie ihre Großtante, die alte Dame Wyatt, auf ihre alten Tage vollkommen verrückt wurde, und man fand, die Griersons seien mehr als nötig von sich eingenommen. Keiner von den jungen Männern erschien Miss Emily gut genug und so weiter. Lange Zeit hatten wir sie uns wie ein Bild vorgestellt, Emily im Hintergrund, eine schlanke Gestalt in Weiß, ihr Vater breitbeinig im Vordergrund sitzend, den Rücken ihr

zugekehrt, die Reitpeitsche in der Hand, und beide eingerahmt von der weit geöffneten Haustür. Als sie daher auf
die Dreißig zuging und immer noch ledig war, empfanden
wir nicht gerade Schadenfreude, aber immerhin Genugtu-
ung: selbst wenn sie Wahnsinn in der Familie hatten, hätte sie kaum jede Heiratsaussicht ausgeschlagen, falls sie tatsächlich feste Form angenommen hätte.

Als ihr Vater starb, sprach es sich herum, das Haus sei
alles, was er ihr hinterlassen habe, und irgendwie waren
die Leute froh darüber. Endlich konnten sie Miss Emily
bemitleiden. Jetzt war sie alleinstehend und verarmt und
dadurch menschlicher geworden. Jetzt würde auch sie die alte
Erfahrung machen und um einen Penny mehr oder weniger
zittern oder verzweifeln.

Am Tage nach ihres Vaters Tod schickten sich alle Damen
an, einen Besuch bei ihr abzustatten und ihr Trost und Hilfe anzubieten, wie das bei uns Sitte ist. Miss Emily empfing
sie an der Haustür, alltäglich gekleidet und ohne eine Spur
von Trauer im Gesicht. Sie sagte ihnen, ihr Vater sei nicht
tot. Das machte sie drei Tage lang, während Pfarrer und
Ärzte kamen und sie zu überreden versuchten, den Leich-
nam herauszugeben. Erst als sie auf Gewalt und Gesetz
zurückgreifen wollten, brach sie zusammen, und der Vater
wurde schleunigst begraben.

Damals sagten wir nicht, sie sei verrückt. Wir glaubten,
sie müsse so handeln. Wir erinnerten uns an all die jungen
Leute, die ihr Vater verscheucht hatte, und wir wußten,
daß sie sich nun, da ihr nichts mehr geblieben war, an den
klammerte, der sie beraubt hatte, denn so geht es eben zu.

III

Lange Zeit war sie krank. Als wir sie wiedersahen, war
ihr Haar kurzgeschnitten, wodurch sie wie ein junges Mäd-

chen aussah und entfernt an die Engel auf bunten Kirchenfenstern erinnerte – durch eine gewisse tragische Gelassenheit.

Die Stadt hatte gerade die Kontrakte zur Pflasterung der Bürgersteige abgeschlossen, und im Sommer nach ihres Vaters Tode wurde mit der Arbeit begonnen. Die Baugesellschaft kam mit Niggern und Maultieren und Maschinen und einem Vorarbeiter namens Homer Barron, einem großen, dunklen, gewandten Yankee mit voller Stimme und Augen, die heller als sein Gesicht waren. Die kleinen Jungen liefen ihm in Scharen nach, um ihn über die Nigger fluchen und die Nigger im Takt zum Auf und Ab der Spitzhacke singen zu hören. Bald kannte er jedermann in der Stadt. Sooft man irgendwo auf dem Square schallendes Gelächter hörte, war Homer Barron der Mittelpunkt der Gruppe. Bald sahen wir dann, wie er und Miss Emily an den Sonntagnachmittagen mit dem gelbrädrigen Buggy und den Braunen, einem Passer-Gespann aus dem Mietstall, zusammen ausfuhren.

Zuerst waren wir froh, daß Miss Emily wieder etwas Interesse zeigte, denn alle Damen sagten: »Natürlich kann eine Grierson nicht im Ernst an einen Nordstaatler denken, und noch dazu einen Arbeiter!« Aber es waren auch andre da, ältere Leute, die meinten, nicht einmal Kummer dürfe eine wahre Dame dahin bringen, daß sie das *noblesse oblige* vergäße – natürlich bezeichneten sie es nicht als *noblesse oblige*. Sie sagten einfach: »Die arme Emily! Ihre Verwandten sollten herkommen!« Sie hatte Verwandte in Alabama, aber ihr Vater hatte sich schon vor Jahren wegen des Vermögens der Dame Wyatt, der verrückten Alten, mit ihnen zerstritten, und zwischen den beiden Familien bestand keine Verbindung mehr; sie waren nicht einmal bei der Beerdigung vertreten.

Und sobald die alten Leute sagten: »Arme Emily!«, da begann auch schon das Getuschel: »Glauben Sie, daß es wirklich so ist?« fragte einer den andern. »Natürlich! Was sonst könnte ...« Das raunte man hinter der vorgehaltenen Hand; dann das Rascheln von hälsereckenden Seiden- und Atlaskleidern hinter Jalousien, die gegen die sonntagnachmittägliche Sonne heruntergelassen waren, während das helle, flinke ›Trapp, trapp, trapp‹ des Gespanns vorübertrabte. »Arme Emily!«

Sie trug ihren Kopf hoch genug – sogar, als wir glaubten, sie sei gefallen. Es war, als verlange sie mehr denn je die Anerkennung ihrer Würde als der letzten Grierson; als habe es noch dieses Kontakts mit dem Weltlichen bedurft, um ihre Unantastbarkeit erneut zu bekräftigen. So wie damals, als sie das Rattengift kaufte, das Arsen.

Es war über ein Jahr her, seit sie begonnen hatten, »Arme Emily!« zu sagen, und um die Zeit, als die zwei Basen zu Besuch kamen.

»Ich möchte ein Gift haben«, sagte sie zum Apotheker. Sie war damals über dreißig, noch immer eine schmächtige Frau, jedoch magerer als sonst, mit kalten, hochmütigen schwarzen Augen in einem Gesicht, dessen Fleisch sich über die Schläfen und um die Augenhöhlen spannte – etwa so, wie man sich das Gesicht eines Leuchtturmwärters vorstellen mag. »Ich möchte ein Gift haben«, sagte sie.

»Gern, Miss Emily. Was für eine Art Gift? Gegen Ratten und dergleichen? Ich empfeh ...«

»Ich möchte das beste haben. Die Art ist mir gleich.«

Der Apotheker nannte mehrere Gifte. »Damit kann man alles umbringen, sogar Elefanten! Was Sie aber brauchen, ist ...«

»Arsen«, sagte Miss Emily. »Ist das gut?«

»Ob ... Arsen? Ja, Ma'am. Was Sie aber brauchen ...«

»Ich brauche Arsen.«

Der Apotheker blickte auf sie herunter. Sie erwiderte seinen Blick mit erhobenem Kopf und einem Gesicht wie ein straffgespanntes Banner. »Gewiß«, sagte der Apotheker.

»Wenn Sie gerade das wollen. Aber es ist gesetzliche Vorschrift, daß man angibt, wofür man es verwenden will.«

Miss Emily hatte den Kopf so weit in den Nacken gelegt, daß sie ihm fest ins Auge blicken konnte, und starrte ihn einfach an, bis er wegsah und fortging, um das Arsen zurechtzumachen und einzuwickeln. Der farbige Austräger übergab ihr das Päckchen; der Apotheker erschien nicht wieder. Als sie das Päckchen zu Hause öffnete, stand auf der Schachtel unter dem Totenkopf und den gekreuzten Knochen: ›Gegen Ratten.‹

IV

Am folgenden Tag sagten wir alle: »Sie will sich umbringen!«, und wir fanden, es wäre das beste für sie. Als sie sich zuerst mit Homer Barron blicken ließ, hatten wir gesagt: »Sie will ihn heiraten.« Dann hatten wir gesagt: »Sie wird ihn schon noch einfangen«, denn Homer hatte selbst erklärt (er ging gern unter Männer, und es war bekannt, daß er im Elch-Klub mit jungen Leuten zechte), er tauge nicht für die Ehe. Später – wenn sie am Sonntagnachmittag im glitzernden Buggy vorbeifuhren, Miss Emily mit hocherhobenem Haupt und Homer Barron mit schief aufgesetztem Hut und einer Zigarre zwischen den Zähnen und Zügel und Peitsche im gelben Handschuh – sagten wir hinter den Jalousien: »Die arme Emily!«

Dann sagten allmählich ein paar Damen, es sei eine Schande für die Stadt und ein schlechtes Beispiel für die Jugend. Die Männer wollten sich nicht einmischen, aber schließlich zwangen die Damen den Baptistenpfarrer – Miss Emilys Familie gehörte der Episkopalkirche an –, sie aufzusuchen. Er wollte nie enthüllen, was bei dem Besuch geschah, weigerte sich jedoch, ihn zu wiederholen. Am nächsten Sonntag fuhren die beiden wieder durch die Straßen, und am

Tage drauf schrieb die Frau des Pfarrers an Miss Emilys Verwandte in Alabama.

Sie hatte also wieder Verwandte unter ihrem Dach, und wir warteten die Entwicklung der Dinge ab. Dann gelangten wir zu der Überzeugung, daß sie heiraten wollten. Wir hörten, daß Miss Emily beim Juwelier gewesen und eine silberne Herren-Toilettengarnitur mit dem Monogramm H. B. auf jedem Stück bestellt hatte. Zwei Tage später erfuhren wir, daß sie eine vollständige Herrengarderobe einschließlich Nachthemd gekauft habe, und wir sagten: »Sie sind verheiratet!« Wir freuten uns gewaltig darüber. Wir freuten uns nämlich deshalb, weil die beiden Basen noch viel mehr Grierson waren, als es Miss Emily je gewesen.

Daher wunderten wir uns also nicht, daß Homer Barron nicht mehr da war (die Straßen waren schon seit einiger Zeit fertig). Wir waren ein bißchen enttäuscht, daß kein öffentlicher Abschied stattfand, aber wir glaubten, er sei weggefahren, um Miss Emilys Einzug vorzubereiten oder ihr Gelegenheit zu geben, die beiden Basen loszuwerden. (Es war mittlerweile zu einem Komplott gekommen, und wir waren samt und sonders auf Miss Emilys Seite und halfen ihr, die Basen hinters Licht zu führen.) Tatsächlich reisten sie nach einer weiteren Woche ab. Und, wie wir es längst erwartet hatten: innerhalb von drei Tagen war Homer Barron wieder in der Stadt. Ein Nachbar hatte gesehen, wie der farbige Diener ihn eines Abends in der Dämmerstunde zur Küchentür einließ.

Und das war das letzte, was wir von Homer Barron zu sehen bekamen. Und eine Zeitlang auch von Miss Emily. Der Neger ging mit dem Marktkorb ein und aus, aber die Haustür blieb geschlossen. Dann und wann sahen wir sie wohl einen Augenblick am Fenster – so wie die Männer in der Nacht, als sie den Kalk streuten –, aber fast ein halbes Jahr lang erschien sie nicht auf der Straße. Dann begriffen wir; auch das war zu erwarten gewesen; es war, als ob die Eigenart ihres Vaters, der ihr Leben als Frau vereitelt hatte, zu kräftig und zu wild gewesen sei, um sterben zu können.

Als wir Miss Emiliy dann wiedersahen, war sie dick geworden, und ihr Haar fing an zu ergrauen. Während der nächsten Jahre wurde es immer grauer, bis es ein gleichmäßiges Eisengrau geworden war und aufhörte, sich noch zu verändern. Bis zu ihrem Sterbetag in ihrem vierundsiebzigsten Lebensjahr blieb es das gleiche kräftige Eisengrau – wie das Haar eines rüstigen Mannes.

Von jener Zeit an blieb ihre Haustür verschlossen, ausgenommen eine kurze Zeit von sechs oder sieben Jahren, als sie etwa vierzig war und Unterricht in Porzellanmalerei erteilte. In einem Zimmer im Erdgeschoß richtete sie ein Atelier ein, wohin die Töchter und Enkelinnen der Zeitgenossen Oberst Sartoris' mit der gleichen Regelmäßigkeit und aus der gleichen Gesinnung geschickt wurden, wie man sie sonntags mit einem Fünfundzwanzig-Cents-Stück für die Kollekte in die Kirche schickte. Inzwischen waren ihr die Steuern erlassen worden.

Dann wurde die jüngere Generation Rückgrat und Seele unserer Stadt, und die Malschülerinnen wurden älter und blieben fort und schickten ihr auch nicht ihre Kinder mit Farbkästen und langweiligen Pinseln und den aus Damenzeitschriften ausgeschnittenen Bildchen. Die vordere Haustür schloß sich hinter der letzten Schülerin und blieb endgültig geschlossen. Als die Stadt freie Postzustellung für jedes Haus erhielt, weigerte sich einzig Miss Emily, ein metallenes Nummernschild und einen Briefkasten an der Haustür anbringen zu lassen. Davon wollte sie nichts wissen.

Tag um Tag, Monat um Monat und Jahr um Jahr sahen wir den Neger grauer werden und gebückter mit seinem Marktkorb ein und aus gehen. Ende Dezember schickten wir ihr alljährlich einen Steuerzettel, der eine Woche später mit dem Vermerk ›Unbestellbar‹ durch die Post zurückgeschickt wurde. Hin und wieder sahen wir sie an einem der unteren Fenster – offenbar hatte sie das Obergeschoß abgeschlossen –, sahen sie wie den Torso eines gemeißelten Götzenbildes in einer Nische; ob sie uns anblickte oder nicht, konnten wir nie sagen. So gelangte sie von Generation zu Generation: teuer, unvermeidbar und unantastbar, unangefochten und verschroben.

Und so starb sie. Wurde krank in dem Haus voller Staub und Schatten, in dem nur ein zitteriger Neger zu ihrer Bedienung da war. Wir wußten nicht einmal, daß sie krank war; wir hatten es längst aufgegeben, aus dem Neger eine Auskunft herauszuholen. Er sprach mit niemand, wahrscheinlich auch nicht mit ihr, denn seine Stimme klang harsch und verrostet, als ob sie seit Jahren nicht gebraucht worden war.

Sie starb in einem der unteren Zimmer in einem schweren Nußbaumbett mit Vorhängen, den grauen Kopf gegen ein Kissen gelehnt, das vor Alter und Lichtmangel gelb und stockfleckig war.

V

Der Neger empfing die ersten Damen an der Haustür, ließ sie ein mit ihren gedämpften, zischelnden Stimmen und den raschen, neugierigen Blicken – und verschwand. Er ging schnurstracks durchs Haus und zur Hoftür hinaus und ward nie mehr gesehen.

Die beiden Basen kamen umgehend. Die Trauerfeier fand zwei Tage darauf statt, und das ganze Städtchen erschien, um Miss Emily unter einer Fülle von gekauften Blumen liegen zu sehen, während das kreidige Gesicht ihres Vaters gedankenverloren auf die Bahre blickte und die Damen unheimlich wisperten; und die sehr alten Männer – manche noch in ihrer frisch ausgebürsteten Konföderierten-Uniform – standen auf der Veranda und auf dem Rasen und prachen von Miss Emily, als ob sie aus ihrer Generation stammte, und waren überzeugt, mit ihr getanzt und vielleicht geflirtet zu haben, und brachten die Zeit mit ihrem mathematischen Vorrücken durcheinander – ganz nach alter Leute Art, denen die Vergangenheit nicht eine schmaler werdende Straße, sondern im Gegenteil eine weite Wiese ist, die kein Winter je ganz berührt und von der sie jetzt nur durch den Engpaß des allerletzten Jahrzehnts getrennt sind.

Wir wußten bereits, daß sich in den oberen Regionen des Hauses ein Zimmer befand, das seit vierzig Jahren kein Mensch betreten hatte und das aufgebrochen werden mußte. Man wartete, bis Miss Emily in Ehren unter der Erde lag, ehe man es öffnete.

Die Gewalt, unter der die Tür niederbrach, schien das Zimmer mit alles durchdringendem Staub zu erfüllen. Ein dünner, ätzender Grabeshauch schien gleich einem Leichentuch über dem ganzen Zimmer zu liegen, das wie ein Brautgemach geschmückt und ausgestattet war: über den Bettvorhängen in verblichenem Rosenrot, über den rosig abgeschirmten Lämpchen, auf dem Frisiertisch, auf dem elegant angeordneten Kristall und den männlichen Toilettengegenständen mit ihren dunkel angelaufenen Silberrücken – so dunkel angelaufen, daß das Monogramm unkenntlich war. Dazwischen lagen ein Kragen und eine Krawatte, als ob sie gerade erst abgelegt worden wären, und als man sie aufhob, hinterließen sie im Staub einen bleichen Sichelmond. Auf einem Stuhl hing, sorgsam gefaltet, der Anzug; darunter standen die beiden stummen Schuhe und die abgestreiften Socken.

Der Mann aber lag im Bett.

Lange Zeit standen wir nur da und blickten auf das eingefallene, fleischlose Grinsen. Der Körper hatte offensichtlich einst in liebender Umarmung gelegen, doch jetzt hatte der lange Schlaf, der die Liebe überdauert und sogar das Zerrbild der Liebe besiegt, ihn zum Hahnrei gemacht. Was von ihm noch übrig war, was verwest war unter den Resten des Nachthemds, war vom Bett, auf dem er lag, nicht zu trennen; und auf ihm und auf dem Kissen neben ihm lag der gleichmäßige Überzug geduldigen und beharrlichen Staubes.

Dann bemerkten wir auf dem zweiten Kissen den Abdruck eines Kopfes. Einer von uns nahm etwas vom Kissen auf, und als wir uns vorbeugten und der schwache, kaum sichtbare Staub uns trocken und ätzend in die Nase stieg, sahen wir es: ein langes eisengraues Haar.

Haar

I

Das Mädchen, die Susan Reed, war eine Waise. Sie lebte bei einer Familie namens Burchett; sie hatten noch ein paar Kinder, zwei oder drei, außerdem. Manche Leute sagten, Susan sei eine Nichte oder Kusine oder dergleichen; andre verbreiteten die üblichen Verleumdungen über Mr. Burchetts oder sogar über Mrs. Burchetts Charakter: man kennt das ja. Meistens waren es die Frauen.

Als Hawkshaw in die Stadt zog, war sie etwa fünf. Es war sein erster Sommer hinter dem Frisiersessel in Maxeys Salon, als Mrs. Burchett zum erstenmal im Geschäft erschien. Maxey erzählte mir, daß er und die andern Friseure drei Tage lang mit ansahen, wie Mrs. Burchett versuchte, Susan (die damals ein mageres kleines Mädchen mit großen, furchtsamen Augen war und eben dieses glatte, seidenweiche Haar hatte, das nicht blond und nicht braun ist) ins Geschäft zu bugsieren. Und Maxey erzählte, daß es schließlich Hawkshaw war, der auf die Straße hinausging und das kleine Mädchen eine Viertelstunde lang bearbeitete, bis er es im Geschäft und auf einem Frisiersessel hatte – ausgerechnet Hawkshaw, der, soviel man wußte, nie etwas anderes als Ja oder Nein zu irgendeiner Menschenseele in der ganzen Stadt gesagt hatte. »Hol mich der Teufel«, sagte Maxey, »wenn's nicht genauso aussah, als hätte Hawkshaw sie erwartet!«

Es war das erstemal, daß sie sich die Haare schneiden ließ. Hawkshaw schnitt sie ihr, während sie in dem weißen Frisiermantel wie ein furchtsames kleines Kaninchen dasaß. Doch ein halbes Jahr später kam sie schon ganz allein ins Geschäft, um sich von Hawkshaw das Haar schneiden zu lassen, und sah mit ihrem furchtsamen Gesicht und den großen Augen und dem undefinierbaren Haar über dem Frisiermantel noch immer wie ein dummes kleines Kaninchen aus. Wenn Hawkshaw einen Kunden hatte, dann, so erzählte mir Maxey, kam sie näher und setzte sich dicht neben Hawkshaws Sessel auf die Wartebank, wo sie ihre Beine waagrecht von sich streckte, bis Hawkshaw fertig war. Maxey sagte, sie hätten sie genauso als Hawkshaws Kundin betrachtet, wie wenn sie eine von den Stammkunden gewesen wäre, die sich Samstag nachmittags rasieren ließen. Er sagte, einmal habe sich der andere Friseur, Matt Fox, erboten, sie zu bedienen, weil Hawkshaw einen Kunden hatte, doch Hawkshaw habe ihm einen durchbohrenden Blick zugeworfen. »Ich bin im Nu fertig«, hätte er gesagt. »Ich bediene sie sofort!« Maxey erzählte mir, Hawkshaw habe damals seit fast einem Jahr bei ihm gearbeitet, doch das sei das erstemal gewesen, daß er ihn mit solcher Entschiedenheit habe sprechen hören.

Im Herbst dann wurde das Mädchen in die Schule geschickt. Jeden Morgen und Nachmittag kam sie am Friseurgeschäft vorbei. Sie war noch immer scheu und ging schnell, wie es kleine Mädchen tun, und ihr goldbrauner Kopf zog auf Fensterbretthöhe so schnell daran entlang, als wäre sie auf Schlittschuhen. Zuerst war sie immer für sich allein, doch sehr bald steckte ihr Kopf in einem Haufen andrer Köpfe, und alle schwatzten, und keiner blickte aufs Fenster, während Hawkshaw sich dort am Fenster aufhielt und hinaussah. Maxey sagte, er und Matt hätten nie mehr auf die Uhr blicken müssen, um zu wissen, wann es fünf vor acht oder fünf vor drei war, sie brauchten nur Hawkshaw zu beobachten. Es war, als zwinge ihn eine Art Anziehungskraft zum Fenster, ohne daß er selber es merkte, um genau zu der Zeit hinauszublicken, wenn die Schulkinder anfingen vorbeizukommen. Wenn sie zum Haareschneiden ins Geschäft kam, schenkte er ihr zwei oder drei Pfefferminzplätzchen, während er andern Kindern, wie Maxey mir erzählte, nur eins gab.

Nein, stimmt nicht! Matt Fox war's, der mir das erzählt hat – der andere Friseur. Er war's auch, der mir von der Puppe erzählt hat, die Hawkshaw ihr zu Weihnachten schenkte. Ich weiß nicht, wie er das entdeckt hat. Hawkshaw hat es ihm sicher nicht erzählt. Doch irgendwie erfuhr er es; er wußte mehr über Hawkshaw als Maxey. Er war nämlich selber verheiratet, der Matt. Ein dicker, schwabbeliger Bursche mit einem käsigen Gesicht und Augen, die müde oder traurig dreinblickten, ja, irgend so was. Ein komischer Bursche, und als Barbier beinah ebensogut wie Hawkshaw. Er sprach ebenfalls nie sehr viel, und ich weiß nicht, wie er so viel über Hawkshaw wußte, wenn selbst ein geschwätziger Mann wie Maxey nicht viel aus ihm herausbrachte. Vermutlich hat ein geschwätziger Mann gar nicht genug Zeit, um überhaupt viel zu vernehmen – höchstens Worte.

Jedenfalls hat Matt mir erzählt, daß Hawkshaw ihr jedes Jahr zu Weihnachten etwas geschenkt hat, sogar, nachdem sie schon ein großes Mädchen war. Sie kam noch immer zu ihm ins Geschäft und setzte sich in seinen Sessel, und er beobachtete sie jeden Morgen und Nachmittag, wenn sie auf dem Schulweg – auf dem Hin- oder auf dem Rückweg – dort vorbeikam. Ein großes Mädchen, und schüchtern war sie schon lange nicht mehr.

Man hätte glauben können, es sei nicht mehr das gleiche Mädchen. Sie war so schnell in die Höhe geschossen. Zu schnell. Das war das Schlimme. Manche sagten, es käme daher, weil sie eine Waise war, und dergleichen. Aber das war es nicht. Mädchen sind anders als Knaben. Mädchen kommen schon entwöhnt auf die Welt, und Knaben sind nie entwöhnt. Der Teufel soll mich holen, wenn man nicht sogar Sechzigjährige sieht, die sich dauernd nach dem Kinderwagen zurücksehnen.

Nicht etwa, daß sie schlecht war. Man kann nicht von einer Frau behaupten, sie sei von Geburt an schlecht, weil nämlich alle Frauen mit einem schlechten Charakter auf die Welt kommen, die Schlechtigkeit steckt schon in ihnen, ehe sie geboren werden. Wichtig ist's nur, sie zu verheiraten, ehe die Schlechtigkeit zum Ausbruch kommt. Doch wir versuchen, sie einem System anzupassen, das behauptet, eine Frau dürfe erst in einem gewissen Alter verheiratet werden. Und die Natur kümmert sich den Deubel um Systeme, und Frauen kümmern sich erst recht nicht um sie – oder überhaupt um irgend etwas. Susan wuchs einfach zu rasch. Sie erreichte den kritischen Punkt, wenn die Schlechtigkeit zum Ausbruch kommt, ehe es laut System der richtige Zeitpunkt war. Ich glaube, sie können nichts dafür. Ich hab selber eine Tochter, und ich zaudre nicht, es auszusprechen.

So stand es also mit ihr. Matt erzählte mir, wie sie sich das ausgerechnet hätten, könnte sie nicht älter als dreizehn gewesen sein, als Mrs. Burchett sie eines Tages versohlte, weil sie Schminke und Lippenstift benützt hatte, und in jenem Jahr, so sagte er, hätten sie sie zu den unmöglichsten Zeiten, wenn sie eigentlich in der Schule hätte sein sollen, kichernd und lachend auf der Straße gesehen: noch immer mager, mit dem Haar, das weder blond noch braun war, das Gesicht so dick geschminkt, daß man hätte glauben können, es müßte ihr beim Lachen wie eingetrockneter Lehm aufplatzen, und ihr alltägliches einfaches Gingham-Kleid oder was ein dreizehnjähriges Kind sonst wohl tragen sollte, zurechtgezupft und gestrichen, um zur Schau zu stellen, was bei ihr noch gar nicht vorhanden war, wie es aber die älteren Mädchen in ihren Seiden- und Krepp-Fähnchen taten.

Matt sagte, als er ihr eines Tages nachgesehen habe, sei ihm auf einmal aufgefallen, daß sie keine Strümpfe trug. Er sagte, er hätte drüber nachgedacht, und er sagte, er hätte sich zwar nicht erinnern können, daß sie im Sommer jemals

Strümpfe getragen hätte, bis es ihm dann plötzlich aufging, daß das, was ihm aufgefallen war, nicht die fehlenden Strümpfe waren, sondern daß ihre Beine schon wie die einer Frau waren: weiblich. Und dabei war sie erst dreizehn.

Ich sage immer, sie konnte nicht anders. Es war nicht ihre Schuld. Und auch Burchett war nicht schuld daran. Niemand kann so zärtlich zu ihnen sein – zu den Schlimmen, meine ich, zu denen, die das Pech haben, daß sie zu früh entwickelt sind – wie die Männer. Und bedenkt mal, wie sie – die Männer im Städtchen – sich zu Hawkshaw verhielten! Sogar nachdem's die Leute wußten, nachdem es mit all dem Gerede losging, gab's doch in der ganzen Stadt keinen Mann, der vor Hawkshaw darüber gesprochen hätte. Wahrscheinlich dachten sie, er wüßte es auch, er hätte etwas von dem Gerede gehört, aber sooft sie auch im Geschäft über sie sprachen, war's doch nur dann, wenn Hawkshaw abwesend war. Und wahrscheinlich machten's die andern Männer ebenso, denn es gab ja keinen einzigen unter ihnen, der Hawkshaw nicht am Fenster gesehen hätte, wie er ihr nachblickte, wenn sie vorbeikam, oder wie er sie auf der Straße ansah, sozusagen rein zufällig am Kino vorbeiging, wenn es zu Ende war und sie mit einem jungen Burschen herauskam, denn sie hatte schon angefangen, mit ihnen zu gehen, noch ehe sie vierzehn war. Die Leute erzählten sich, wie sie aus dem Haus schlüpfen mußte, um sich mit ihnen zu treffen, und wieder ins Haus hineinschlüpfen mußte, und Mrs. Burchett glaubte, sie wäre bei einer Freundin.

Vor Hawkshaw sprachen sie niemals über sie. Sie warteten, bis er weg war, zum Essen gegangen war oder im April eine von seinen zweiwöchigen Ferienreisen unternahm, über die kein Mensch je etwas Näheres herausbrachte – nicht, wohin er fuhr, und rein gar nichts. Doch er war dann weg, und sie beobachteten das Mädchen, wie es herumflitzte und das Unheil herausforderte, in das es ja früher oder später mal hineingeraten mußte, selbst wenn Burchett nicht vorher etwas erfuhr. Sie hatte die Schule vor einem Jahr verlassen. Ein Jahr lang glaubten Burchett und seine Frau, sie ginge tagtäglich in die Schule, und dabei war sie nicht mal im Schulhaus drin gewesen. Jemand – wahrscheinlich einer von den Mittelschülern, aber sie war nicht wählerisch: Schüler, verheiratete Männer, irgendeiner – besorgte ihr jeden Monat ein Zeugnisformular, und sie füllte es selber aus und brachte es Mrs. Burchett zum Unterschreiben. Es geht doch über die Hutschnur, wie Leute, die in eine Frau verliebt sind, sich von ihr an der Nase herumziehen lassen.

Sie verließ die Schule also und begann im Zehn-Cents-Laden zu arbeiten. Zum Haarschneiden kam sie immer ins Geschäft, in der schönsten Kriegsbemalung und in irgendeinem billigen, bunten Fähnchen, das so vorteilhaft für sie war – bei dem Gesicht, das gleichzeitig wachsam und kühn und zurückhaltend war, und mit dem Haar, das sie sich ums Gesicht gekleistert und gewunden hatte. Doch sogar das Zeugs, das sie draufgoß, konnte der goldbraunen Farbe nichts anhaben. Das Haar hatte sich überhaupt nicht verändert. Sie setzte sich nicht immer auf Hawkshaws Stuhl. Sogar wenn sein Stuhl leer war, nahm sie manchmal einen andern, plapperte mit den Friseuren und füllte das ganze Geschäft mit Lärm und Parfum, während ihre Beine unter dem Frisiermantel hervorgaksten. Hawkshaw sah dann gar nicht zu ihr hin. Auch wenn er gerade nichts zu tun hatte, konnte er doch so aussehen: eifrig und mit gesenktem Blick stellte er sich so an, als wäre er schwer beschäftigt, und versteckte sich hinter dieser Anstellerei.

So stand es, als er sich vor zwei Wochen wieder auf seine Ferienreise begab, die geheimnisvolle Reise – vor zehn Jahren schon hatten's die Leute aufgegeben, herauszufinden, wohin er ging. Ein paar Tage, nachdem er abgefahren war, kam ich in Jefferson an und ging in den Frisiersalon. Sie unterhielten sich über sie und ihn.

»Kauft er ihr immer noch Weihnachtsgeschenke?« fragte ich.

»Vor zwei Jahren hat er ihr eine Armbanduhr gekauft«, sagte Matt Fox. »Hat sechzig Dollar dafür bezahlt.«

Maxey rasierte gerade einen Kunden. Er hörte auf zu schaben und hielt in der Hand noch das Rasiermesser, dessen Klinge voller Schaum war. »Das ist mir's Neueste!« rief er. »Dann muß er ja – glaubst du, er war der erste – er war derjenige –«

Matt blickte gar nicht auf. »Er hat sie ihr noch nicht gegeben«, sagte er.

»Der Teufel hol den alten Geizkragen!« sagte Maxey. »Wenn ein alter Mann sich mit einem jungen Ding abgibt, ist das schlimm genug. Aber 'n Kerl, der eine reinlegt und ihr dann noch nicht mal was dafür bezahlt ...«

Matt blickte jetzt auf: er hatte ebenfalls einen Kunden zu rasieren. »Was würdest du'n sagen, wenn du wüßtest, daß er sie ihr deshalb nicht gegeben hat, weil er findet, sie ist noch zu jung, um Schmuck von Außenstehenden zu bekommen, die nicht mit ihr verwandt sind?«

»Meinst du etwa, er weiß nichts? Er weiß nicht, was jeder in der ganzen Stadt seit drei Jahren weiß, ausgenommen vielleicht Mr. und Mrs. Burchett?«

Matt machte sich wieder an seine Arbeit; sein Ellbogen bewegte sich gleichmäßig, das Rasiermesser bewegte sich in kleinen Schwüngen. »Wie soll er's denn wissen? Kein Mensch außer 'ner Frau würde es ihm erzählen. Und außer Mrs. Cowan kennt er keine Frauen. Und die denkt vermutlich, er hätt's längst gehört.«

»Das stimmt«, sagte Maxey.

So lagen die Dinge, als er vor zwei Wochen seine Ferienreise antrat. Ich graste Jefferson in anderthalb Tagen ab und reiste weiter. In der Mitte der folgenden Woche langte ich in Division an. Ich beeilte mich nicht. Wollte ihm Zeit lassen. Es war ein Mittwochmorgen, als ich ankam.

Wenn es sich einmal um Liebe gehandelt hatte, würde man wohl gesagt haben, daß Hawkshaw sie vergessen hätte. Die Liebe, meine ich natürlich. Als ich ihn vor dreizehn Jahren zum erstenmal sah (ich war damals gerade Reisender geworden und bereiste North Mississippi und Alabama mit einer Musterkollektion von Hemden und Overalls), stand er hinter einem Frisiersessel in einem Frisiergeschäft in Porterfield, und ich dachte bei mir: ›Das ist der geborene Junggeselle! Das ist ein Mann, der schon als Junggeselle und Vierzigjähriger auf die Welt kam!‹

Ein kleiner Mann mit einem fahlen Gesicht, an das man sich nicht erinnern und das man zehn Minuten später nicht wiedererkennen würde, in einem blauen Serge-Anzug mit schwarzem Querbinder, von der Sorte, die man hinten mit einem Druckknopf schließt, die man schon fixfertig im Laden kaufen kann. Maxey erzählte mir, daß er den Serge-Anzug und den Querbinder noch immer trug, als er ein Jahr darauf in Jefferson aus dem nach Süden fahrenden Zug stieg und so einen Koffer aus imitiertem Leder bei sich hatte. Und als ich ihn im folgenden Jahr in Jefferson in Maxeys Frisiergeschäft hinter einem Sessel sah, hätte ich ihn gar nicht wiedererkannt, wenn nicht der Sessel gewesen wäre. Das gleiche Gesicht, der gleiche Querbinder – es war, zum Kuckuck, genauso, als hätten sie ihn mitsamt Sessel und Kundschaft und allem aufgehoben und ihn sechzig Meilen weiter weg wieder hingestellt, ohne daß auch nur ein Finzelchen fehlte. Ich mußte aus dem Fenster auf den Square hinausblicken, um mich zu überzeugen, daß ich nicht selber irgendwann vor einem Jahr in Porterfield war. Und da merkte ich zum erstenmal, daß er ja nicht in Porterfield gewesen war, als ich vor etwa sechs Wochen Porterfield abgegrast hatte.

Drei Jahre danach habe ich dann herausgebracht, was es

mit ihm auf sich hatte. Ich habe Division etwa fünfmal jährlich bereist – immer den Laden und die vier oder fünf
Häuser und das Sägewerk an der staatlichen Bahnstrecke
nach Mississippi und Alabama. Es war ein ordentliches
Haus, eins von den besten dort, und immer war es zugesperrt. Wenn ich Division im späten Frühling oder Anfang
Sommer bereiste, sah ich rings ums Haus Anzeichen dafür,
daß gearbeitet worden war. Der Garten war gejätet, die
Blumenbeete waren frisch bepflanzt, und Zaun und Dach
waren ausgebessert. Wenn ich dann im Laufe vom Herbst
oder Winter wieder nach Division kam, erstickte der Garten im Unkraut, und vom Zaun fehlten vielleicht ein paar
Pfosten, die sich die Leute herausgerissen hatten, um ihren
eigenen Zaun auszubessern – oder vielleicht als Brennholz;
wer weiß. Und immer war das Haus zugesperrt; nie kam
Rauch aus dem Küchenschornstein. Deshalb erkundigte ich
mich eines Tages beim Ladenbesitzer danach, und er hat's
mir erzählt.
   Es hatte einem Mann namens Starnes gehört, doch von
der Familie war keiner mehr am Leben. Sie hatten für wohl-
habende Leute gegolten, denn sie besaßen etwas Land, mit
Hypotheken drauf. Starnes gehörte zu den Männern, denen
es genügte, Land zu besitzen, wenn er nur genug zu essen und ein bißchen Tabak hatte. Sie hatten eine Tochter,
die hinging und sich mit einem jungen Burschen verlobte,
dem Sohn eines Pächters. Der Mutter paßte es gar nicht,
doch Starnes hatte anscheinend nichts einzuwenden. Vielleicht deshalb nicht, weil der junge Mann (Stribling hieß er)
fleißig arbeitete; vielleicht auch, weil Starnes einfach zu faul
war, um etwas einzuwenden. Jedenfalls verlobten sie sich,
und Stribling nahm sein Gespartes und ging nach Birmingham, um Friseur zu lernen. Einen Teil der Strecke ließ er
sich im Wagen mitnehmen, den Rest lief er zu Fuß, und
jeden Sommer kam er zurück, um das Mädchen zu besuchen.
   Eines Tages starb dann Starnes, während er auf der

Veranda in seinem Korbstuhl saß. Die Leute sagten, er wäre zu faul gewesen, um weiterzuatmen, und sie ließen Stribling kommen. Wie ich hörte, hatte er sich in dem Geschäft in Birmingham eine gute Kundschaft erworben und Geld gespart; mir wurde erzählt, er hätte die Wohnung ausgesucht und die Möbel und so weiter schon ganz abgezahlt, und daß sie im Sommer heiraten wollten. Dann kam er also zurück. Alles, was Starnes je zusammengekratzt hatte, waren die Hypothekenzinsen, daher bezahlte Stribling die Beerdigung. Sie kostete einen schönen Batzen, und mehr, als Starnes wert war, aber er mußte Mrs. Starnes zufriedenstellen. Folglich mußte Stribling wieder zu sparen anfangen.

Doch die Wohnung hatte er bereits gemietet, und die Möbel hatte er abgezahlt, und nun hatte er auch noch die Heiratsurkunde erstanden, als sie ihn wieder in aller Eile kommen ließen. Diesmal war's das Mädchen. Sie hatte eine Art Fieber. Man weiß ja, wie's mit so Hinterwäldlern ist: keinen Doktor, oder höchstens 'n Tierarzt, falls einer da ist. Eine Schnitt- oder Schußwunde – so was kann behandelt werden. Aber wenn sie 'ne schlimme Erkältung aufgelesen haben – vielleicht werden sie gesund, oder vielleicht sterben sie zwei Tage drauf an Cholera. Sie lag in Fieberphantasien, als Stribling hinkam. Das ganze Haar sollte ihr abgeschnitten werden. Stribling hat's getan, da er sozusagen Fachmann war, ein Spezialist, der zur Familie gehörte. Wie ich erfuhr, war sie so eine Sorte Mädchen, die immer mager und anfällig sind, und mit 'ner Unmasse von diesem glatten Haar, das nicht braun und nicht blond ist.

Sie erkannte ihn nicht, wußte nicht, wer ihr das Haar abschnitt. So starb sie – ohne Näheres zu wissen und vielleicht auch ohne zu wissen, daß sie sterben mußte. Sie sagte nur dauernd: »Sorgt für Ma. Die Hypothek! Pa wäre dagegen, sie so allein zu lassen. Laßt Henry kommen! (Das war er: Henry Stribling; Hawkshaw: ich sah ihn im nächsten Jahr in Jefferson. ›Sie sind also Henry Stribling‹, sagte ich zu ihm.) Die Hypothek! Sorgt für Ma! Laßt Henry kommen! Die Hypothek. Laßt Henry kommen!« Dann starb sie. Es war ein Bild von ihr vorhanden, das einzige, das sie besaßen. Hawkshaw schickte es zusammen mit einer Strähne von dem Haar, das er ihr abgeschnitten hatte, an eine Adresse aus einer Farmzeitschrift, um das Haar zu einem Rahmen für das Bild verarbeiten zu lassen. Aber beides, Haar und Bild, ging irgendwie bei der Post verloren. Jedenfalls sah er beides nie wieder.

Er begrub auch das Mädchen, und im nächsten Jahr (er mußte zuerst nach Birmingham zurückkehren und die Wohnung loswerden, die er gemietet hatte, und die Möbel verkaufen, damit er wieder sparen konnte), im nächsten Jahr ließ er einen Grabstein auf ihr Grab setzen. Dann fuhr er wieder weg, und die Leute hörten, er habe das Geschäft in Birmingham verlassen. Ging einfach weg und blieb weg, und dabei, sagten die Leute, hätte er mit der Zeit das Geschäft erwerben können. Aber er ging, und im nächsten Jahr im April, kurz vor dem Todestag des Mädchens, tauchte er wieder auf. Er kam, um Mrs. Starnes zu besuchen, und nach zwei Wochen reiste er wieder ab.

Nachdem er weg war, kam's heraus, daß er auf der Bank im Bezirksstädtchen gewesen war und die Hypothekenzinsen bezahlt hatte. Das machte er jedes Jahr so, bis Mrs. Starnes starb. Zufällig starb sie, als er gerade da war. Er brachte die zwei Wochen meistens damit zu, das Haus zu putzen und auszubessern, damit sie es ein weiteres Jahr bequem hatte, und sie ließ es sich gefallen, weil sie aus einer besseren Familie war als er, weil er bloß einer von den Parvenüs war. Dann starb sie auch. »Du weißt ja, was Sophie gesagt hat, was man tun muß«, sagte sie. »Wegen der Hypothek! Mr. Starnes wird sich Sorgen machen, wenn er mich jetzt wiedersieht!«

Er begrub also auch sie. Er kaufte noch einen Grabstein,

um sie zufriedenzustellen. Dann fing er an, das Kapital von der Hypothek abzutragen. Starnes hatte Verwandte in Alabama. Die Leute in Division nahmen an, daß die Verwandten kommen und das Anwesen für sich beanspruchen würden. Aber vielleicht warteten die Verwandten darauf, bis Hawkshaw die Hypothek abgetragen hatte. Jedes Jahr machte er seine Zahlung und kam wieder und säuberte das ganze Haus. Sie erzählten mir, daß er das Haus so sauber wie eine Frau putzte und wusch und schrubbte. Dafür brauchte er immer die zwei Wochen von jedem April. Dann reiste er wieder ab, kein Mensch wußte, wohin, und kam in jedem April wieder, um auf der Bank die Einzahlung zu machen und das leere Haus zu putzen, das ihm nie gehört hatte.

Das hatte er etwa fünf Jahre lang getan, als ich ihn in Maxeys Geschäft in Jefferson wiedersah: im Jahr, nachdem ich ihn in einem Frisiersalon in Porterfield gesehen hatte, in dem blauen Serge-Anzug und mit dem schwarzen Querbinder. Maxey sagte, so wäre er angezogen gewesen, als er an dem Tag in Jefferson aus dem nach Süden fahrenden Zug stieg und den Pappkoffer in der Hand trug. Maxey sagte, daß sie ihn zwei Tage lang auf dem Square gesehen hätten und daß er anscheinend keinen Menschen kannte und nichts zu tun hatte und nicht in Eile war; spazierte einfach auf dem Square herum, als wollt er sich ein bißchen umsehn.

Die jungen Burschen waren's dann, die ihm den Namen anhängten, die Tagediebe, die den ganzen Tag im Klubhausgarten mit Dollarstücken Wettspiele machen und auf die jungen Mädchen warten, die am späten Nachmittag kichernd in die Post und in den Drugstore gehn und mit den Hüften wackeln, und eine Wolke von Parfum weht hinter ihnen her. Sie sagten, er wäre ein Detektiv, vielleicht, weil das ungefähr das letzte von der Welt war, was man von ihm hätte vermuten können. Deshalb nannten sie ihn Hawkshaw[1], und Hawkshaw blieb er die folgenden zwölf Jahre, die er sich in Jefferson aufhielt – immer hinter dem Sessel in Maxeys Geschäft. Er sagte Maxey, er käme aus Alabama.

»Aus welchem Ort? Alabama ist groß. Aus Birmingham?« Maxey sagte, Hawkshaw hätte nämlich so ausgesehen, als könnte er fast überall herkommen, bloß nicht aus Birmingham.

»Ja«, sagte Hawkshaw. »Aus Birmingham.«

Und das war alles, was sie jemals aus ihm herausbrachten, bis er mir zufällig auffiel, als er hinter dem Sessel stand und ich mich erinnerte, ihn in Porterfield gesehen zu haben.

»Porterfield?« sagte Maxey. »Das Geschäft dort gehört meinem Schwager. Haben Sie denn letztes Jahr in Porterfield gearbeitet?«

»Ja«, sagte Hawkshaw. »Das war ich.«

Maxey erzählte mir von der Sache mit den Ferien. Daß Hawkshaw keine Sommerferien nehmen wollte, sondern gesagt hätte, er wolle statt dessen zwei Wochen im April haben. Er wollte nicht sagen, warum. Maxey sagte, im April wäre zuviel zu tun, um Ferien zu nehmen, und Hawkshaw schlug ihm vor, daß er bis dahin arbeiten könne und dann ginge. »Möchten Sie denn dann gehen?« fragte Maxey. Maxey sagte, es wäre in dem Sommer gewesen, nachdem Mrs. Burchett zum erstenmal Susan ins Geschäft gebracht hatte.

»Nein«, sagte Hawkshaw, »mir gefällt's hier. Ich möchte nur im April die zwei Wochen Ferien haben.«

»Geschäftlich?« fragte Maxey.

»Geschäftlich«, sagte Hawkshaw.

Als Maxey Urlaub nahm, ging er nach Porterfield, um seinen Schwager zu besuchen, vielleicht, um seines Schwagers Kunden zu rasieren, wie zum Beispiel ein Matrose seine Ferien in einem Ruderboot auf einem künstlichen Teich verbringt. Der Schwager erzählte ihm, Hawkshaw habe in seinem Geschäft gearbeitet, habe bis zum April keine

Ferien verlangt, sei dann gegangen und nie wiedergekommen. »Bei dir wird er's ebenso machen«, sagte der Schwager. »Er hat ein Jahr lang in Bolivar in Tennessee und ein Jahr lang in Florence in Alabama gearbeitet, und jedesmal ist er im April weggegangen. Er kommt nicht wieder. Du wirst's schon erleben.«

Maxey sagte, er sei wieder heimgefahren und habe schließlich aus Hawkshaw herausgequetscht, daß er in sechs oder acht verschiedenen Städten in Alabama und Tennessee und Mississippi gearbeitet hätte. »Warum sind Sie dann immer gegangen?« fragte Maxey. »Sie sind ein guter Barbier, und einer von den besten Kinderfriseuren, die mir je begegnet sind. Warum sind Sie weg?«

»Ich wollte mich umsehn«, sagte Hawkshaw.

Dann wurde es April, und er nahm seine zwei Wochen Urlaub. Er rasierte sich und packte seinen Pappkoffer und stieg in den Zug, der nach Memphis fuhr.

»Sie fahren wohl auf Besuch, nehm ich an?« fragte Maxey.

»Ein bißchen die Gegend besehn«, sagte Hawkshaw.

Er reiste also ab – in seinem blauen Serge-Anzug und dem schwarzen Querbinder. Maxey erzählte mir, zwei Tage drauf wurde es bekannt, daß Hawkshaw bei der Bank seine Ersparnisse vom letzten Jahr abgehoben hätte. Er war bei Mrs. Cowan in Pension, und er ging in die Kirche, und Geld gab er keins aus. Er rauchte nicht mal. Daher glaubten Maxey und Matt und vermutlich jedermann sonst in Jefferson, daß er sich 'n Jahr lang geschont hatte, um jetzt 'ne kleine Privat-Studienreise zu den Fleischtöpfen Memphis' zu machen. Mitch Ewing, der Verwalter vom Güterbahnhof, wohnte auch bei Mrs. Cowan. Er erzählte, Hawkshaw habe die Fahrkarte nur bis zum Umsteigebahnhof gelöst. Von dort könne er entweder nach Memphis oder nach Birmingham oder nach New Orleans fahren, sagte Mitch.

»Well, jedenfalls ist er weg«, sagte Maxey. »Und ihr

könnt's mir glauben, den Mann bekommen wir hier in unsrer Stadt nicht wieder zu sehen.«

Und das glaubten auch alle andern – bis die vierzehn Tage um waren. Am fünfzehnten Tag kam Hawkshaw zu seiner üblichen Zeit in den Laden spaziert, als wär er nicht mal aus der Stadt raus gewesen, und hängte seinen Rock auf und begann, sein Rasiermesser abzuziehen. Er erzählte keinem Menschen, wo er gewesen war. Einfach ein bißchen die Gegend besehn.

Manchmal hatte ich Lust, es ihnen zu verraten. Wenn ich Jefferson bereiste, fand ich ihn hinter seinem Sessel. Er veränderte sich nicht, wurde nicht älter im Gesicht, genausowenig, wie sich das Haar von der kleinen Reed verändert hatte, trotz all dem Kleister und der Farbe, die sie drauf tat. Und da war er nun, zurück aus den Ferien, zurück vom Gegend-Besehn, sparte Geld fürs nächste Jahr, ging sonntags in die Kirche, hielt seine Tüte Pfefferminzplätzchen für die Kinder bereit, die sich von ihm die Haare schneiden ließen, bis es wieder Zeit war, seinen Pappkoffer und die Ersparnisse des Jahres zu nehmen und nach Division zurückzukehren, um die Hypothek abzutragen und das Haus dort zu putzen.

Manchmal war er schon weg, wenn ich nach Jefferson kam, und Maxey erzählte mir dann von ihm, wie er der kleinen Reed das Haar schnitt und daran herumschnippelte und ihr den Spiegel hielt, als wär sie 'ne Schauspielerin. »Er verlangte nichts von ihr«, sagte Matt Fox. »Er zahlte den Vierteldollar aus seiner eigenen Tasche in die Kasse.«

»Well, das ist seine Sache«, meinte Maxey. »Ich will nichts weiter als den Vierteldollar. Ist mir einerlei, wo er herkommt.«

Fünf Jahre später hätte ich vielleicht gesagt: »Das ist vielleicht ihr Preis.« Denn schließlich hatte sie doch ›Pech‹. So erzählte man sich's wenigstens. Ich weiß ja nicht so Bescheid, aber all das Getratsch über junge Mädchen und Frauen ist meistens Neid oder Rachsucht von denen, die's nicht riskieren, und von denen, die keine Gelegenheit hatten. Doch während er in jenem Aprilmonat weg war, tuschelten sie sich zu, daß sie endlich ›Pech‹ gehabt und versucht hätte, sich mit Terpentin zu kurieren, und davon sehr krank geworden sei.

Jedenfalls war sie drei Monate lang nicht mehr auf den Straßen zu sehen; manche erzählten, sie sei in einem Krankenhaus in Memphis, und als sie wieder ins Geschäft kam, setzte sie sich auf Matts Sessel, obwohl Hawkshaws Sessel frei war – wie sie's auch früher schon getan hatte –, vielleicht, um ihn zu ärgern. Maxey sagte, sie hätte wie'n geschminktes Gespenst ausgesehn, mager und mit harten Zügen, trotz der grellen Kleider, wie sie da auf Matts Frisiersessel saß und das ganze Geschäft mit ihrem Gerede und Gelächter und Parfum und ihren langen, nackt wirkenden Beinen ausfüllte, während Hawkshaw neben seinem leeren Sessel so tat, als sei er schwer beschäftigt.

Manchmal hatte ich Lust, es ihnen zu verraten. Aber ich hab's keinem außer Gavin Stevens erzählt. Er ist Bezirksanwalt, ein gescheiter Mensch – nicht wie die üblichen pedantischen Anwälte und Federfuchser. Er hat in Harvard studiert, und als ich mit meiner Gesundheit so schlecht dran war (vor meiner Erkrankung war ich Buchhalter in einer Bank in Gordonville gewesen, und als ich aus dem Krankenhaus in Memphis kam, lernte ich Stevens in der Bahn kennen), da hat er mir geraten, Reisender zu werden, und hatte mir die Stelle in der Firma besorgt, die ich jetzt noch habe. Ich hab's ihm vor zwei Jahren erzählt. »Und nun hat ihn das Mädchen so enttäuscht, und er ist zu alt, um sich eine andre aufzugabeln und großzuziehn«, sagte ich zu ihm. »Und eines Tages wird er die Hypothek abgezahlt haben, und dann kommen die Starnes aus Alabama und nehmen ihm das Haus weg, und dann ist er geliefert. Was soll er dann wohl machen, meinen Sie?«

»Das weiß ich nicht«, sagte Stevens.

»Wahrscheinlich wird er sich in eine Ecke legen und sterben«, sagte ich.

»Vielleicht«, erwiderte Stevens.

»Well«, sagte ich, »er wäre nicht der erste Mensch, der gegen Windmühlenflügel gekämpft hat.«

»Er wird auch nicht der erste Mensch sein, der stirbt«, sagte Stevens.

Vorige Woche fuhr ich also nach Division. Ich traf an einem Mittwoch ein. Als ich das Haus sah, war's gerade frisch gestrichen worden. Der Ladenbesitzer erzählte mir, daß Hawkshaw die letzte Zahlung gemacht hätte und daß die Starnessche Hypothek abgetragen sei.

»Jetzt können die Starnes aus Alabama kommen und sich's nehmen«, sagte er.

»Jedenfalls hat Hawkshaw getan, was er ihr versprochen hatte, was er Mrs. Starnes versprochen hatte«, sagte ich.

»Hawkshaw? Wird er so genannt?« fragte er. »Well, Donnerwetter! Hawkshaw, Donnerwetter!«

Es dauerte drei Monate, ehe ich wieder nach Jefferson kam. Als ich am Friseurgeschäft vorbeiging, blickte ich nur zum Fenster hinein, ohne stehenzubleiben. Und hinter Hawkshaws Sessel stand ein anderer Mann, ein junger Bursche. ›Möcht mal wissen, ob Hawk seine Tüte mit Pfefferminzplätzchen dagelassen hat‹, dachte ich bei mir. Aber ich blieb nicht stehen. Ich dachte bloß: ›Jetzt ist er also endlich weg!‹ und überlegte mir, wo er wohl hingehen mochte, wenn er alt wäre und nicht weiterziehen könnte, und ob er dann vielleicht hinter einem Frisiersessel in einem kleinen Dorfladen mit bloß drei Sesseln sterben würde, in Hemdsärmeln und mit dem schwarzen Querbinder und der Serge-Hose.

Ich besuchte meine Kunden und aß Mittagbrot, und am Nachmittag ging ich zu Stevens ins Büro. »Wie ich sehe, haben Sie 'n neuen Friseur im Städtchen«, sagte ich.

»Ja«, sagte Stevens. Er blickte mich ein Weilchen an, und dann sagte er: »Sie haben's also noch nicht gehört?«

»Was gehört?« sagte ich. Da sah er mich nicht mehr an.

»Ich habe Ihrem Brief entnommen«, sagte er, »daß Hawkshaw die Hypothek abgetragen und das Haus frisch gestrichen hat. Erzählen Sie mal Näheres!«

Also erzählte ich ihm, wie ich am Tag, nachdem Hawkshaw abgereist war, in Division eingetroffen war. Auf der Veranda vor dem Laden sprachen sie über ihn und fragten sich, wann denn nun wohl die Starnes aus Alabama auftauchen würden. Er hatte das Haus selbst gestrichen, und er hatte zwei von den drei Gräbern in Ordnung gebracht; wahrscheinlich wollte er Starnes nicht stören und dem seins auch noch aufräumen. Ich ging hin, um sie mir anzusehen. Er hatte sogar die Grabsteine geschrubbt, und auf das Grab des Mädchens hatte er einen jungen Apfelbaumschößling gepflanzt. Er stand in Blüte, und nachdem nun die Leute alle so viel über ihn redeten, wurde ich auch neugierig und wollte das Haus gern mal von innen sehen. Der Ladenbesitzer hatte den Schlüssel, und er sagte, daß Hawkshaw vermutlich nichts dagegen einzuwenden hätte.

Innen war's so sauber wie in einem Krankenhaus. Der Herd war geputzt und die Holzkiste mit Holz aufgefüllt. Der Ladenbesitzer erzählte mir, er hätte das jedes Jahr gemacht – die Holzkiste aufgefüllt –, bevor er wieder abreiste. »Die Leute in Alabama werden das zu schätzen wissen«, sagte ich. Wir gingen wieder ins Wohnzimmer. In der Ecke stand ein Melodeon, und auf dem Tisch waren eine Lampe und eine Bibel. Die Lampe war sauber, der Petroleumbehälter war leer und ebenfalls sauber: er roch nicht mal nach Petroleum. Die Heiratsurkunde hing eingerahmt über dem Kamin – wie ein Bild! Sie war datiert: 4. April 1905.

»Und hier bewahrte er die Abrechnung über die Hypothek auf«, sagte der Ladenbesitzer (Bidwell heißt er). Er trat an den Tisch und schlug die Bibel auf. Auf der ersten Seite standen die Geburtstage und Sterbefälle verzeichnet, zwei Spalten. Das Mädchen hieß Sophie. Ich fand ihren Namen in der Spalte mit den Geburtstagen, und in der Spalte mit den Sterbefällen war sie die vorletzte. Mrs. Starnes hatte sie eingetragen. Es sah aus, als hätte sie zehn Minuten dafür gebraucht, um es hinzuschreiben. Es sah nämlich so aus:

Sofy Starnes starp 16 abril 1905

Das letzte Datum hatte Hawkshaw selbst eingetragen; es war sauber und deutlich geschrieben, wie mit einer Buchhalter-Handschrift:

Mrs. Will Starnes. 23. April 1916.

»Die Abrechnung liegt wohl hinten drin«, sagte Bidwell.

Wir schlugen hinten auf. Da lag sie, eine ordentliche Aufstellung in Hawkshaws Handschrift. Sie begann mit dem 16. April 1917: $ 200.00. Die nächste hatte er eingetragen, als er die nächste Zahlung auf der Bank leistete: 16. April 1918: $ 200.00 und 16. April 1919: $ 200.00 und 16. April 1920: $ 200.00 und weiter bis zur letzten, 16. April 1930: $ 200.00. Dann hatte er die Spalte addiert und darunter geschrieben:

»Gesamthaft bezahlt. 16. April 1930.«

Es glich einem Satz, wie er in den Handelsschulen von anno dazumal in den Vorlageheften stand und den die Feder ganz gegen seinen Willen mit einem Schnörkel versehen hatte. Es sah nicht so aus, als wäre es prahlerisch hingesetzt worden – sondern er brüstete sich einfach, dieser Schluß, als wäre er der Feder gewissermaßen entschlüpft, ehe er's verhindern konnte.

»Er hat also getan, was er ihr versprochen hatte«, sagte Stevens.

»Das habe ich auch Bidwell erklärt«, sagte ich.

Stevens sprach weiter, als höre er mir nicht richtig zu.

»Die alte Dame konnte also in Frieden ruhen. Das versuchte die Feder wohl auszudrücken, als sie ihm davonlief: daß Mrs. Starnes jetzt ruhig schlafen könne. Und er ist nicht viel älter als fünfundvierzig. Nicht sehr viel älter jedenfalls. Nicht so viel älter, daß ihm, nachdem er an den Fuß der Zahlenreihe ›Gesamthaft bezahlt‹ hingesetzt hatte, die Zeit und die Verzweiflung nicht ebenso langsam und dunkel unter den Füßen davonströmten, wie jedem andern preisgekrönten Burschen oder jedem Mädchen ohne Krone und Helmzier auch.«

»Bloß daß ihn die Kleine enttäuscht hat«, sagte ich. »Fünfundvierzig Jahre – das ist reichlich alt, um sich nochmal auf die Suche nach einer andern zu begeben. Er wäre dann mittlerweile mindestens fünfundfünfzig.«

Daraufhin blickte mich Stevens an. »Ich hab's mir ja gedacht, daß Sie's nicht gehört haben!« sagte er.

»Doch«, sagte ich. »Das heißt, im Vorbeigehen hab ich beim Frisiergeschäft ins Fenster geschaut. Aber ich wußte, daß er weg war. Ich wußte es schon die ganze Zeit, daß er weiterziehen würde, sowie er die Hypothek abgezahlt hatte. Vielleicht hat er das mit dem Mädchen überhaupt nicht gehört. Oder er wußte es und machte sich nichts draus.«

»Glauben Sie wirklich, daß er nichts über sie gewußt hat?«

»Ich versteh nicht recht, wie er's hätte übersehen können. Aber ich bin nicht sicher. Was meinen Sie denn?«

»Ich weiß es nicht. Eigentlich will ich's auch gar nicht wissen. Aber ich weiß etwas so viel Schöneres.«

»Was denn?« fragte ich. Er blickte mich an. »Sie sagen mir dauernd, ich hätte das Neueste noch nicht gehört. Was gibt's denn da noch zu hören?«

»Über das Mädchen«, sagte Stevens. Er blickte mich an.

»Am gleichen Abend, als Hawkshaw von seinem letzten Urlaub zurückkehrte, haben sie geheiratet. Diesmal hat er sie mitgenommen.«

Zentaur aus Messing

I

Flem Snopes hat jetzt also in unsrer Stadt ein Denkmal ganz für sich allein, ein Denkmal aus Messing, und deshalb nicht weniger dauerhaft, weil nur vier Leute, zwei Weiße und zwei Neger, darum wissen, daß es sein Denkmal ist, oder daß es überhaupt ein Denkmal ist – obwohl es der ganzen Stadt ständig vor Augen steht und von drei oder vier Punkten landeinwärts noch meilenweit zu sehen ist.

Als er nach Jefferson zog, kam er vom Land, begleitet von seiner Frau und seiner Tochter, einem Säugling, und der Ruf, daß er schlaue und dunkle Geschäfte betrieb, eilte ihm voraus. In unserm Bezirk lebte ein Vertreter für Nähmaschinen, namens Suratt, dem ein halber Anteil an einem kleinen Hintergassen-Restaurant in unserm Städtchen gehörte – und er selber war wohlbewandert in jenem praktisch unantastbaren Opportunismus, der bei Landleuten – und auch bei Städtern – als gerechtfertigte Schlauheit gilt.

Regelmäßig und unentwegt reist er in unserm Bezirk umher, und durch ihn kam uns zum erstenmal etwas über Snopes' Taten zu Ohren: wie Snopes, der anfänglich Verkäufer in einem ländlichen Kaufladen war, eines Tages und zu jedermanns Erstaunen die Tochter des Ladenbesitzers heiratete, ein junges Mädchen, das als die Schönheit der ganzen Gegend galt. Sie heirateten überraschend schnell und am gleichen Tage, an dem drei von den bisherigen Freiern des Mädchens den Bezirk verließen und nie mehr gesehen wurden.

Bald nach der Heirat zogen Snopes und seine Frau nach Texas, von wo die Frau ein Jahr später mit einem reichlich großen Baby zurückkehrte. Einen Monat darauf kehrte auch

Snopes zurück, in Begleitung eines Fremdlings mit breit-
krempigem Hut und einer Koppel halbwilder Mustangs; der
Fremde versteigerte sie, er kassierte das Geld ein und verschwand. Dann erst entdeckten die Käufer, daß keinem
von den Ponys je ein Zaum angelegt worden war. Doch sie
erfuhren nie, ob Snopes die Hand im Spiele hatte oder
einen Teil des Geldes erhielt.

Als nächstes hörten wir dann über ihn, daß er eines Tages
auf einem mit seiner Familie und dem Hausrat beladenen
Wagen erschien – und mit einer Übertragungsurkunde für
Suratts halben Anteil an dem Restaurant. Wie er das Papier
erhielt, hat uns Suratt nie erzählt, und wir erfuhren nie
mehr, als daß es bei der Sache um ein wertloses Stück Land
ging, das zu Mrs. Snopes' Mitgift gehört hatte. Doch wie der
Handel sich abspielte, das erzählte selbst Suratt – ein hu-
morvoller, redseliger Mann, der ebenso bereitwillig über
einen Witz auf seine Kosten lachte, wie wenn es jemand
anders betraf – uns niemals. Wenn er jedoch von da an
einmal Snopes' Namen erwähnte, dann geschah es stets in
einem Ton wilder und grimmiger und neidloser Bewunde-
rung.

»Yes, sir«, sagte er, »Flem Snopes hat mich reingelegt.
Und der Mann, dem so was gelingt, der möcht ich am lieb-
sten selber sein, mitsamt dem ganzen Staat Mississippi, um
ihn abzugrasen!«

In seinem Restaurant-Unternehmen schien Snopes Erfolg
zu haben. Das heißt, er verdrängte sehr bald seinen Teil-
haber, und schließlich war auch er nicht länger im Restaurant, sondern er hatte einen Verwalter angestellt, der es
leitete, und im Städtchen glaubten wir allmählich, über den
Ursprung seines Glücks und Aufstiegs Bescheid zu wissen.
Wir glaubten, daß es seine Frau sei; wir nahmen ohne Ein-
wand das Böse hin, das so verlassene kleine Nester wie das
unsre selbst solchen Menschen aufzuhalsen scheinen, die trotz
alledem von guter Gesinnung sind. Zuerst half sie im Re-

staurant. Wir konnten sie hinter der Holztheke sehen, die von den Ellbogen essender Generationen glasblank poliert worden war: eine junge Frau mit den lebhaften Farben von Kalenderbildern; ein glattes Gesicht, unbefleckt von jedem Gedanken oder von sonstigem: eine unmittelbare und starke Anziehungskraft, ohne Berechnung oder Schamhaftigkeit, mit einem Anklang an die unendliche, gelassene und unnahbare Schönheit einer schneebedeckten jungfräulichen Bergflanke (dies aber nur in bezug auf die Unbeflecktheit und nicht wegen der Größe), so lauschte sie, ohne zu lächeln, während Major Hoxey, der reiche, einsame ältliche Junggeselle unsres Städtchens, der in Harvard studiert hatte und bald Bürgermeister der Stadt werden sollte, fehl am Platz zwischen all den kragenlosen Hemden und Overalls und den ernsten, bäurisch essenden Gesichtern, dort seinen Kaffee trank und zu ihr sprach.

Nicht unbezwinglich: unnahbar. Deshalb bedurfte es keiner Klatschreden, als wir mit ansahen, wie Snopes' Laufbahn sich über das Restaurant aufschwang und in städtischen Angelegenheiten neben der von Major Hoxey einherlief, bis Snopes in weniger als sechs Wochen nach Hoxeys Amtsantritt zum Oberaufseher des Städtischen Kraftwerks ernannt wurde – er, der wahrscheinlich, bevor er in die Stadt zog, nie eine Maschine von nahem gesehen hatte, es sei denn, einen Wetzstein. Mrs. Snopes war von Geburt an eine von jenen Frauen, deren guter Ruf wie ein Barometer einzig auf die Leistungen und Erfolge ihrer Ehemänner reagiert; denn um ihr Gerechtigkeit widerfahren zu lassen: zu Klatschreden war kein andrer Anlaß da als der Aufstieg ihres Mannes in Hoxeys Stadtverwaltung.

Immerhin war jedoch noch etwas Ungreifbares da: zum Teil ein Etwas in ihrem Wesen, in ihrem Gesicht, und zum Teil eben das, was wir schon über Snopes' Methoden gehört hatten. Oder vielleicht war das, was wir über Snopes wußten oder dachten, schon alles; vielleicht war das, was wir für ihren Schatten hielten, nur sein Schatten, der auf sie fiel. Doch jedenfalls dachten wir, wenn wir Snopes und Hoxey zusammen sahen, im gleichen Augenblick an Ehebruch, und wir stellten uns die beiden vor, wie sie in friedlicher Hahnreischaft miteinander gingen und sprachen. Vielleicht war es, wie gesagt, ein Fehler des Städtchens. Bestimmt war es jedoch ein Fehler des Städtchens, wenn uns der Gedanke, daß sie friedlich miteinander verkehrten, mehr entrüstete als der Gedanke an den Ehebruch. Es schien uns fremd, dekadent, pervers: wir hätten den Ehebruch, wenn auch nicht entschuldigen, so doch hinnehmen können, solange sie nur natürlicher- und begreiflicherweise Feinde gewesen wären.

Aber das waren sie nicht. Und doch konnte man sie auch nicht Freunde nennen. Snopes hatte keine Freunde; es gab unter uns weder einen Mann noch eine Frau – nicht einmal Hoxey und Mrs. Snopes –, die unserer Ansicht nach hätten sagen können: »Ich kenne seine Gedanken« – am allerwenigsten die Leute, bei denen wir ihn hin und wieder sahen, wenn sie an zwei oder drei Abenden der Woche im Hinterstübchen eines gewissen übelriechenden Kaufladens etwa eine Stunde um den Ofen saßen und zuhörten, aber nicht sprachen. Und daher glaubten wir, daß seine Frau, wie immer sie sein mochte, ihn jedenfalls nicht betrog. So etwas tat jedoch eine andere Frau, eine Negerin, die neueste junge Frau Tom-Toms, der tagsüber Heizer im Kraftwerk war.

Tom-Tom war schwarz: ein mächtiger Bulle von einem Mann, der seine zweihundert Pfund wog und sechzig Jahre alt war und wie etwa vierzig aussah. Er war seit ungefähr einem Jahr mit seiner dritten Frau verheiratet, einer jungen Frau, die er mit der Strenge eines Paschas in einer Hütte zwei Meilen außerhalb der Stadt und des Kraftwerks hütete, wo er selber täglich zwölf Stunden mit Schaufel und Stochereisen zubrachte.

Eines Nachmittags hatte er seine Öfen gerade wieder gereinigt und saß im Kohlenbunker, ruhte sich aus und rauchte seine Pfeife, als Snopes, sein Oberaufseher, Arbeitgeber und Boss, ins Kraftwerk kam. Die Öfen waren sauber, der Dampf stieg wieder, und das Sicherheitsventil am mittleren Heizkessel blies Dampf ab.

Snopes trat ein: ein unansehnlicher Mann von unbestimmtem Alter, breit und untersetzt, in einem sauberen, wenn auch kragenlosen weißen Hemd und einer karierten Mütze. Sein Gesicht war rund und glatt und entweder völlig undurchdringlich oder völlig leer. Seine Augen waren von der Farbe stagnierenden Wassers; der Mund war eine feste, lippenlose Naht. Während er unaufhörlich auf seinem Pfriem herumkaute, blickte er auf das pfeifende Ventil.

»Wieviel wiegt die Pfeife?« fragte er nach einiger Zeit.

»Muß wohl immerhin zehn Pfund wiegen«, sagte Tom-Tom.

»Ist sie aus reinem Messing?«

»Wenn sie's nicht ist, dann hab ich noch nie reines Messing gesehn«, antwortete Tom-Tom.

Snopes hatte Tom-Tom nicht ein einziges Mal angesehen. Er blickte immer noch zu dem Ventil mit dem hohen, schrillen, ohrenzerreißenden Ton auf. Dann spuckte er aus, drehte sich um und verließ den Boiler-Raum.

II

An seinem Denkmal baute er langsam. Aber andrerseits ist es immer seltsam, auf was für verwickelte und verzwickte Methoden jemand verfällt, um etwas zu stehlen. Es ist, als wäre irgendeine ungreifbare und unsichtbare soziale Macht da, die ihn hindert, seine Schlauheit gegen seine List ausspielt und ausgerechnet den Wert des Gegenstands seiner Gier verzerrt — den, hätte er ihn nur aufgehoben und offen weggetragen, höchstwahrscheinlich niemand bemerkt oder beachtet hätte. Das aber hätte Snopes freilich nicht gepaßt, da er offenbar weder die großartige Vision eines Hochstaplers noch den sorglosen Mut eines Banditen hatte.

Zuerst war seine Vision, sein Ziel, gar nicht einmal so hoch; sie war nicht höher als die eines gewöhnlichen Landstreichers, der seine Wanderung unterbricht, um drei Eier unter einer brütenden Glucke wegzustehlen. Oder vielleicht war er auch einfach noch nicht überzeugt, daß Messing ein guter Handelsartikel war. Denn seinen nächsten Schritt unternahm er fünf Monate nachdem Harker, der Nacht-Ingenieur, eines Abends seinen Dienst antrat und entdeckte, daß die drei Sicherheitsventile verschwunden und die Löcher mit einzölligen stählernen Schraubenzapfen zugestopft waren, die einen Druck von tausend Pfund aushalten konnten.

»Und dabei sind die drei Mäntel oben so dünn, daß man mit 'm Strohhalm ein Loch reinpieken könnte«, sagte Harker. »Und der verdammte schwarze Nachtheizer, der Turl, der nicht mal das Zifferblatt von 'ner Uhr ablesen kann, schaufelte immer mehr Kohle rein! Als ich das Manometer auf dem ersten Kessel sah, hab ich nicht geglaubt, daß ich noch rechtzeitig zum letzten Dampfkessel und zum Injektor käme!

Als ich's daher Turl endlich in den Kopf gehämmert hatte, daß die 100 auf dem Manometer bedeutete, Turl würde nicht bloß seinen Posten verlieren, sondern er würde ihn so gründlich verlieren, daß man nicht mal den Posten wiederfinden könnte, um ihn dem nächsten Unglücksraben zu geben, der sich einbildete, Dampf unter Druck sei etwas, was man bei kaltem Wetter auf 'ne Fensterscheibe bläst, hatte ich mich dann genügend beruhigt, um ihn fragen zu können, wo die Sicherheitsventile hingeraten wären.

›Mr. Snopes hat sie abgemacht‹, sagte Turl.

›Aber weshalb denn, zum Teufel?‹

›Weiß nich. Ich weiß bloß, was Tom-Tom mir erzählt hat. Tom-Tom sagt, Mr. Snopes hat gesagt, der Schwimmer im Wassertank ist nicht schwer genug. Er sagt, mal muß der Tank dann lecken, und deshalb hat er die drei Sicherheitsventile auf dem Schwimmer festgemacht, damit er schwerer wird.‹

›Soll etwa . . .‹, sagte ich. Weiter bin ich nicht gekommen ›Soll etwa . . .‹

›So hat's mir Tom-Tom erzählt. Ich weiß nix nich drüber!‹

Jedenfalls waren sie weg. Bis dahin hatten Turl und ich hin und wieder 'n kleines Nickerchen abgehalten, wenn das Abblasen nachließ und alles ein bißchen ruhig wurde. Aber in der Nacht haben wir kein Auge zugemacht, da könnt ihr Gift drauf nehmen! Er und ich waren ungefähr die ganze Nacht oben auf dem Kohlenberg, von wo wir die drei Manometer beobachten konnten. Und von Mitternacht an, nachdem der Druck nachließ, hatten wir in allen drei Kesseln zusammengenommen nicht so viel Dampf, um 'n Erdnußröster in Gang zu halten. Und sogar, als ich zu Hause im Bett lag, konnt ich nicht einschlafen. Sowie ich die Augen zugemacht hatte, sah ich gleich ein Manometer, so groß wie'n Waschzuber, und die rote Nadel, groß wie 'ne Kohlenschaufel, die kletterte bis auf hundert Pfund, und ich bin immer wieder von meinem eigenen Geschrei und Geschwitze aufgewacht.«

Doch selbst das legte sich nach einiger Zeit, und dann konnten Turl und Harker wieder ihr kleines Nickerchen abhalten. Vielleicht glaubten sie, Snopes hätte sich seine drei Eier gestohlen, und damit basta. Vielleicht glaubten sie auch, er hätte sich erschrocken, weil es so leicht gewesen war, die drei Eier zu bekommen. Denn es dauerte fünf Monate, ehe der nächste Akt stattfand.

Eines Namittags dann – Tom-Tom hatte gerade seine Öfen gereinigt und saß auf dem Kohlenberg und rauchte seine Pfeife, während der Dampf wieder stieg – kam Snopes herein und hielt in der Hand ein Ding, von dem Tom-Tom später erzählte, er hätte es für ein Maultier-Hufeisen gehalten. Er beobachtete Snopes, der sich in einer dunklen Ecke hinter den Heizkessel verkroch, wo sich ein Haufen ausrangierter Zubehörteile, alle mit Schmutz bedeckt, angesammelt hatte: Kupplungsstücke, Ventile, Stangen, Bolzen und so weiter, und davor kniete er sich hin und sortierte jedes Stück durch, wobei er eins ums andere mit dem Hufeisen berührte und von Zeit zu Zeit ein Stück wegnahm und hinter sich in den Gang warf. Dann beobachtete ihn Tom-Tom, wie er mit dem Magnet jedes lose Metallstück im Kesselraum prüfte und das Eisen vom Messing aussonderte. Dann befahl ihm Snopes, das aussortierte Messing einzusammeln und ins Büro zu tragen.

Tom-Tom warf die Stücke in eine Kiste. Snopes wartete im Büro auf ihn. Er blickte kurz auf die Kiste, dann spuckte er aus. »Wie stehst du mit Turl?« fragte er. Turl, das sollte ich lieber noch sagen, war der Nachtheizer, auch ein Neger, obwohl er eine Farbe wie Sattelleder hatte und Tom-Tom schwarz war, und neben Tom-Tom mit seinen zweihundert Pfund wog Turl selbst mit seiner Schaufel voll Kohle kaum an die hundertfünfzig.

»Ich kümmer mich um meine Arbeit«, sagte Tom-Tom. »Was Turl macht, geht mich nix an.«

»Turl findet das nicht«, sagte Snopes, kaute auf seinem Pfriem und beobachtete Tom-Tom, der ihn seinerseits fest anblickte, das heißt, auf ihn herunterblickte. »Turl möchte, daß ich ihm deine Tagschicht gebe. Er sagt, er hätt's satt, nachts zu heizen.«

»Wenn er hier erstmal so lange geheizt hat wie ich, kann er sie haben«, sagte Tom-Tom.

»Turl möchte nicht solange warten«, sagte Snopes, kaute und beobachtete Tom-Toms Gesicht. Dann erzählte er es Tom-Tom: wie Turl plane, Eisen aus dem Kraftwerk zu stehlen und es Tom-Tom vor die Haustür zu legen, damit er rausgeschmissen wird. Und Tom-Tom stand da, riesengroß und ungeschlacht, und dazu der kleine runde Kopf. »Das hat er im Sinn«, sagte Snopes, »und deshalb möcht ich, daß du das Zeug da in dein Haus schaffst und es versteckst, wo Turl es nicht finden kann. Und sobald ich genug Beweise gegen Turl habe, schmeiß ich ihn raus.«

Tom-Tom wartete, bis Snopes fertig war, und blinzelte bedächtig. Dann sagte er sofort: »Ich weiß mir'n besseres Mittel.«

»Was für ein Mittel?« fragte Snopes. Tom-Tom antwortete nicht. Er stand da, riesengroß, ohne Humor, ein bißchen mürrisch; ruhig; mehr als nur ein wenig unversöhnlich, jedoch ohne Zorn. »Nein, nein«, sagte Snopes. »Das geht nicht. Wenn du mit Turl Krach bekommst, dann schmeiß ich euch beide raus. Tu, was ich dir sage, falls du nicht deinen Posten loswerden willst und möchtest, daß Turl ihn bekommt! Du möchtest ihn wohl loswerden?«

»'s hat sich noch keiner über meinen Druck beschwert«, sagte Tom-Tom verdrossen.

»Dann tu, was ich dir sage! Nimm das Zeug heute abend mit dir nach Hause! Laß dich von niemand sehen, auch von deiner Frau nicht! Und wenn du's nicht willst, brauchst du's nur zu sagen. Ich glaube, ich finde auch jemand anders, der's tut.«

Also tat's Tom-Tom. Und er dachte sich sein Teil und hielt den Mund, sogar später noch, als sich wieder ausgediente Zubehörteile angesammelt hatten und er Snopes beobachten konnte, der sie eins ums andere mit seinem Magneten prüfte und wieder einen Messinghaufen aussortierte, den Tom-Tom mit nach Hause nehmen und verstecken sollte. Tom-Tom hatte nämlich die Kessel seit vierzig Jahren beheizt, ununterbrochen, sowie er herangewachsen war. Zuerst war nur ein Kessel dagewesen, und er hatte ihn beheizt und monatlich zwölf Dollar dafür bekommen, aber jetzt waren drei da, und er bekam sechzig Dollar monatlich, und er war nun sechzig und hatte seine eigene kleine Hütte und ein Stückchen Maisland und ein Maultier und ein Wägelchen, in dem er sonntags zweimal in die Kirche fuhr, mit einer goldenen Uhr und Kette, und seine junge Frau neben sich.

Doch um die Zeit wußte Harker nichts darüber, obwohl auch er merkte, daß sich das Altmetall in der Ecke anhäufte und dann über Nacht plötzlich verschwand, bis es ein stehender Witz bei ihnen wurde, allabendlich in seiner raschen, geräuschlosen Art einzutreten und zu Turl zu sagen: »Well, wie ich sehe, läuft unser Maschinchen ja immer noch! Da steckt allerhand Messing in den Zylinderbüchsen und Kolbenbolzen, doch ich glaube, sie drehn sich zu flink, deshalb kann man den Magnet nicht dranhalten.« Dann – etwas ernster, ja, sogar sehr ernst und gänzlich ohne Humor und Ironie, weil auch in Harker etwas von Suratts Wesen steckte: »Der verdammte Bursche! Ich glaube, er würde auch die Kessel verkaufen, wenn er nur wüßte, wie du und Tom-Tom ohne sie noch Dampf machen könnten!«

Und Turl antwortete nicht. Denn um die Zeit hatte er seine eigenen privaten Versuchungen und Sorgen, die gleichen wie Tom-Tom, von dem Harker auch nichts wußte.

Mittlerweile war der Erste des Jahres herangekommen, und damit die städtische Rechnungskontrolle.

»Da kamen sie her«, erzählte Harker, »zwei Mann hoch mit der Brille auf der Nase. Sie prüften die Bücher und stocherten überall rum und zählten alles, was sie sahen, und schrieben es auf. Dann gingen sie wieder ins Büro, und da saßen sie noch, als ich um sechs Uhr kam. Wie's schien, stimmte was nicht ganz; es schien, daß ein paar alte Messing-Zubehörteile in den Büchern aufgeschrieben standen, nur schien das Messing irgendwie abhanden gekommen. In den Büchern stand es ganz richtig, und die neuen Ventile und all der Kram, der als Ersatz für die alten gekommen war, der war auch da. Aber der Teufel sollt's holen, sie konnten kein einziges von den alten Stücken finden, abgesehen von einem gesprungenen Hahnen, der irgendwie unter die Werkbank gerutscht war. Es war wirklich seltsam. Also ging ich wieder mit ihnen hin und hielt das Licht, während sie in alle Ecken schauten und 'ne schöne Menge Ruß und Schmieröl abbekamen, aber das Messing schien einfach hokuspokusverschwundibus. Und da gingen sie weg.

Und am nächsten Morgen kamen sie wieder. Diesmal hatten sie den Stadtkanzlisten bei sich, und sie bestellten sich Mr. Snopes hierher, und da mußten sie also warten, bis er mit seiner karierten Mütze und seinem Pfriem erschien und kaute und sie ansah, während sie's ihm sagten. Sie bedauerten es furchtbar, und sie rucksten und drucksten gehörig, so leid tat's ihnen, doch es bliebe ihnen nichts weiter übrig, als sich an ihn zu wenden, weil er ja der Oberaufseher wäre; und ob er verlange, daß ich und Turl und Tom-Tom jetzt sofort verhaftet würden, oder hätte es Zeit bis morgen? Und er stand da und kaute auf seinem Pfriem herum, und seine Augen sahen aus wie Kleckse Schmieröl auf einem rohen Teigklumpen, und die da erzählten ihm noch dauernd, wie leid es ihnen täte.

›Wie teuer kommt es?‹ fragte er.

›Dreihundertundvier Dollar und zweiundfünfzig Cents, Mr. Snopes!‹

›Ist das der volle Betrag?‹

›Wir haben die Zahlen zweimal durchkontrolliert, Mr. Snopes!‹

›All right‹, sagte er. Und er faßte in die Hosentasche und zieht sein Geld raus und zahlt dreihundertundvier Dollar und zweiundfünfzig Cents in bar und verlangt eine Quittung!«

III

Dann kam der nächste Sommer, und Harker lachte noch immer und freute sich über das, was er sah, und sah so wenig und dachte immerzu, wie einer den andern betrügt, während er bloß zuschaut, und dabei war's in Wirklichkeit doch er, der betrogen wurde. Denn in jenem Sommer reifte die Sache und kam zum Platzen. Oder vielleicht hatte Snopes auch bloß beschlossen, jetzt seine erste Heuernte einzubringen und das Feld für die neue Saat vorzubereiten. Denn er hätte es niemals glauben können, daß am Tage, als er sich Turl kommen ließ, er das Kapitell auf sein Denkmal gesetzt und begonnen hatte, das Gerüst abzureißen.

Es war am Abend; nach dem Essen kehrte er ins Kraftwerk zurück und ließ Turl kommen; und wieder standen sich zwei Menschen im Büro gegenüber, ein Weißer und ein Neger. »Was hör ich da von einem Krach zwischen dir und Tom-Tom?« fragte Snopes.

»Zwischen mir und wem?« fragte Turl. »Wenn Tom-Tom bei mir Krach sucht, dann kann er lange warten. Wenn man Krach haben will, sind zweie nötig, und Tom-Tom ist bloß einer, egal, wie dick er ist!«

Snopes betrachtete Turl. »Tom-Tom glaubt, du willst die Tagschicht haben!«

Turl blickte zu Boden. Er warf einen flüchtigen Blick auf Snopes' Gesicht und auf die stillen Augen und auf die langsam und unaufhörlich mahlenden Kiefer – und ließ den Blick wieder sinken. »Ich kann ebensoviel Kohle reinschaufeln wie Tom-Tom«, sagte er.

Snopes beobachtete ihn, das glatte, braune, auf die Seite gewandte Gesicht: »Das weiß Tom-Tom auch. Er weiß, daß er alt wird. Aber er weiß auch, daß ihn keiner von seinem Posten verdrängen kann außer dir.« Dann erzählte ihm Snopes, wobei er noch immer Turls Gesicht beobachtete, daß Tom-Tom jetzt seit zwei Jahren Messing aus dem Kraftwerk gestohlen und Turl die Schuld zugeschoben habe, damit er rausgeschmissen wird, und daß Tom-Tom ihm gerade heute gesagt habe, daß Turl der Dieb sei.

Turl blickte auf. »Das ist gelogen!« sagte er. »Kein Nigger darf mir nachsagen, daß ich gestohlen habe, wenn ich nix gestohlen habe – egal, wie dick er ist!«

»Klar«, sagte Snopes. »Und jetzt muß das Messing wieder hergeschafft werden!«

»Wenn Tom-Tom es hat, dann wird wohl Mr. Buck Conner es ranschaffen«, sagte Turl. Buck Conner war der Stadtpolizist.

»Dann kommst du ganz bestimmt ins Kittchen. Tom-Tom wird sagen, er hätte nicht gewußt, daß es da ist. Du bist der einzige, der weiß, daß es da ist, und Buck Conner weiß, daß sogar ein Dummkopf, der was gestohlen hat, genug Verstand hat, um es nicht in seinem eigenen Maisschuppen zu verstecken. Es bleibt dir nichts andres übrig, als das Messing wieder herzuschaffen. Geh bei Tage raus, solange Tom-Tom hier an der Arbeit ist, und hol's und bring es mir, und ich werd's irgendwo verstecken und dann als Beweis gegen Tom-Tom benutzen. Oder vielleicht willst du die Tagschicht gar nicht? Sag's nur, wenn du sie nicht willst. Ich kann sicher einen andern finden, der sie haben will.«

Und Turl willigte ein. Er hatte ja nicht vierzig Jahre lang Kessel geheizt. So lange Zeit hintereinander hatte er überhaupt noch nichts getan, denn er war gerade erst etwas über dreißig. Doch selbst wenn er hundert wäre, würde ihm keiner vorwerfen können, irgend etwas getan zu haben, was sich auf volle vierzig Jahre belief. »Höchstens mit seinem nächtlichen Herumstreunen käm Turl auf vierzig«, sagte Harker. »Wenn Turl sich mal verheiratet, braucht er keine Vordertür: er wüßte gar nicht, wofür die da wäre! Wenn er nicht durchs Hoffenster einsteigen könnte, wüßte er gar nicht, wozu er gekommen ist! Stimmt doch, was, Turl?«

Und von nun an ist's einfach genug, denn die Fehler, die

einer begeht, sind einfach, genau wie Erfolge einfach sind. Besonders die Erfolge. Deshalb hat man vielleicht so oft keinen Erfolg: weil man ihn in seiner Einfachheit übersieht.

»Sein Fehler lag eben darin, daß er ausgerechnet Turl wählte, der ihm die Kastanien aus dem Feuer holen sollte«, sagte Harker. »Doch selbst das war noch nicht so schlimm wie der zweite Fehler, den er zur gleichen Zeit beging, ohne es zu wissen. Und zwar war das, weil er vergessen hatte, an die hellhäutige Frau von Tom-Tom zu denken. Als ich hörte, daß er von allen Niggern in Jefferson ausgerechnet Turl gewählt hatte, der sich mindestens einmal an jedes Mädchen auf zehn Meilen in der Runde herangemacht oder es wenigstens versucht hat, und daß ausgerechnet der zu Tom-Toms Hütte gehen sollte, wo er doch die ganze Zeit weiß, Tom-Tom ist hier und plackt sich bis sieben Uhr abends mit Kohleschaufeln ab und hat dann noch zwei Meilen Heimweg – daß er da von Turl erwartet, er soll die ganze Zeit draußen damit verbringen, was zu suchen, das woanders als in Tom-Toms Bett versteckt ist – und wenn ich mir dann vorstellte, daß Tom-Tom hier unten ist und in die Kessel reinschaufelt, mit der gleichen friedlichen Hahnreischaft, wie's der Bewußte immer von Mr. Snopes und Oberst Hoxey sagt – und wie er Messing stiehlt, damit Turl ihm nicht den Posten wegnehmen kann, und die ganze Zeit ist Turl draußen und kümmert sich um Tom-Toms Heimarbeit – dann dachte ich manchmal, ich platze vor Lachen!

Es konnte nicht lange dauern. Die Frage war nur: was würde zuerst passieren: würde Tom-Tom den Turl ertappen, oder würde Mr. Snopes den Turl ertappen, oder würde ich eines Nachts sterben, weil mir vor Lachen ein Blutgefäß platzt. Well, es war also Turl. Er schien zuviel Schwierigkeiten zu haben, das Messing aufzustöbern; er war schon seit drei Wochen hinterher gewesen, war fast jeden Abend ein bißchen zu spät hergekommen, so daß Tom-Tom immer warten mußte, bis Turl erschien, ehe er sich auf den Heimweg machen konnte. Daran lag's vielleicht. Oder vielleicht war Mr. Snopes selber eines Tages draußen und hat sich auch im Gebüsch versteckt und gewartet, daß es dunkel würde (es war damals schon April); er auf der einen Seite von Tom-Toms Haus, und auf der andern Turl, der im Maisfeld nähergeschlichen kommt. Jedenfalls kam Mr. Snopes eines Abends hierher zurück und wartete, und Turl kommt etwa 'ne halbe Stunde zu spät, wie üblich, und Tom-Tom stand schon fix und fertig da, damit er gleich nach Hause gehn kann, sowie Turl kommt. Mr. Snopes ließ sich Turl ins Büro kommen und fragt ihn, ob er's gefunden hätte.

›Wann soll ich's denn gefunden haben?‹ sagte Turl.

›Als du heute abend in der Dämmerung draußen warst und gesucht hast‹, sagte Mr. Snopes. Und da stand Turl und überlegte, wieviel Mr. Snopes wohl wußte, und ob er's wagen könnte, ihm zu erzählen, er sei seit halb sieben Uhr früh zu Hause im Bett gewesen, oder vielleicht auch in Mottstown, geschäftlich. ›Vielleicht suchst du noch immer am falschen Fleck‹, sagte Mr. Snopes und beobachtete Turl, und Turl blickte Mr. Snopes nicht an, höchstens vielleicht so hin und wieder. ›Wenn Tom-Tom das Eisen in seinem Bett versteckt hätte, dann müßtest du's schon vor drei Wochen gefunden haben‹, sagte Mr. Snopes. ›Such also vielleicht lieber mal in dem Maisschuppen, wie ich's dir gesagt hatte!‹

Turl ging also noch einmal raus, um danach zu suchen. Doch im Maisschuppen konnte er's anscheinend auch nicht finden. Wenigstens hat er das Mr. Snopes erklärt, als der ihn schließlich eines Abends gegen neun Uhr hier zur Rede stellte. Turl war gewissermaßen in einer Klemme. Um zum Haus zu gehen, mußte er immer warten, bis es dunkel wurde, und Tom-Tom hatte bereits gemurrt, weil Turl jeden Abend immer später zur Arbeit erschien. Und wenn Turl das Messing mal gefunden hätte, dann müßte er sich wieder jeden Abend um sieben Uhr im Kraftwerk einstellen, und dabei wurden die Tage dauernd länger.

Turl macht sich also wieder auf die Socken, um dem Messing-Beweismaterial einen letzten Besuch abzustatten. Aber er kann's immer noch nicht finden. Er muß unter jeder Falte und in jedem Faden in Tom-Toms Matratze gesucht haben, aber mit genausowenig Erfolg wie die beiden Revisoren im Kraftwerk. Er schien das Beweismaterial einfach nirgends finden zu können. Und darum sagt Mr. Snopes, er will Turl noch eine letzte Chance geben, und wenn er das Beweismaterial diesmal nicht finden könnte, dann wollte Mr. Snopes lieber Tom-Tom sagen, daß auf seinem Gartenzaun ein fremder Kater sitzt. Und sobald ein verheirateter Nigger in Jefferson so etwas hört, sucht er zuerst mal herauszubekommen, wo Turl steckt – noch ehe er sein Rasiermesser schärft –, stimmt doch, Turl, nicht?

Am nächsten Abend geht Turl also wieder raus, um zu suchen. Diesmal ging's nämlich um die Wurst. Und ungefähr um die Zeit, als die Sonne unterging, kam er aus dem Wald gekrochen – und das war die beste Zeit für die Messingjagd, besonders, weil an dem Abend der Mond schien. Er kommt also angekrochen, durchs Maisfeld und zur Hofveranda, wo das Bett steht, und sehr bald kann er auch erkennen, daß jemand in einem weißen Nachthemd auf dem Bett liegt. Doch selbst dann richtet sich Turl nicht etwa auf und geht hin – das ist nicht Turls Art. Bei Turl geht's alles nach der Regel. Er kriecht näher – es ist mittlerweile schummerig geworden, und der Mond gibt schon ein bißchen Licht her –, kriecht ganz vorsichtig und leise und schleicht sich auf die Hofveranda rauf und beugt sich übers Bett und legt seine Hand auf nacktes Fleisch und sagt: ›Herzchen, Papa ist da!‹«

IV

Sogar als ich später in aller Ruhe davon hörte, schien ich eine Sekunde lang Turls grausiges Entsetzen mitzuerleben. Denn es war Tom-Tom, der auf dem Bett lag, Tom-Tom, den Turl in jenem Augenblick zwei Meilen entfernt wähnte, im Kraftwerk, wo er auf ihn, Turl, wartete, der kommen und ihn ablösen sollte.

Am Abend vorher hatte Tom-Tom auf dem Heimweg eine vorjährige Wassermelone mitgenommen, die der Metzger den ganzen Winter über im Kühlschrank aufbewahrt und nun Tom-Tom geschenkt hatte, weil er sich selber scheute, sie zu essen, und dazu eine Flasche Whisky. Tom-Tom und seine Frau verspeisten sie und gingen zu Bett, und eine Stunde drauf weckte sie Tom-Tom mit ihrem Geschrei. Sie mußte sich so furchtbar übergeben, daß sie glaubte, sie würde sterben. Vor lauter Angst ließ sie Tom-Tom, der Hilfe holen wollte, nicht weggehen, und während er sie verarztete, so gut er es konnte, beichtete sie ihm die Sache mit Turl. Sowie sie es ihm erzählt hatte, war ihr leichter zumute, und sie sank in Schlaf, entweder, bevor sie Zeit hatte, sich klarzuwerden, wie leichtfertig sie gehandelt hatte, oder während sich ihre Gedanken noch zu sehr ans Leben klammerten, um sich für anderes zu interessieren.

Aber bei Tom-Tom war es nicht so. Nachdem er sich am nächsten Morgen überzeugt hatte, daß es ihr besser ging, erinnerte er sie daran. Sie weinte ein bißchen und versuchte es zurückzunehmen; sie ließ die ganze Tonleiter trillern, angefangen mit Tränen und Wut, und dann über Leugnen und Schmeichelei wieder zurück zu den Tränen. Doch all die Zeit mußte sie Tom-Tom ins Gesicht blicken, und daher verstummte sie nach einer Weile, lag einfach da und beobachtete ihn, wie er sich mit Bedacht an die Zubereitung des Frühstücks machte, das für sie und das für ihn, und kein Wort sagte, ja anscheinend sogar ihre Anwesenheit vergessen hatte. Dann fütterte er sie, zwang sie zu essen, immer mit dem gleichen Abstand, unerbittlich und ohne Zorn. Sie wartete darauf, daß er zum Kraftwerk gehen sollte; da war sie noch ahnungslos und hatte die ganze Zeit über gangbare Auswege nachgedacht und sie wieder verworfen; so vertieft war sie, daß der halbe Vormittag verstrichen war, ehe sie gewahrte, daß Tom-Tom gar nicht beabsichtigte, in die Stadt zu gehen, doch wußte sie eben nicht, daß er schon gegen sieben Uhr früh Mittel gefunden hatte, um im Kraftwerk ausrichten zu lassen, er käme den ganzen Tag nicht.

Sie lag also im Bett, ganz still, die Augen etwas aufgerissen, ruhig wie ein Tier, während er das Mittagessen kochte und sie mit der gleichen unbeholfenen und unerbittlichen Fürsorge fütterte. Und genau vor Sonnenuntergang schloß er sie im Schlafzimmer ein, und sie sagte noch immer kein Wort, fragte ihn nicht, was er im Sinne hatte, beobachtete nur mit ihren stillen, ruhigen Augen die Tür, bis sie zuging und der Schlüssel herumgedreht wurde. Dann zog Tom-Tom ein Nachthemd von ihr an und legte sich mit einem blanken Metzgermesser ins Bett auf der Hofveranda. Und dort hatte er fast eine Stunde lang gelegen, ohne sich zu rühren, als dann Turl auf die Veranda schlich und ihn anfaßte.

Daß Turl sich zur Flucht umwandte, war eine reine Reflexbewegung, aber Tom-Tom war bereits hoch- und auf Turl draufgesprungen. Rittlings saß er auf Turls Nacken und Schultern, und der durch sein Gewicht vermehrte Schwung ließ Turl die Veranda hinunterfliegen, so daß er schon rannte, sowie seine Füße die Erde berührten, und auf der Netzhaut seiner Furcht ein einziges gräßliches Aufblinken der im Mondschein erhobenen Messerklinge mit sich nahm, als er den Hof überquerte und mit Tom-Tom auf dem Rücken in die Bäume hineinlief – beide zusammen eine seltsame, rasende Bestie mit zwei Köpfen und einem einzigen Paar Beine, wie ein umgekehrter Zentaur, der genau vor dem brettgerade abstehenden Hemdenzipfel Tom-Toms und genau unter dem Silberblitz des erhobenen Messers gespensterhaft durch den mondhellen Aprilwald stob.

»Tom-Tom ist'n dicker Klotz«, sagte Turl. »Kann man drei wie mich drausmachen. Aber ich hab ihn doch geschleppt. Und sooft ich den Mondschein auf dem Metzgermesser blinkern sah, hätt ich mir noch zwei so Kerls aufbuckeln können, sogar ohne stehenzubleiben.« Er sagte, anfangs sei er einfach gelaufen, und erst, als er zwischen den Bäumen war, kam ihm der Gedanke, daß es seine einzige Rettung wäre, Tom-Tom an einem Baumstamm herunterzufegen. »Aber er hat sich mit dem einen Arm so festgeklammert, daß ich mich jedesmal selber gestoßen habe, wenn ich ihn gegen einen Baum stoßen wollte. Und dann sind wir abgeprallt, und ich hab wieder das nackte Messer im Mondschein blinkern sehn, und ich hätt mir noch zwei Tom-Toms aufbuckeln können.

Und dann war's soweit, daß Tom-Tom anfing zu brüllen und daß er sich mit beiden Händen festhielt. Da wußt ich also, daß ich jedenfalls das Metzgermesser los war. Aber da war ich grade gut im Schuß; meine Füße wollten genausowenig auf Tom-Tom wie auf mich hören, als er brüllte, ich sollte stehenbleiben und ihn runterlassen. Dann hat Tom-Tom meinen Kopf mit beiden Händen gepackt und angefangen, ihn rumzudrehen, als wär ich'n ungesattelter Maultier-Ausreißer, und da hab ich selber den Graben gesehn! Er war beinah vierzig Fuß tief, und mir kam's vor, als wär er 'ne Meile breit, aber da war's schon zu spät. Meine Füße konnten gar nicht langsamer laufen. Sie liefen einfach in die leere Luft rein – so weit wie von hier bis an die Tür drüben, eh wir überhaupt runterfielen. Und sie haben immer noch im Mondschein gezappelt, als ich und Tom-Tom auf dem Grund aufgebummst sind.«

Das erste, was ich nun wissen wollte, war wegen des heruntergefallenen Metzgermessers, und was Tom-Tom statt dessen benutzt hatte. Er hatte gar nichts benutzt. Er und

Turl saßen einfach unten im Graben und redeten miteinander. Denn für jedes Tier, das alles riskiert hat, gibt es jenseits aller Verzweiflung eine Freistatt, die selbst sein Todfeind respektiert. Oder vielleicht war's auch bloß Nigger-Art. Jedenfalls war es beiden völlig klar, wie sie da saßen und vielleicht beim Sprechen noch ein bißchen keuchten, daß Tom-Toms Heim geschändet wurde, aber nicht von Turl, sondern von Flem Snopes; und daß Turls Leib und Leben der größten Gefahr ausgesetzt war, jedoch nicht durch Tom-Tom, sondern durch Flem Snopes.

Das war ihnen so klar, daß sie ruhig im Graben saßen und warteten, bis sie wieder bei Atem waren, und ein wenig plauderten, ohne Zorn, wie zwei Bekannte, die sich auf der Straße getroffen haben. So klar war·es ihnen, daß sie ihren gemeinsamen Plan schmieden konnten, ohne ihn ausdrücklich in Worte zu fassen. Sie verglichen nur ihre Notizen; vielleicht lachten sie ein wenig über sich selbst. Dann kletterten sie aus dem Graben und kehrten zu Tom-Toms Haus zurück, wo Tom-Tom seine Frau freiließ, und er und Turl saßen vor dem Feuer, während die Frau ihnen eine Mahlzeit zubereitete, die sie ebenso gelassen, aber ohne Trödelei aßen: die beiden ernsten, zerkratzten Gesichter der gleichen Lampe zugewandt, über den gleichen Schüsseln, während im Hintergrund die Frau sie beobachtete – schattenhaft und in Deckung und ohne zu sprechen.

Tom-Tom nahm sie mit in den Stall, wo sie ihnen helfen mußte, das Messing auf den Wagen zu laden, und wo Turl zum erstenmal sprach, seit sie in Harkers ›friedlicher Hahnreischaft‹ aus dem Graben geklettert waren: »Großer Gott, Mann, wie lange hast du gebraucht, um all das Zeug hier rauszuschleppen?«

»Nicht lange«, sagte Tom-Tom. »Hab etwa zwei Jahre dran gearbeitet.«

Mit dem Wagen erforderte es vier Fahrten; der Tag brach an, als sie die letzte Ladung beseitigt hatten, und die Sonne ging auf, als Turl mit einer Verspätung von elf Stunden das Kraftwerk betrat.

»Zum Teufel, wo hast du gesteckt?« sagte Harker.

Turl blickte zu den drei Sicherheitsventilen auf, und sein zerkratztes Gesicht zeigte einen Ausdruck affenartigen Ernstes. »Hab'n Freund von mir geholfen.«

»Was für'n Freund von dir?«

»'n Bursche namens Turl«, sagte Turl und blinzelte zu den Sicherheitsventilen auf.

V

»Und das war alles, was er erzählt hat«, sagte Harker. »Und ich schau mir sein zerkratztes Gesicht an, und dann den Passer dazu, mit dem Tom-Tom um sechs Uhr ankam. Doch Turl hatte mir da noch nix erzählt. Und ich war nicht der einzige, dem er an dem Morgen nix erzählt hat. Denn Mr. Snopes erschien nämlich vor sechs Uhr, ehe Turl weggegangen war. Er ließ Turl ins Büro kommen und fragte ihn, ob er das Messing gefunden hätte, und Turl sagte nein.

›Warum hast du's nicht gefunden?‹ sagte Mr. Snopes.

Diesmal hat Turl nicht weggeblickt. ›Weil kein Messing da ist. Das ist der Hauptgrund.‹

›Woher weißt du, daß keins da ist?‹ sagt Mr. Snopes.

Und Turl blickte ihm fest in die Augen. ›Weil Tom-Tom gesagt hat, daß keins da ist‹, sagt Turl.

Da hätt er's eigentlich schon wissen sollen. Aber der Mensch macht wer weiß was, wenn er sich selbst betrügen will; dann redet er sich was ein und glaubt selber Sachen, die ihn regelrecht hochbringen würden, wenn ein andrer sie glaubte, selbst wenn er ihm eingeredet hätte, sie zu glauben. Er ließ sich also Tom-Tom kommen.

›Ich hab kein Messing nich‹, sagte Tom-Tom.

›Wo ist es denn?‹

›Es ist da, wo Sie gesagt haben, daß Sie's haben wollen.‹

›Wann hab ich gesagt, daß ich's wo haben wollte?‹

›Als Sie die Pfeif-Ventile von den Kesseln abgemacht haben.‹

Das hat ihm den Mund gestopft. Er hat nämlich nicht gewagt, weder den einen noch den andern rauszuschmeißen. Und daher mußte er einen von ihnen jeden Tag und den ganzen Tag hier draußen sehen und immer wissen, daß der andre jede Nacht und die ganze Nacht lang da war; er mußte wissen, daß während all der vierundzwanzig Stunden, die verstrichen, der eine oder der andre von den beiden da war und dafür bezahlt wurde – stündlich dafür bezahlt wurde, müßt ihr bedenken –, daß sie ihr halbes Leben direkt unter dem Tank mit den vier Ladungen Messing drin zubrachten, die nach Kaufrecht ja ihm gehörten und die er jetzt nicht beanspruchen konnte, weil er jetzt zu lange gewartet hatte.

Es war bestimmt zu spät. Aber nächstes Neujahr war's noch später. Der Erste kam, und damit die städtische Rechnungskontrolle; wieder kamen die beiden bebrillten Burschen hierher und prüften die Bücher und gingen weg und kamen wieder – nicht bloß mit dem Stadtkanzlisten, sondern auch mit Buck Conner mit einem Haftbefehl für Turl und Tom-Tom. Und da standen sie nun und rucksten und drucksten und bedauerten wieder und stießen einer den andern vor, daß er sprechen sollte. Wie es schien, war ihnen vor zwei Jahren ein Fehler unterlaufen, und statt der dreihundertvier Dollar zweiundfünfzig, die das in die Luft verflüchtigte Messing wert war, waren es fünfhundertfünfundzwanzig Dollar, was eine Differenz von über zweihundertzwanzig Dollar ausmachte. Und da war nun Buck Conner mit dem Haftbefehl, drauf und dran, Turl und Tom-Tom zu verhaften, sobald er, Snopes, das Zeichen dazu gäbe, und zufällig waren Turl und Tom-Tom in dem Augenblick beide im Boiler-Raum, da Schichtwechsel war.

Snopes bezahlte also. Stieß in die Tasche rein und bezahlte die zweihundertzwanzig Dollar und bekam seine Quittung. Und etwa zwei Stunden später ging ich zufällig durchs Büro. Zuerst sah ich niemand, weil das Licht aus war. Deshalb dachte ich, vielleicht sei die Birne ausgebrannt, da das Licht sonst dauernd brannte. Aber sie war nicht ausgebrannt; sie war einfach ausgeknipst. Doch als ich anknipsen wollte, sah ich ihn, wie er da saß. Deshalb hab ich das Licht nicht angeknipst. Ich ging einfach weiter und raus und ließ ihn da sitzen, sehr stille sitzen.«

VI

Damals wohnte Snopes in einem neuen kleinen Bungalow am Stadtrand, und als er kurz nach jenem Neujahrstag seinen Posten beim Kraftwerk aufgab, konnte man ihn, als mit dem wärmeren Wetter der Frühling kam, ziemlich oft in seinem winzigen Seitengarten sitzen sehen, wo kein Baum und kein Grashalm wuchs. Es war ein Stadtviertel mit noch anderen, ebenso tristen, zum Teil von Negern bewohnten kleinen Häusern und vom Regen aufgerissenen Lehmgräben und Kuhlen voll alter Blechbüchsen und Schrott-Autos, und der Anblick war nicht erfreulich. Trotzdem verbrachte er sehr viel Zeit dort, saß auf der Verandatreppe und tat gar nichts. Und deshalb fragte man sich, was er da wohl betrachten könne, denn über den dichten Bäumen, die das Städtchen beschatteten, war nichts zu sehen – außer dem kleinen Fleck, der das Kraftwerk war, und darüber dem Wasserturm. Und auch über den war jetzt das Urteil gesprochen, denn das Wasser war vor zwei Jahren plötzlich ungenießbar geworden, und die Stadt hatte jetzt ein neues, unterirdisches Wasserreservoir. Doch der Wasserturm war stabil, und das Wasser war noch gut genug, um die Straßen damit zu reinigen, und daher ließ die Stadt ihn stehen, und einmal schlug sie sogar ein recht großzügiges, wenn auch anonymes Angebot aus, den Turm zu kaufen und zu entfernen.

Deshalb wunderte man sich also, was Snopes da betrachtete. Sie wußten nicht, daß er sein eigenes Denkmal betrachtete: den Turm, der höher als alles andre weit und breit aufragte, angefüllt mit vergänglicher, sinnbildlicher Flüssigkeit, die nicht einmal zum Trinken geeignet war, die jedoch, eben gerade in ihrer Vergänglichkeit, dank ihres flüssigen Zustands und ihrer heimlichen Erneuerung, viel ausdauernder war als das Messing, das sie vergiftete, und als Gedenksäulen aus Basalt und aus Blei.

Dürrer September

Unter dem blutroten Nachglanz des September-Abend-
himmels – einer Folge von zweiundsechzig regenlosen Tagen – hatte es sich wie Feuer in dürrem Gras verbreitet:
das Gerücht, die Geschichte oder was es sonst war. Etwas
über Miss Minnie Cooper und einen Neger. War sie über-
fallen, beleidigt, erschreckt worden – keiner von denen, die
sich an jenem Samstagabend im Friseurgeschäft eingefunden hatten, wo der Decken-Ventilator die verbrauchte Luft
umrührte, ohne sie aufzufrischen, und ihnen in regelmäßig wiederkehrendem Schwall ihren unreinen Atem und
Körpergeruch und den Duft nach Haarwasser und alter
Brillantine ins Gesicht wehte, wußte genau, was passiert war.

»Aber Will Mayes war's bestimmt nicht«, sagte der eine
Barbier, ein Mann in mittleren Jahren, der gerade einen
Kunden rasierte. Er war mager und etwas fahl und hatte
ein freundliches Gesicht. »Will Mayes kenne ich. Er ist ein
guter Nigger! Und ich kenne auch Miss Minnie Cooper.«

»Was weißt du von der?« fragte ein anderer Barbier.

»Wer ist denn das?« fragte der Kunde. »Ein junges
Mädchen?«

»Nein«, sagte der Barbier. »Sie muß etwa vierzig sein.
Unverheiratet. Deshalb glaube ich auch nicht . . .«

»Zum Teufel mit Ihrem ›Glauben‹!« rief ein klobiger
Bursche in einem verschwitzten Seidenhemd. »Gilt Ihnen
das Wort von einer Weißen denn nicht mehr als das von
einem Nigger?«

»Ich glaube nicht, daß Will Mayes es getan hat«, wiederholte der Barbier. »Ich kenne Will Mayes.«

»Dann wissen Sie vielleicht auch, wer's getan hat? Dann

haben Sie ihm vielleicht schon aus der Stadt rausgeholfen, Sie verdammter Niggerfreund?«

»Ich glaube, daß keiner nix getan hat. Ich glaube, daß nix nich passiert ist! Ihr müßt doch selber wissen, Leute, daß so Damen, wenn sie älter werden und keiner sie geheiratet hat, daß sie sich da Sachen in'n Kopf setzen, als könnt ein Mann ...«

»Sie sind mir ja'n erbärmlicher Weißer!« sagte der Kunde. Er zappelte unter seinem Frisierumhang. Der junge Mann war aufgesprungen.

»Sie glauben's ihr nicht?« rief er. »Wollen Sie einer weißen Frau anhängen, sie hätte gelogen?«

Der Barbier hielt das Messer in der Schwebe, da der Kunde halb aufgestanden war. Er blickte niemanden an.

»'s ist das verdammte Wetter«, sagte ein anderer. »Das kann einen Mann dazu bringen, daß er wer weiß was macht. Sogar mit der!«

Niemand lachte. Der Barbier sagte in seiner milden, beharrlichen Art: »Ich hänge keinem was an. Ich weiß bloß, und ihr Leute wißt's auch, daß eine Frau, die niemals ...«

»Sie verdammter Niggerfreund!« rief der junge Mann.

»Halt'n Mund, Butch! Wir bekommen die Tatsachen schnell genug heraus, um dann was zu unternehmen!« sagte ein anderer.

»Wer? Wer bekommt's heraus?« rief der junge Mann. »Tatsachen? Zum Teufel damit! Ich ...«

»Sie sind mir'n Musterexemplar von 'nem Weißen, das muß man Ihnen lassen«, sagte der Kunde. Mit seinem Seifenschaumbart sah er wie ein Strolch aus einem Wildwestfilm aus. »Sag's ihnen ruhig, Jack«, wandte er sich an den jungen Mann. »Wenn's hier in eurer Stadt keine weißen Männer gibt, könnt ihr auf mich zählen, auch wenn ich bloß 'n Geschäftsreisender bin und hier fremd bin!«

»So ist's richtig, Leute«, sagte der Barbier. »Bringt mal erst die Wahrheit raus! Ich kenne doch Will Mayes!«

»Also mein Gottnochmal!« schrie der junge Mann. »Ist doch nicht zu glauben, daß hier in unsrer Stadt ein Weißer...«

»Halt'n Mund, Butch«, sagte ein anderer. »Wir haben Zeit genug.«

Der Kunde richtete sich auf. Er blickte den zweiten Sprecher an. »Wollen Sie etwa behaupten, daß es für einen Nigger, der eine weiße Frau überfällt, auch nur die kleinste Entschuldigung gibt? Wollen Sie mir erzählen, daß Sie'n Weißer sind und so was durchgehen lassen? Gehn Sie lieber wieder in den Norden, wo Sie herkommen! Hier im Süden können wir Ihre Sorte nicht gebrauchen!«

»Was heißt denn Norden?« rief der zweite Sprecher. »Ich bin hier in der Stadt geboren und aufgewachsen!«

»Aber mein Gottnochmal!« sagte der junge Mann. Er starrte angestrengt und verblüfft umher, als versuchte er sich zu erinnern, was er hatte sagen oder tun wollen. Er fuhr sich mit dem Ärmel über das verschwitzte Gesicht. »Der Teufel soll mich holen, eh ich's dulde, daß eine weiße Frau...«

»Sag's ihnen ruhig, Jack«, wiederholte der Reisende. »Weiß Gott, wenn sie...«

Die Moskitotür flog krachend auf. Ein Mann erschien und pflanzte sich breitbeinig vor sie hin; der schwere Körper federte elastisch; das weiße Hemd stand am Hals offen; er trug einen Filzhut. Sein feuriger, kühner Blick flog über die Anwesenden hin. Er hieß McLendon. Er hatte in Frankreich an der Front eine Abteilung befehligt und war mit der Tapferkeitsmedaille ausgezeichnet worden.

»So«, sagte er, »wollt ihr alle hier herumsitzen und es dulden, daß ein schwarzer Hundesohn mitten in Jefferson eine weiße Frau vergewaltigt?«

Butch sprang wieder auf. Sein seidenes Hemd klebte auf seinen schweren Schultern. Unter jeder Achselhöhle zeichnete sich ein dunkler Halbmond ab. »Das hab ich ihnen ja dauernd gesagt! Das hab ich...«

»Ist es wirklich passiert?« fragte ein dritter. »Es ist nicht das erstemal, daß sie sich einbildet, ein Mann wollte ihr was antun! Hawkshaw hat ganz recht! War denn nicht vor einem Jahr schon mal so 'ne Sache mit einem Mann auf dem Küchendach, der sie beobachtet hatte, als sie sich auszog?«

»Was?« rief der Kunde. »Was reden Sie da?« Er hatte sich vom Barbier wieder behutsam in den Sessel hineindrücken lassen und wollte sich schon anlehnen, hielt aber jetzt inne und hob den Kopf, während der Barbier noch immer versuchte, ihn unten zu halten.

McLendon fuhr herum und schrie den dritten Sprecher an. »Ob's wirklich passiert ist? Zum Teufel, was für'n Unterschied macht das aus? Wollt ihr die schwarzen Hundesöhne so lange in Ruhe lassen, bis einer es wirklich mal tut?«

»Das sag ich ja immerzu!« kreischte Butch los. Er ließ eine Reihe sinnloser Flüche von Stapel.

»Ruhe! Ruhe!« sagte ein vierter. »Seid nicht so laut! Sprecht doch nicht so laut!«

»Klar«, sagte McLendon. »Alles Gerede ist überflüssig! Ich habe meine Meinung gesagt. Wer hält zu mir?« Er wippte auf den Fußspitzen und ließ seinen Blick von einem zum andern schweifen.

Der Barbier drückte den Kopf des Reisenden hinunter und hielt das Rasiermesser zum Ansetzen bereit. »Findet erst mal die Tatsachen raus, Leute! Ich kenne doch Will Mayes! Der war's nicht. Wir wollen den Sheriff holen, der wird die Sache in Ordnung bringen.«

McLendon fuhr herum und sah ihn mit vor Wut verzerrtem Gesicht an. Der Barbier wandte den Blick nicht ab. Sie sahen aus, als wären sie Männer verschiedener Rassen. Die andern Friseure, die sich noch über ihre hintenübergelehnten Kunden beugten, hielten auch inne. »Wollen Sie etwa behaupten, daß Ihnen das Wort eines Niggers mehr gilt als das einer weißen Frau? Sie verdammter Niggerfreund Sie!«

Der dritte Sprecher stand auf und packte McLendon beim Arm; er war auch Soldat gewesen. »Laß schon! Laß schon! Wolln's doch mal in Ruhe überlegen! Wer weiß überhaupt, was wirklich passiert ist?«

»Zum Teufel mit Ihrem Überlegen!« McLendon riß sich los. »Alle, die auf meiner Seite stehn, sollen mitkommen! Die andern ...« Er blickte sich wild um und wischte sich mit dem Ärmel übers Gesicht.

Drei Männer standen auf. Der Reisende erhob sich aus seinem Sessel. »Heh!« rief er und zerrte an dem Tuch, das er noch um den Hals hatte. »Nehmen Sie den Fetzen weg! Ich halte zu ihm! Ich wohne nicht hier, aber weiß Gott, wenn unsre Mütter und Frauen und Schwestern ...« Er rieb sich mit dem Tuch das Gesicht trocken und schleuderte es auf den Fußboden. McLendon stand da und beschimpfte die andern. Noch einer erhob sich und trat neben ihn. Die übrigen saßen mit bedeppertem Gesicht da; sie blickten einander nicht an, und dann stand einer nach dem andern auf und trat neben McLendon.

Der Barbier hob das Tuch vom Boden auf. Er begann es ordentlich zusammenzulegen. »Tut es nicht, Leute! Will hat's bestimmt nicht getan! Ich weiß es!«

»Los jetzt!« sagte McLendon. Er flog herum. Aus seiner Hüfttasche ragte der Griff einer schweren Selbstladepistole. Sie gingen hinaus. Die Moskitotür flog krachend hinter ihnen zu, so daß es in der unbewegten Luft widerhallte.

Der Barbier wischte das Rasiermesser sorgfältig und behende ab und verwahrte es, lief nach hinten und nahm seinen Hut von der Wand. »Ich komme wieder, sobald ich kann!« rief er den andern Barbieren zu. »Ich kann's nicht zulassen ...« Hastig lief er hinaus. Die beiden andern Barbiere folgten ihm bis an die Tür, hielten sie fest, ehe sie zurückschwang, und sahen ihm nach, die Straße entlang. Die Luft war schwer und unbewegt. Sie hinterließ einen metallenen Geschmack auf der Zunge.

»Was kann er ausrichten?« sagte der erste. Der zweite sagte nur mit unterdrückter Stimme: »Jeeschristus, Jeeschristus!«

»Ich wär genauso gern Will Mayes wie Hawk, wenn er den McLendon in Wut bringt!« fuhr der erste fort.

»Jeeschristus, Jeeschristus!« flüsterte der zweite.

»Glaubst du, daß er ihr wirklich was getan hat?« fragte der erste.

II

Sie war achtunddreißig oder neununddreißig. Sie wohnte mit ihrer kranken Mutter und einer mageren, bläßlichen und unermüdlichen Tante in einem kleinen Holzhaus, wo sie jeden Morgen zwischen zehn und elf in einem spitzenbesetzten Morgenhäubchen auf der Veranda erschien, um sich ins Hängesofa zu setzen und bis zum Mittagessen zu schaukeln. Nach dem Mittagessen legte sie sich ein Weilchen hin, bis der Nachmittag etwas kühler wurde. Dann ging sie in einem ihrer drei oder vier neuen Schleierstoffkleider, die sie sich jeden Sommer kaufte, in die Stadt, um den Nachmittag mit andern Damen in verschiedenen Geschäften zu verbringen, wo sie die Waren betasteten und mit kalter, entschiedener Stimme wegen der Preise feilschten – jedoch ohne die Absicht, etwas zu kaufen.

Sie stammte aus einer wohlhabenden Familie, die nicht zu den besten, aber doch zu recht guten Kreisen Jeffersons gehörten, und in ihrer auffälligen und etwas unruhigen Manier und Kleidung hielt sie sich noch eben an der Grenze, gewöhnlich auszusehen. Als sie jung war, hatte sie einen schlanken, sehnigen Körper und eine Art zäher Lebhaftigkeit an sich gehabt, die ihr eine Zeitlang geholfen hatten, eine Rolle im gesellschaftlichen Leben des Städtchens zu spielen, das damals für ihre Altersgenossinnen, die noch zu jung waren, um Standesunterschiede zu bemerken, in den Schulfesten und in den Veranstaltungen der Kirchengemeinde bestand.

Sie war die letzte, die begriff, daß sie an Boden verlor und daß die andern, die sie allesamt mit ihrer ein wenig glänzenderen und grelleren Flamme in den Schatten gestellt hatte, jetzt das Vergnügen erlernten, sich als Snobs zu gebärden (auf Seiten der Herren) und es ihr heimzuzahlen (auf Seiten der Damen). Damals begann ihr Gesicht einen krampfhaft fröhlichen, verzerrten Ausdruck anzunehmen. Bei Festen auf schattigen Veranden und sommerlichen Rasenflächen trug sie diese Miene wie eine Maske oder ein Panier, in den Augen stets die Verzweiflung, mit der sie die Wahrheit wütend von sich wies. Eines Abends überhörte sie auf einer Gesellschaft ein Gespräch zwischen einstigen Klassenkameraden, einem jungen Mann und zwei Mädchen. Sie nahm keine weitere Einladung an.

Sie mußte mit ansehen, wie die jungen Mädchen, mit denen sie aufgewachsen war, sich verheirateten und ein Heim und Kinder bekamen, doch um sie bemühte sich kein einziger Mann, bis die Kinder ihrer Kameradinnen sie schließlich schon einige Jahre lang ›Tantchen‹ genannt hatten und ihre Mütter ihnen strahlend erzählten, wie beliebt Tante Minnie als junges Mädchen gewesen sei. Dann aber bemerkte man im Städtchen, daß sie Sonntag nachmittags mit dem Kassierer der Bank Ausfahrten unternahm. Er war ein Witwer, etwa vierzig Jahre alt, von blühender Gesichtsfarbe, der immer leicht nach Friseur oder Whisky roch. Er war der erste im Städtchen, der ein Automobil besaß, einen roten Sportwagen, und Minnie besaß als erste eine Automütze und einen Autoschleier. Und das Städtchen begann zu tuscheln: »Die arme Minnie!« Andere sagten: »Aber sie ist ja alt genug, um auf sich selbst zu achten!« Damals bat sie die Kinder ihrer alten Schulkameradinnen, sie nicht ›Tantchen‹, sondern ›Kusine Minnie‹ zu nennen.

Jetzt war es zwölf Jahre her, seit sie von der öffentlichen Meinung als unmoralisch abgetan wurde, und acht Jahre her, seit der Kassierer an eine Bank nach Memphis versetzt

wurde, von wo er jede Weihnachten für einen Tag zurückkehrte, den er im Jagdklub am Fluß bei dessen alljährlicher
Junggesellen-Party verbrachte. Hinter den Gardinen hervor
sahen sie die Party vorbeiziehen, und bei den üblichen Weih-
nachtsbesuchen erzählten sie ihr dann von ihm, wie gut er
aussähe und daß es ihm in der Großstadt glänzend gehen
solle, und heimlich beobachteten sie mit funkelnden Blicken
ihre krampfhaft fröhliche, verstörte Miene. Meistens roch
ihr Atem um diese Stunde schon nach Whisky. Ein junger
Mann, Verkäufer im Drugstore, verschaffte ihn ihr: »Klar,
ich besorg ihn der Kleinen; warum soll sie nicht auch 'n
Spaß haben?«

Ihre Mutter verließ ihr Zimmer jetzt nicht mehr; die
hagere Tante führte den Haushalt. Vor einem solchen Hintergrund nahmen sich Minnies auffällige Kleider und ihre
müßigen, unausgefüllten Tage verkrampft unwirklich aus.
Abends traf sie sich nur noch mit Frauen, ihren Nachbarin-
nen, mit denen sie ein Kino besuchte. Jeden Nachmittag zog
sie eins ihrer neuen Kleider an und ging allein in die Stadt,
wo ihre kleinen ›Kusinen‹ mit ihrem feinen Seidenhaar,
den dünnen, unbeholfenen Armen und den wissenden Hüften am Spätnachmittag, in Reihen untergehakt, herum-
schlenderten oder mit Freunden im Drugstore kreischten und
kicherten, indes Minnie erschien und an den dicht anein-
andergereihten Läden vorbeiging, in deren Tür Männer saßen oder sich räkelten und ihr nicht einmal mehr einen
Blick nachsandten.

III

Der Barbier eilte flink die Straße entlang, wo die wenigen,
von Insekten umschwirrten Straßenlaternen in starrer,
greller Verhaltenheit durch die leblose Luft flammten. Die
Sonne war unter einem Bahrtuch aus Staub erstickt; über

dem dämmerigen Square, den der niedersinkende Staub einhüllte, spannte sich der Himmel so klar wie das Innere einer Messingglocke. Am östlichen Horizont kündete sich das Nahen des riesenhaft vergrößerten Mondes an.

Er holte sie ein, als McLendon und drei andre gerade in ein Auto stiegen, das in einer Seitengasse stand. McLendon duckte seinen dicken Schädel, um unter dem Verdeck hervorzuspähen. »Haben sich anders besonnen, was?« rief er. »Verdammt gescheit von Ihnen! Zum Kuckuck, wenn die Stadt morgen erfährt, wie Sie heute geredet haben . . .«

»Sei doch still!« sagte der andre ehemalige Soldat. »Hawkshaw ist'n braver Junge! Hopp, Hawk, spring rein!«

»Will Mayes hat's bestimmt nicht getan, Leute«, sagte der Barbier, »falls es überhaupt jemand getan hat! Ihr wißt alle genauso gut wie ich, daß es in keiner Stadt bessere Nigger als bei uns gibt! Und ihr wißt doch auch, daß die Damen sich manchmal wegen Männern allerhand einbilden, wenn überhaupt kein Grund besteht, und Miss Minnie ist sowieso . . .«

»Klar, klar«, sagte der Soldat. »Wir wolln ihn bloß mal'n bißchen ins Gebet nehmen!«

»Ins Gebet nehmen? Verflucht nochmal!« rief Butch. »Wenn wir ihn fertiggemacht . . .«

»Halt's Maul, um Gotteswillen«, sagte der Soldat. »Soll vielleicht die ganze Stadt hören . . .«

»Sag's ihnen ruhig, zum Teufel!« rief McLendon. »Sag's all den Burschen, die es dulden, daß eine weiße Frau . . .«

»Fahr doch, Mann! Da kommt schon das andere Auto!« Mit kreischenden Bremsen tauchte an der Straßenecke der zweite Wagen aus einer Staubwolke auf. McLendon ließ den Motor an und übernahm die Führung. Staub lagerte wie dichter Nebel in der Straße. Die Straßenlaternen hingen in einem Strahlenring, als schwebten sie in Wasser. Sie fuhren zur Stadt hinaus.

Im rechten Winkel bog ein zerfurchter Karrenweg ab.

Auch hier hing Staub, wie über dem ganzen Land. Die dunkeln Umrisse der Eisfabrik, wo der Neger Mayes als Nachtwächter angestellt war, zeichneten sich gegen den Himmel ab. »Wolln lieber hier halten, was?« sagte der Soldat. McLendon antwortete nicht. Er jagte mit seinem Wagen noch ein Stück weiter und brachte ihn dann jäh zum Stehen; das Licht der Scheinwerfer prallte auf die kahle Mauer.

»Hört jetzt mal zu, Leute!« rief der Barbier. »Wenn er hier ist, beweist das doch, daß er's nicht getan hat, nicht wahr? Wenn er's gewesen wäre, hätt er sich davongemacht. Seht ihr das denn nicht ein?«

Der zweite Wagen kam an und hielt. McLendon stieg aus; Butch sprang heraus und stellte sich neben ihn. »Hört doch, Leute!« sagte der Barbier.

»Licht aus!« befahl McLendon. Erstickendes Dunkel fiel über sie her. Kein Laut war zu vernehmen als der aus ihrer keuchenden Lunge, die in dem knochentrockenen Staub, in dem sie seit zwei Monaten lebten, nach Atemluft rang; dann das sich entfernende Geräusch von McLendons und Butchs Schritten, und einen Augenblick drauf McLendons Stimme:

»Will!... Will!«

Im Osten verdichtete sich das blaßrote Bluten des nahen Mondes. Er schwebte hinter dem Horizont hervor und versilberte die Luft, den Staub, so daß sie in einer Pfanne aus geschmolzenem Blei zu stehen und zu atmen schienen. Kein Laut war zu hören, weder von nächtlichen Vögeln noch von Insekten, kein Laut außer ihren Atemzügen und manchmal ein schwaches Knistern vom sich abkühlenden Metall an den Wagen. Wo ihre Körper einander berührten, schienen sie trocken zu schwitzen, denn Feuchtigkeit sonderte sich nicht mehr ab. »Mein Gott!« flüsterte eine Stimme. »Wolln bloß hier weg!«

Doch sie rührten sich nicht von der Stelle, bis unbestimmte Geräusche sich aus der Finsternis vor ihnen zu lösen begannen; da traten sie vor und warteten angespannt im erstickenden Dunkel. Und noch ein neues Geräusch: ein Schlag und zischend ausgestoßener Atem und McLendons leises Fluchen. Sie blieben einen Augenblick stehen; dann rannten sie vorwärts, ein stolpernder Haufen, als flüchteten sie vor etwas. »Schlagt ihn tot! Schlagt ihn tot, den Hundesohn!« flüsterte eine Stimme. McLendon stieß alle zurück.

»Nicht hier!« sagte er. »Schafft ihn in den Wagen!«

»Schlagt ihn tot! Schlagt ihn tot, den schwarzen Hundesohn!« murmelte die Stimme.

Sie schleiften den Neger zum Auto. Der Barbier hatte neben dem Wagen gewartet. Er spürte, wie ihm der Schweiß ausbrach, und merkte, daß ihm übel wurde.

»Was ist denn, Käptns?« sagte der Neger. »Ich hab nix getan! Bei Gott nicht, Mister John!« Jemand kam mit Handschellen an. Sie gerieten sich in die Quere, als sie lautlos und emsig an dem Neger herumarbeiteten, wie wenn er ein Pfahl wäre. Er ließ sich die Handschellen anlegen und blickte rasch und unablässig von einem Gesicht zum andern. »Wer ist hier, Käptns?« fragte er und beugte sich vor, um in die Gesichter zu spähen, so daß sie seinen Atem spürten und seine schweißige Ausdünstung rochen. Er nannte ein oder zwei Namen. »Was glauben Sie denn, Mister John, was ich getan hab?«

McLendon riß die Wagentür auf. »Steig ein!« sagte er.

Der Neger rührte sich nicht. »Was wollen Sie mit mir machen, Mister John? Ich hab nix getan, Käptns! Ihr weißen Leute, ich hab nix getan, ich schwör's bei Gott!« Er nannte noch einen Namen.

»Steig ein!« sagte McLendon. Er schlug den Neger. Die andern hieben unter zischenden Atemstößen blindlings auf ihn ein. Er wirbelte herum und beschimpfte sie, fegte mit seinen gefesselten Händen über ihre Gesichter und schlitzte dem Barbier die Lippen auf, und der Barbier schlug ihn auch. »Ins Auto mit ihm!« sagte McLendon. Sie stießen ihn. Er hörte auf, sich zu wehren, stieg ein und verhielt sich ganz still, während die andern ihre Plätze einnahmen. Er saß zwischen dem Barbier und dem Soldaten und machte sich schmal, um sie nicht zu berühren; seine Blicke flogen rasch und unablässig von Gesicht zu Gesicht. Butch klebte auf dem Trittbrett. Der Wagen fuhr los. Der Barbier drückte das Taschentuch gegen die Lippen.

»Was 's los, Hawk?« fragte der Soldat.

»Nichts«, sagte der Barbier. Sie kamen wieder auf die Landstraße und fuhren weiter von der Stadt weg. Der zweite Wagen blieb zurück und verschwand hinter ihnen in der Staubwolke. Sie fuhren weiter und beschleunigten die Geschwindigkeit; die letzte Häuserreihe blieb hinter ihnen zurück.

»Verfluchtnocheins, wie er stinkt!« sagte der Soldat.

»Das werden wir bald behoben haben«, sagte der Reisende, der vorn neben McLendon saß. Draußen auf dem Trittbrett schrie Butch seine Flüche in den heißen Luftschwall hinaus. Der Barbier beugte sich plötzlich vor und berührte McLendons Arm.

»Lassen Sie mich raus, John«, sagte er.

»Springen Sie ab, Niggerfreund!« sagte McLendon, ohne den Kopf umzudrehen. Er fuhr schnell. Hinter ihnen stachen die Scheinwerfer des unsichtbaren zweiten Wagens grell durch den Staub. Bald darauf bog McLendon in einen schmalen Weg ein, der nicht mehr befahren wurde und ganz aufgerissen war. Er führte zu einer verlassenen Ziegelei. Zwischen einer Reihe von kleinen, rötlichen Hügeln lagen ein paar von Unkraut und Ranken überwucherte tiefe Gruben. Eine Zeitlang war die Gegend als Weide benutzt worden, bis der Eigentümer eines Tages eins seiner Maultiere vermißte. Obwohl er sorgfältig mit einer langen Stange in den Gruben herumstocherte, stieß er nirgends auf Grund.

»John!« sagte der Barbier.

»Springen Sie doch ab!« sagte McLendon und ließ den

Wagen über die alten Wagenspuren holpern. Der Neger neben dem Barbier begann zu sprechen:

»Mister Henry!«

Der Barbier rückte bis an die Kante der Sitzbank vor. Sie rasten durch den schmalen Engpaß des Weges und wieder hinaus. Ihre Fahrt glich dem Luftzug, der aus einem gelöschten Hochofen strömt, war kühler, aber gänzlich ohne Leben. Das Auto hüpfte von Furche zu Furche.

»Mister Henry!« sagte der Neger.

Der Barbier zerrte wütend am Türgriff. »Obacht!« rief der Soldat, aber der Barbier hatte bereits die Tür aufgetreten und sich aufs Trittbrett geschwungen. Der Soldat beugte sich über den Neger hinweg und versuchte den Barbier zu packen, aber er war schon abgesprungen. Das Auto sauste in unvermindertem Tempo weiter.

Infolge der Geschwindigkeit landete er mit heftigem Aufprall im staubigen Gestrüpp des Straßengrabens. Staubwolken flogen auf, und halb erstickt und von Brechreiz gewürgt, lag er zwischen den feindselig knisternden dürren Zweigen, bis auch der zweite Wagen vorbeifuhr und verschwand. Dann stand er auf und stolperte von dannen, bis er die Landstraße erreicht hatte, wo er sich den Staub von den Kleidern klopfte und der Stadt zuwandte. Der Mond stand jetzt höher am Himmel; er hatte sich endlich über die Staubschicht aufgeschwungen, aus der nach einer Weile die Lichter der Stadt aufglommen. Hinkend ging er weiter. Bald darauf hörte er die Autos näher kommen, und als die Lichter ihrer Scheinwerfer heller durch den Staub stachen, verließ er die Straße und duckte sich wieder ins Gestrüpp, bis sie vorbeigefahren waren. McLendons Wagen fuhr jetzt als letzter. Es saßen vier Leute drin, und Butch stand nicht mehr auf dem Trittbrett.

Sie fuhren weiter; der Staub schluckte sie auf, und Motorlärm und Lichtschimmer erloschen. Der von ihnen aufgewirbelte Staub hing noch ein Weilchen in der Luft, doch bald sackte er wieder in die ewige Staubschicht hinein. Der Barbier kletterte wieder auf die Straße und ging hinkend in die Stadt.

IV

Als sie sich an jenem Samstag fürs Abendessen ankleidete, glühte ihr Körper wie im Fieber. Ihre Hände tasteten zitternd nach den Haken und Ösen; ihre Augen glänzten fiebrig, und beim Kämmen knisterte ihr Haar spröde und widerspenstig. Sie war noch nicht fertig, als ihre Freundinnen kamen und wartend dasaßen, während sie ihre hauchdünne Unterwäsche und die Strümpfe und ein neues Schleierstoffkleid anzog. »Fühlst du dich wohl genug, um auszugehen?« fragten sie, und auch ihre Augen glitzerten, aber mit einem dunklen Glanz. »Wenn du dich ganz von dem Schrecken erholt hast, mußt du uns erzählen, was passiert ist! Was er gesagt und getan hat – alles!«

Als sie unter dem dunklen Laubdach zum Square gingen, begann sie tiefer zu atmen, wie ein Schwimmer vor dem Tauchen, bis das Zittern aufhörte; wegen der furchtbaren Hitze; und aus Rücksicht auf sie gingen die vier Freundinnen langsamer. Doch als sie sich dem Square näherten, begann sie wieder zu zittern; sie warf den Kopf in den Nacken und verkrampfte die herunterhängenden Hände; von den andern drang leises Stimmengemurmel zu ihr, es entsprach dem fiebrigen Glitzern in ihren Augen.

Sie betraten den Square. Sie ging in der Mitte und wirkte so zart in ihrem neuen Kleid. Das Zittern wurde stärker. Sie ging immer langsamer, wie ein Kind, das an einer Eistüte schleckt, mit aufgeworfenem Kopf und mit blanken Augen in dem wilden, flatternden Panier ihres Gesichts, vorbei am Hotel und an den Reisenden, die in Hemdsärmeln längs des Bürgersteigs saßen und sich die Hälse nach ihr verrenkten. »Das da ist sie – sehn Sie's? Die in Rosa, in der Mitte!« – »Ach, die? Und was haben sie mit dem Nigger gemacht? Haben sie ihn ...?« – »Klar, dem fehlt nichts mehr!« – »So, dem fehlt nichts mehr?« – »Klar, er hat 'ne kleine Reise angetreten.« Dann am Drugstore vorbei, wo sogar die jungen Burschen, die am Eingang herumlungerten, die Hand an die Mütze legten und mit den Blicken jeder Bewegung ihrer Hüften und ihrer Beine folgten.

Sie gingen weiter, vorbei an Herren, die den Hut zogen, an Stimmen, die plötzlich ehrerbietig und beschützerisch verstummten. »Siehst du wohl?« sagten die Freundinnen, und ihre Stimmen zischten wie triumphierende, lange unterdrückte Seufzer. »Nicht ein einziger Neger ist auf dem Square. Nicht ein einziger!«

Sie kamen zum Kino. Mit seiner hell erleuchteten Halle und den bunten Plakaten, auf denen das schreckliche und schöne, wechselvolle Spiel des Lebens eingefangen war, glich es einem Miniatur-Feenland. Ihre Lippen begannen zu zukken. Im Dunkeln, wenn der Film erst lief, würde es besser sein; dort konnte sie das Lachen zurückhalten, damit es nicht so schnell und so bald schon verging. Deshalb eilte sie an den ihr zugewandten Gesichtern, an den unterdrückten Ausrufen leisen Erstaunens vorbei, und sie nahmen ihre gewohnten Plätze ein, wo sie im silbrigen Licht den Seitengang und die jungen Burschen und Mädchen beobachten konnte, die paarweise ins Licht traten.

Dann erloschen die Lampen; die Leinwand leuchtete silbern auf, und bald zog das Leben schön und leidenschaftlich und traurig an ihnen vorüber, während immer noch mehr junge Burschen und Mädchen hereinkamen – parfümiert und im Halbdunkel tuschelnd, die paarweise einander zugeneigten Rücken zart und schmächtig, die mageren, flinken Körper linkisch und göttlich jung –, indes sich weiter vorn und über sie hinweg der Silbertraum abspulte, unwiderstehlich und fort und fort. Sie mußte lachen. Als sie das

Lachen unterdrücken wollte, wurde es lauter denn je; Köpfe drehten sich nach ihr um. Sie lachte noch immer, als ihre Freundinnen sie vom Platz zogen und hinausführten, und sie stand am Prellstein und ließ ein seltsam hohes, lange anhaltendes Lachen hören, bis das Taxi kam und sie ihr hineinhalfen.

Sie zogen ihr das rosa Schleierstoffkleid und die durchsichtige Unterwäsche und die Strümpfe aus und brachten sie zu Bett und zerkleinerten Eis für die Schläfen und ließen den Arzt holen. Er war schwer zu finden, daher bemühten sie sich unter leisen Mitleidsbezeigungen um sie, wechselten das Eis und fächelten ihr Luft zu. Solange das Eis frisch war und noch nicht schmolz, hörte sie auf zu lachen, lag ein Weilchen still und stöhnte nur ein wenig. Doch bald quoll das Lachen wieder auf, und ihre Stimme kreischte los.

»Scht! Scht!« sagten sie, füllten abermals den Eisbeutel und streichelten ihr – dabei graue Haare suchend – über den Kopf: »Armes Ding!« Und mit Augen, die in verstohlener Glut funkelten, flüsterten sie einander zu: »Glaubst du, daß wirklich etwas passiert ist? – Scht! Scht! Das arme Ding! Die arme Minnie!«

V

Um Mitternacht hielt McLendon vor seinem schmucken neuen Haus. Es war mit seinem sauberen weißgrünen Anstrich so nett und ordentlich wie ein Vogelkäfig, und fast genauso klein. Er sperrte den Wagen ab, stieg die Verandatreppe hinan und trat ein. Seine Frau erhob sich aus einem Sessel neben der Leselampe. McLendon blieb in der Tür stehen und starrte sie an, bis sie die Augen niederschlug.

Er hob den Arm und zeigte auf die Uhr. »Sieh mal dorthin!« sagte er. Sie stand mit gesenktem Kopf vor ihm, in der Hand eine Zeitschrift. Ihr Gesicht war blaß und nervös und übermüdet. »Hab ich dir nicht verboten, so lange aufzubleiben und aufzupassen, wann ich nach Hause komme?«

»John!« sagte sie. Sie legte die Zeitschrift hin. Er wiegte sich auf den Zehenspitzen und funkelte sie aus brennenden Augen an. Sein Gesicht war verschwitzt.

»Hab ich's dir nicht verboten?« Er trat auf sie zu. Da blickte sie zu ihm auf. Er packte sie an der Schulter. Sie stand bewegungslos da und sah ihn an.

»Nicht, John! Ich konnte nicht schlafen ... Es muß die Hitze sein ... irgendwas. Bitte, nicht, John! Du tust mir weh!«

»Hab ich's dir nicht verboten?« Er ließ sie los und schleuderte sie mit einem Stoß, der halb ein Schlag war, in den Sessel zurück, und sie lag da und blickte ihm stumm nach, als er das Zimmer verließ.

Er ging durchs Haus, riß sich dabei das Hemd über den Kopf und blieb in der dunklen, vergitterten Gartenveranda stehen, wo er sich Kopf und Schultern mit dem Hemd abwischte und es wegwarf. Dann nahm er die Pistole aus der Hüfttasche und legte sie auf den Nachttisch, setzte sich aufs Bett, zog die Schuhe aus und stand nochmals auf, um die Hose abzustreifen. Er schwitzte schon wieder, deshalb bückte er sich und suchte wie wild nach dem Hemd. Schließlich fand er es und wischte sich noch einmal den ganzen Körper ab. Keuchend, den Körper gegen das staubige Moskitogitter gepreßt, stand er da. Nichts regte sich, kein Laut war zu hören, nicht einmal ein Insekt. Die dunkle Welt lag wie tot und erschlagen unter dem kalten Mond und den lidlosen Sternen.

Der Todesschwung

I

Das Flugzeug tauchte beinah so unvermittelt über der Stadt auf wie eine Geistererscheinung. Es flog schnell; fast ehe wir begriffen, daß es da war, hatte es bereits ein Looping geflogen, noch immer über dem Square, wodurch es sowohl die städtischen wie die Regierungs-Vorschriften verletzte. Es war übrigens kein gutes Looping, sondern fehlerhaft und schlampig und in der größten Geschwindigkeit ausgeführt, als wäre der Pilot entweder sehr nervös oder sehr eilig oder (und das war merkwürdig: in unsrer Stadt lebte ein ehemaliger Militärflieger. Er trat aus der Post, als das Flugzeug erschien und südwärts flog; er beobachtete das überstürzte und unschöne Looping, und er gab sein Urteil darüber ab) als bemühe sich der Pilot, die bekannte Figur auf ein Minimum zu reduzieren, um Treibstoff zu sparen. Das Flugzeug vollendete das Looping auf einem Flügel, als setze es zu einer Immelmann-Figur an. Dann beschrieb es eine halbe Schleife, verstümmelte also das Looping um ein Viertel, und verschwand ohne die geringste Unterbrechung im Geheul des nicht abgedrosselten Motors und noch immer bei höchster Geschwindigkeit und mit der gleichen Plötzlichkeit einer Geistererscheinung im Osten, in der Richtung, wo unser Flugplatz lag. Als die ersten kleinen Jungen auf dem Flugplatz eintrafen, war das Flugzeug schon gelandet und stand in einer eingezäunten Ecke am Ende des Feldes. Es stand ganz still, und es war leer. Es war überhaupt kein Mensch zu sehen. Als es so leer und tot dastand, geflickt und armselig, und mit einer einzigen dünnen Schicht schwarzer Farbe ungeschickt angestrichen, erweckte es wieder den gespenstischen Eindruck, als wäre es bisher ganz allein geflogen und hätte Looping und Landung ganz alleine ausgeführt.

Unser Flugplatz befindet sich noch im Embryonalzustand. Unsre Stadt liegt auf mehreren Hügeln, und der Flugplatz, ehemals ein Baumwollfeld, besteht aus vierzig Morgen Ackerfurchen, und durch Nivellieren und Ausfüllen gelang es uns, eine auf die vorherrschenden Winde ausgerichtete x-förmige Piste anzulegen. Die Pisten selbst sind lang genug, doch der Flugplatz wird (genau wie unsre Stadt) von Männern verwaltet, die schon in mittleren Jahren waren, als jüngere Männer zu fliegen begannen, und deshalb sind die Verhältnisse nicht immer günstig. Auf der einen Seite befindet sich eine Gruppe von Bäumen, deren Eigentümer sich weigert, sie fällen zu lassen; auf einer andern Seite liegt der Hof einer Farm mit einem Dach aus morschen Schindeln und einem großen Heuschober. Das Flugzeug war in der Ecke der Umzäunung nahe bei der Scheune zum Stehen gekommen. Die kleinen Jungen und ein oder zwei Neger und ein Weißer, der aus einem an der Landstraße haltenden Wagen gestiegen war, standen ruhig um die Maschine herum, als zwei Männer im Flughelm und mit hochgeschobener Schutzbrille plötzlich hinter der Scheunenecke hervorkamen. Der eine war groß und steckte in einem schmutzigen Overall. Der andre war sehr klein und trug Kniehosen und Wickelgamaschen und einen schmutzigen, grell gemusterten Mantel, der aussah, als wäre er mitsamt dem Mann darin einmal naß geworden und auf ihm eingegangen. Er hinkte sehr stark.

An der Scheunenecke waren sie stehengeblieben. Obwohl sie die Köpfe anscheinend gar nicht umwandten, wirkte es doch so, als hätten sie das gesamte Bild rasch und mit einem einzigen Blick erfaßt. Der Große sprach. »Wie heißt die Stadt hier?«

Einer von den kleinen Jungen nannte ihm den Namen der Stadt.

»Wer wohnt hier?« fragte der Große.

»Wer hier wohnt?« wiederholte der Junge.

»Wer verwaltet den Flugplatz? Ist er Privatbesitz?«

»Ach so. Nein, er gehört der Stadt. Die Stadt verwaltet ihn.«

»Leben sie alle hier – ich meine, die Leute, die ihn verwalten?«

Der weiße Mann, die Neger und die kleinen Jungen, alle blickten den großen Mann an.

»Ich wollte sagen, ist hier jemand in der Stadt, der ein Flugzeug besitzt? Sind Fremde hier, die fliegen können?«

»Ja«, sagte der Junge. »Ein Mann wohnt hier bei uns, der war im Krieg Flieger – im englischen Heer.«

»Captain Warren war im Royal Flying Corps«, sagte ein andrer Junge.

»Hab ich ja gesagt!« rief der erste Junge.

»Du hast gesagt, im englischen Heer«, entgegnete der zweite Junge.

Jetzt sprach der zweite Fremde, der kleine Hinkende. Er sprach mit dem Großen, sprach ruhig, mit erloschener Stimme, und mit einer Aussprache wie Weber und Fields[2] im Kabarett. »Was ist denn das nun wieder?«

»'s ist schon gut«, sagte der Große. Er ging weiter. Der Kleine folgte ihm; er hinkte grauenerregend, wie eine Krabbe. Der Große hatte ein hageres Gesicht mit zweitägigen Stoppeln. Seine Augäpfel mit dem gespannten, starren Blick sahen ebenfalls schmutzig aus. Er trug eine schmutzige Fliegerhaube aus billigem, dünnem Stoff, obwohl es im Januar war. Seine Schutzbrille war abgenutzt, aber sogar wir konnten erkennen, daß es eine gute war. Doch dann gaben es alle auf, ihn anzusehen, und sie beobachteten statt dessen den Kleinen; später, als auch wir älteren Leute ihn sahen, sagten wir unter uns, daß wir ein so tragisches Gesicht noch nie gesehen hätten, mit einem Ausdruck empörter und überzeugter und hartnäckiger Verzweiflung, wie das eines Mannes, der aus freien Stücken eine Bombe trägt, die tagtäglich zu einer bestimmten Stunde explodieren kann – oder auch nicht. Er hatte eine Nase, die selbst für einen Mann von sechs Fuß Länge noch unverhältnismäßig groß gewesen wäre. Der ganze obere, in den engen Helm eingezwängte Teil seines Gesichts bis zur Nasenspitze hätte auf einen sechs Fuß langen Körper gepaßt. Doch darunter, unter einer Querlinie, die den Kopf von der Nasenspitze bis zum Hinterkopf in zwei Teile zerlegte, waren sein Kiefer und das übrige Gesicht keine zwei Zoll hoch. Sein Kiefer verjüngte sich unter der Nase zu einer langen, schmalen Linie, wie der Kinnbacken eines Haifisches, so daß seine Nasenspitze und die Spitze seines Kinns sich fast berührten. Seine Schutzbrille bestand nur aus gewöhnlichem Fensterglas, und die Gläser saßen in einem Gestell mit Filzrändern. Sein Helm war aus Leder. Auf der Rückseite zeigte er vom Scheitel bis zum unteren Rand einen langen, furchtbaren Riß; oben und unten wurde er mit Klebstreifen zusammengehalten, die vor Dreck und Speck beinah schwarz waren.

An der Scheunenecke tauchte jetzt ein dritter Mann auf – wieder mit der gleichen unvermittelten Reglosigkeit, als hätte er dort in der leeren Luft plötzlich Gestalt angenommen. Doch als wir ihn dann sahen, kam er schon auf die Gruppe zu. Über einem anständigen Zivilanzug trug er einen Mantel und dazu eine Mütze. Er war ein wenig größer als der Hinkende, und breit und schwer gebaut. Er war hübsch, auf eine fade, ruhige Art und, dem Gesicht nach zu urteilen, ein Mann, der nicht redselig war. Als er näher kam, sahen die Zuschauer, daß er, genau wie der Kleine, ein Jude war. Das heißt, sie merkten sofort, daß zwei von den Fremden einer andern Rasse als wir angehörten, ohne jedoch sagen zu können, worin der Unterschied bestand. Wie die Jungen, betrachtete auch er den Hinkenden.

»Warn Sie im Krieg?« fragte der Junge. »Im Luftkrieg?«

Der Hinkende gab keine Antwort. Sowohl er wie der große Mann beobachteten das Tor. Die Zuschauer blickten auch hin und sahen, daß ein Wagen durchs Tor kam und am Rande des Flugplatzes entlang auf sie zufuhr. Drei Männer stiegen aus dem Wagen und kamen näher. Wieder wandte sich der Hinkende leise an den Großen: »Ist das einer?«

»Nein«, sagte der Große, ohne den andern anzublicken. Er beobachtete die Ankömmlinge und blickte ihnen der Reihe nach forschend ins Gesicht. Er wandte sich an den ältesten der drei Männer. »Morgen«, sagte er. »Verwalten Sie den Flugplatz hier?«

»Nein«, antwortete der Mann. »Da müssen Sie sich an den Sekretär der Marktgesellschaft wenden. Er ist in der Stadt.«

»Kostet es etwas, den Flugplatz zu benutzen?«

»Das weiß ich nicht. Wahrscheinlich geben sie Ihnen gern Erlaubnis, ihn zu benutzen.«

»Geh hin und bezahl dafür!« sagte der Hinkende.

Die drei Neuankömmlinge betrachteten das Flugzeug mit der unbeteiligten, verständnisinnigen, ehrfürchtigen Miene von ›Landratten‹. Auf seinen verschlammten Rädern und mit dem reglosen, starren Propeller erweckte es den Eindruck von Ruhe, Gleichgewicht und Kraft. Die Motorhaube war auffallend groß, die Flügel in gutem Zustand, der Rumpf hinter den rostigen Auspuffrohren streifig vor Öl. »Haben Sie geschäftlich hier zu tun?« fragte der älteste.

»Wir wollen eine Vorführung geben«, sagte der Große.

»Was für eine Art Vorführung?«

»Was Sie wollen. Marsch über die Flügel. Todesschwung.«

»Was ist denn das – der Todesschwung?«

»Man läßt einen Mann auf das Verdeck eines Autos fallen, und von dort schwingt er sich wieder hoch. Je mehr Zuschauer wir haben, um so mehr verdienen wir dran.«

»Für Ihr Geld bekommen Sie aber auch was zu sehen«, sagte der Hinkende.

Die Jungen betrachteten ihn noch immer. »Sind Sie im Krieg gewesen?« fragte der erste kleine Junge.

Der dritte Fremde hatte bisher noch nichts gesagt. Jetzt schlug er vor: »Gehn wir in die Stadt!«

»Gut«, sagte der Große. Mit seiner tonlosen, erloschenen Stimme, der gleichen Stimme, die alle drei Fremden zu benutzen schienen, als wäre es ihre gemeinsame Sprache, fragte er, ohne sich an jemand zu wenden: »Wo können wir ein Taxi bekommen? Gibt's in der Stadt welche?«

»Wir bringen Sie hin«, sagten die Männer, die mit dem Auto hergekommen waren.

»Wir zahlen gern«, erwiderte der Hinkende.

»Ich freu mich, wenn ich Ihnen behilflich sein kann«, sagte der Mann, der den Wagen fuhr. »Ich will nichts dafür annehmen. Möchten Sie jetzt fahren?«

»Ja«, sagte der Große. Die drei Fremden setzten sich auf den Rücksitz, die drei andern auf den Vordersitz. Drei Jungen folgten ihnen bis an den Wagen.

»Darf ich bis zur Stadt aufs Trittbrett rauf, Mr. Black?« fragte der eine Junge.

»Spring nur rauf!« sagte der Fahrer. Die Jungen sprangen aufs Trittbrett. Der Wagen kehrte in die Stadt zurück. Die drei Leute auf dem Vordersitz konnten hören, wie die drei Fremden auf dem Rücksitz miteinander sprachen. Sie sprachen ruhig, mit leiser, tonloser Stimme, irgendwie klang es still und dringend, während sie miteinander redeten, wobei vor allem der Große und der Schöne sprachen. Die drei auf dem Vordersitz hörten von dem Hinkenden nur die Worte: »Ich nehme nicht weniger ...«

»Klar«, sagte der Große. Er beugte sich vor und hob die Stimme ein wenig: »Wo kann ich den Sekretär finden, den Jones?«

Der Fahrer sagte es ihm.

»Ist eine Zeitung oder Druckerei in der Nähe? Ich möchte ein paar Flugblätter bestellen.«

»Ich zeig's Ihnen«, sagte der Fahrer. »Ich helfe Ihnen bei den Vorbereitungen.«

»Nett«, sagte der Große. »Kommen Sie heut nachmittag raus, und wenn ich Zeit habe, nehm ich Sie 'n bißchen mit.«

Der Wagen hielt vor der Zeitungsredaktion. »Hier können Sie Ihre Flugblätter bekommen«, sagte der Fahrer.

»Schön«, sagte der Große. »Ist das Büro von dem Jones auch in dieser Straße?«

»Ich bring Sie hin!« sagte der Fahrer.

»Sprechen Sie unterdessen mit dem Redakteur!« sagte der Große. »Ich glaube, den Jones kann ich allein finden.« Sie stiegen aus dem Wagen. »Ich bin gleich wieder da«, sagte der Große. Er ging in seinem schmutzigen Overall und Helm rasch die Straße hinab. Zwei andere Männer hatten sich zu der Gruppe vor der Zeitung gesellt. Sie traten alle ein, der Hinkende vorneweg, die drei kleinen Jungen hinterdrein.

»Ich möchte Flugblätter haben«, sagte der Hinkende. »Etwa wie das hier!« Er zog ein zusammengefaltetes rotes Papier aus der Tasche. Er faltete es auseinander; der Redakteur, die Jungen und die fünf Männer beugten sich vor, um es zu betrachten. In großen schwarzen Buchstaben stand darauf:

DUNCAN DER DÄMON
DRAUFGÄNGER DER LÜFTE
zeigt seinen Todesschwung
heute nachmittag um zwei Uhr
unter dem Patronat der . . . .
Kommt alle und seht
DUNCAN DEN DÄMON und seinen
TODESSPRUNG UND TODESSCHWUNG

»Ich brauche sie in einer Stunde«, sagte der Hinkende.

»Was wollen Sie'n hier an der leeren Stelle?« fragte der Redakteur.

»Was habt ihr denn so hier in der Stadt?«

»Was wir haben?«

»Als Patronat? Frontkämpferverband? Rotary Club? Handelskammer?«

»Das haben wir alles!«

»Dann sag ich's Ihnen gleich, welche«, erwiderte der Hinkende. »Sowie mein Kamerad wieder da ist!«

»Sie müssen einen Bürgen haben, ehe Sie mit der Vorführung beginnen, nicht wahr?« fragte der Redakteur.

»Ja, selbstverständlich. Glauben Sie, ich würde den Draufgänger ohne Patronat machen? Glauben Sie, ich würde für'n Fünfcentstück aus dem Flugzeug springen?«

»Wer will springen?« fragte der eine von den Nachzüglern, ein Taxifahrer.

Der Hinkende blickte ihn an. »Machen Sie sich bloß keine Sorgen deswegen«, sagte er. »Sie brauchen weiter nichts zu tun als bezahlen. Wenn Sie genug zahlen, springen wir, soviel Sie wollen!«

»Ich hab bloß gefragt, welcher von Ihnen der Springer ist!«

»Frag ich Sie etwa, ob Sie in Silber oder in Papiergeld zahlen?« sagte der Hinkende. »Frag ich Sie das?«

»Nein«, antwortete der Taxifahrer.

»Aber wegen der Flugblätter«, sagte der Redakteur. »Sie haben gesagt, Sie brauchten sie in einer Stunde.«

»Können Sie nicht schon anfangen und die eine Stelle frei lassen, bis mein Kamerad wieder da ist?«

»Und wenn er erst wiederkommt, wenn sie inzwischen fertig sind?«

»Na, das ist dann auch nicht meine Schuld.«

»All right«, sagte der Redakteur. »Hauptsache, daß Sie sie mir bezahlen.«

»Dachten Sie etwa, ich soll bezahlen ohne ein Patronat auf dem Flugblatt?«

»Ich betreib mein Geschäft auch nicht zum Spaß!« sagte der Redakteur.

»Wir warten«, erklärte der Hinkende.

Sie warteten.

»Sind Sie als Flieger im Krieg gewesen, Mister?« fragte der Junge.

Der Hinkende wandte dem Jungen sein langes, häßliches, tragisches Gesicht zu. »Im Krieg? Warum soll ich denn in den Krieg gehn?«

»Ich dachte, wegen dem Bein vielleicht. Captain Warren hinkt auch, und er war Flieger im Krieg. Dann tun Sie's wohl bloß zum Vergnügen?«

»Zum Vergnügen? Was denn wohl? Das Fliegen? Grüß Gott!³ Das hasse ich! Ich wünschte, der Mann, der das Fliegen erfunden hat, wäre hier – den würd ich in die Maschine da stecken und tausendmal auf seinen Rücken stempeln: ›Tu's nicht!‹«

»Warum tun Sie's dann?« fragte der Mann, der mit dem Taxifahrer eingetreten war.

»Wegen dem Republikaner Coolidge! Ich war 'n Geschäftsmann, und der Coolidge hat mein Geschäft ruiniert, glattweg ruiniert. Darum! Zu meinem Vergnügen? Grüß Gott!«

Sie blickten den Hinkenden an. »Wahrscheinlich haben Sie eine Lizenz?« sagte der zweite von den Nachzüglern.

Der Hinkende sah ihn an. »Eine Lizenz?«

»Müssen Sie nicht eine Lizenz haben, wenn Sie fliegen wollen?«

»Ach so, 'ne Lizenz, damit ich die Kiste da fliegen darf. Klar, ich verstehe. Klar. Wir haben eine. Wolln Sie sie sehen?«

»Sie müssen sie jedem zeigen, der sie sehn will, nicht?«

»Ja, sicher. Wolln Sie sie sehn?«

»Wo ist sie?«

»Wo könnt sie wohl sein? Sie ist am Flugzeug, an der gleichen Stelle, wo die Regierung sie hingenagelt hat. Sie dachten wohl, ich hätt sie mir auf 'n Rücken genagelt? Sie dachten wohl, ich hätt 'n Motor hier drin und Flügel dazu? Sie ist am Flugzeug! Besorgen Sie sich 'n Taxi und fahren Sie zum Flugzeug raus, da können Sie sie betrachten!«

»Ich bin Taxifahrer«, sagte der eine Mann.

»Schön! Fahren Sie raus und bringen Sie den Herrn hier auf 'n Flugplatz, wo er sich die Lizenz an unserm Flugzeug betrachten kann!«

»Es macht 'n Vierteldollar«, sagte der Fahrer. Doch der Hinkende sah den Fahrer nicht an. Er lehnte sich gegen die Theke. Sie beobachteten ihn, wie er ein Stück Kaugummi aus der Tasche holte und auswickelte. Sie beobachteten, wie er den Kaugummi in den Mund steckte.

»Ich hab gesagt, es macht 'n Vierteldollar, Mister!« sagte der Fahrer.

»Meinen Sie mich?« fragte der Hinkende.

»Ich dachte, Sie wollten ein Taxi – zum Flugplatz raus?«

»Ich? Wozu denn? Warum soll ich denn zum Flugplatz raus? Da komm ich ja grade her! Ich will doch die Lizenz nicht sehn! Ich hab sie schon gesehn! Ich war da, als die Regierung sie mir draufgenagelt hat!«

II

Captain Warren, der ehemalige Militärflieger, kam aus dem Laden, als er den großen Mann in dem schmutzigen Overall sah. Captain Warren hat es am gleichen Abend alles beim Barbier erzählt, nachdem das Flugzeug wieder weg war.

»Seit vierzehn Jahren hatte ich ihn nicht mehr gesehen – seitdem ich 1917 England verließ, um mich an die Front zu begeben. ›Das warst *du* also, der mit zwei Passagieren und dem alten Rauchpott Modell Hisso Zwanzig aus dem Looping rauskam?‹ sagte ich.

›Wer hat mich sonst noch gesehen?‹ fragte er. Und dann hat er's mir erzählt, wie wir da auf der Straße standen, und hat immer von Zeit zu Zeit einen Blick über die Schulter geworfen. Er war krank: ein Mann war hinter ihm stehengeblieben, um ein paar Damen vorbeizulassen, und Jock flog mit einer Miene herum, als wollt er den Mann totschießen, wenn er 'n Revolver gehabt hätte, und während wir im Café saßen, hat jemand die hintere Tür laut zugeschmettert, und ich dachte, er springt aus seinem Affenfrack! ›Ich hab 'n nervösen Tick‹, hat er mir erzählt. ›Sonst fehlt mir nichts.‹ Ich wollte ihn zu mir mit nach Hause nehmen, zum Mittagessen, aber er wollte nicht. Er sagte, er müsse sich gewissermaßen selbst überraschen und zu essen anfangen, ehe er's recht merkte. Wir waren ein Stück die Straße hinabgegangen und kamen am Restaurant vorbei, als er plötzlich rief: ›Ich geh essen!‹ und drehte sich um und schoß wie ein Kaninchen rein und setzte sich mit dem Rücken gegen die Wand und sagte zu Vernon, er solle ihm bringen, was am schnellsten zu haben sei. Er trank drei Glas Wasser, und dann brachte Vernon ihm eine Milchflasche voll Wasser, und die trank er auch zum größten Teil aus, ehe das Essen aus der Küche heraufkam. Als er den Helm absetzte, sah ich, daß seine Haare fast völlig weiß waren, und dabei ist er jünger als ich. Oder er war's jedenfalls, als wir oben in Kanada im Übungslager waren. Dann sagte er mir, wie sein nervöser Tick hieß. Er hieß Ginsfarb. So hieß nämlich der Kleine, der von der Strickleiter gesprungen ist.«

»Was war denn los?« fragten wir. »Wovor hatten sie Angst?«

»Vor dem Inspektor«, erwiderte Warren. »Sie hatten überhaupt keinen Ausweis!«

»Es war doch einer auf dem Flugzeug!«

»Ja, aber der gehörte nicht zu dem Flugzeug! Das da war von einem Inspektor am Starten verhindert worden, sowie Ginsfarb es gekauft hatte. Der Pilotenausweis stammte von einem andern Flugzeug, das verunglückt war, und jemand hatte Ginsfarb bei einem andern Vergehen geholfen und ihm den Ausweis verkauft. Jock war sein Pilotenausweis vor zwei Jahren entzogen worden, als er am vierten Juli mit einem großen Flugzeug voller Festgäste eine Bruchlandung machte. Zwei Motoren fielen aus, und er mußte landen. Das Flugzeug nahm ein bißchen Schaden, und eine Benzinleitung ging kaputt, doch selbst dann wäre noch alles gut gegangen, wenn nicht ein Fluggast (es war beinah dunkel) Angst bekommen und ein Streichholz angezündet hätte. Jock war nicht allein schuld daran, aber die Passagiere verbrannten samt und sonders, und die Regierung ist da sehr scharf. Deshalb bekam er keine Lizenz, und er konnte Ginsfarb nicht mal dazu überreden, eine Fallschirmspringer-Lizenz zu kaufen. Folglich haben sie überhaupt keine Lizenz, und wenn sie geschnappt werden, kommen sie alle ins Kittchen.«

»Kein Wunder, daß er weiße Haare bekam«, sagte einer.

»Das war nicht der Grund, weshalb sie weiß wurden«, sagte Warren. »Das will ich euch auch noch erzählen. Sie flogen also zu kleinen Städten wie unsrer hier, tauchten schnell auf, horchten herum, ob keiner da wäre, der sie schnappen könnte, und wenn keiner da war, gaben sie die Vorführung und flogen zum nächsten Städtchen. Den Großstädten gingen sie aus dem Weg. Sie kamen her und ließen sich Flugzettel drucken, während Jock und der andere versuchten, sich vom hiesigen Verein eine Garantie ausstellen zu lassen. Diesen Teil wollten sie nicht Ginsfarb anvertrauen, weil er zu lange um den Preis gefeilscht hätte, und sie getrauten sich nicht, das zu riskieren. Deshalb erledigten es die beiden andern: sie nahmen, was sie bekamen, und wenn sie nicht bekommen konnten, was Ginsfarb ihnen gesagt hatte, dann nahmen sie eben, was sie bekamen, und versuchten, Ginsfarb so lange etwas vorzuschwindeln, bis er nichts mehr dran ändern konnte. Und diesmal ist Ginsfarb aufsässig geworden. Vermutlich haben sie ihm zu oft was vorgemacht.

Ich traf ihn also auf der Straße. Er sah schlecht aus. Ich hab ihm einen Drink angeboten, aber er sagte mir, daß er nicht mal mehr rauchen könnte.

Er konnte bloß noch Wasser trinken; er sagte, meistens tränke er nachts vier bis fünf Liter Wasser, auch wenn er deswegen aufstehen müßte.

›Du siehst mir ganz so aus, als müßtest du dich auch überraschend an den Schlaf ranmachen‹, sagte ich.

›Nein, schlafen tu ich gut. Das Dumme ist nur, daß die Nächte nie lang genug sind. Ich wünschte, ich wohnte von September bis April am Nordpol und von April bis September am Südpol! Das würde mir glänzend passen!‹

›Du hältst es nicht lange genug durch, um dort hinzukommen‹, sagte ich.

›Möglich. Aber 's ist eine gute Maschine. Ich kümmere mich um sie.‹

›Ich meinte, vorher landest du im Gefängnis.‹

›Glaubst du?‹ fragte er. ›Glaubst du wirklich, daß mir das passieren könnte?‹

Wir waren bis zum Café gekommen. Er erzählte mir von der Vorführung und zeigte mir so einen Flugzettel mit Duncan und Dämon drauf. ›Warum Duncan der Dämon?‹ fragte ich.

›Warum nicht? Wer würde sein Geld rausrücken, um jemand namens Ginsfarb springen zu sehen?‹

›Ich würde eher dafür zahlen, als wenn's 'n Mann namens Duncan macht.‹

Der Gedanke war ihm neu. Dann fing er an, Wasser zu trinken, und er erzählte mir, Ginsfarb hätte hundert Dollar für sein Kunststück verlangt, aber er und der andre Mann hätten nur sechzig bekommen.

›Und was willst du dagegen tun?‹

›Wir versuchen, ihn zu beschwindeln und die Vorführung hinter uns zu bringen und dann schleunigst von hier Reißaus zu nehmen.‹

›Welcher ist Ginsfarb?‹ fragte ich. ›Der Kleine, der wie'n Hai aussieht?‹

Dann fing er an, Wasser zu trinken. Er goß sich auch mein Glas hinter den Kragen und klopfte damit auf den Tisch. Vernon brachte ihm noch ein Glas. ›Sie müssen aber durstig sein!‹ sagte Vernon.

›Haben Sie keinen Krug?‹ fragte Jock.

›Ich könnte Ihnen 'ne Milchflasche füllen?‹

›Ja, tun Sie das!‹ sagte Jock. ›Und inzwischen geben Sie mir noch 'n Glas, während ich aufs Einfüllen warte!‹ Dann erzählte er mir von Ginsfarb, und warum sein Haar grau geworden sei.

›Wie lange betreibst du das schon?‹ fragte ich.

›Schon seit dem sechsundzwanzigsten August ununterbrochen!‹

›Wir haben ja erst Januar!‹

›Na, und?‹

›Seit dem sechsundzwanzigsten August ist's noch kein halbes Jahr her!‹

Er blickte mich an. Vernon brachte die Flasche voll Wasser. Jock schenkte sich ein Glas ein und trank es aus. Er fing an zu zittern, als er so dasaß, zu zittern und zu schwitzen, und versuchte, sich nochmal einzuschenken. Dann erzählte er mir die Sache und sprach schnell und goß sich das Glas voll und trank.

Jake (der andere heißt Jake Soundso, der Hübsche), Jake fährt den Wagen, einen gemieteten Wagen. Ginsfarb springt von der Strickleiter auf den Wagen rüber. Jock sagte, er müsse das Flugzeug über dem Wagen, einem Ford oder Chevrolet, der bloß drei Zylinder hätte, in die richtige Stellung fliegen und versuchen, Ginsfarb zu verhindern, aus zwanzig oder dreißig Fuß Entfernung zu springen, um das Benzin für Auto und Flugzeug zu sparen. Ginsfarb klettert mit seiner Leiter auf den unteren Flügel, befestigt die Leiter an einer Verstrebung, hakt sich am andern Ende der

Leiter an und läßt sich fallen. Auf dem Boden glaubt jeder, er hätte getan, wofür sie alle hergekommen sind: um mit anzusehen, wie er fällt und verunglückt. Das nennt er seinen Todessprung. Dann schwingt er sich von der Leiter aufs Wagenverdeck, und das Flugzeug kommt wieder, und er erwischt die Leiter und schwingt sich wieder auf. Das ist dann sein Todesschwung.

Well, bis zu dem Tage, an dem Jocks Haar weiß wurde, hatte Ginsfarb aus Sparsamkeitsgründen stets alles hintereinander gemacht: er hielt sich über dem Wagen sprungbereit, ließ sich von der Leiter fallen und berührte das Verdeck, und manchmal, sagte Jock, wäre das Flugzeug keine drei Minuten in der Luft gewesen. An dem Tag damals war der Mietwagen aber nur irgend'ne alte Kiste; jedenfalls mußte Jock vier oder fünf Runden über dem Flugplatz drehen, während der Wagen die richtige Stellung suchte, und Ginsfarb, der mit ansah, wie sein Geld zu den Auspuffrohren rausrutschte, weigerte sich schließlich, auf Jocks Zeichen zu warten, und springt einfach ab, so oder so. Es wäre auch gut gegangen, nur war die Entfernung zwischen Flugzeug und Auto nicht ebenso lang wie die Strickleiter. Deshalb prallte Ginsfarb gegen das Verdeck, und Jock hatte noch so viel Geistesgegenwart, um das Flugzeug hochzureißen und Ginsfarb, der noch an der Leiter hing, über eine Hochspannungsleitung wegzuziehen, und zwanzig Minuten ließ er das Flugzeug steigen, während Ginsfarb mit seinem gebrochenen Bein die Strickleiter raufkletterte. Jock hielt mit den Knien das Höhensteuer fest, gab Vollgas, so daß der Motor auf 1100 Touren lief, während er sich hintenüberlehnte und das Fach hinter dem Pilotensitz öffnete und einen Koffer rauszerrte und den Steuerknüppel festklemmte, damit er auf den Flügel rausklettern und Ginsfarb ins Flugzeug reinziehen konnte. Er bekam ihn auch glücklich ins Flugzeug und auf den Boden, und Ginsfarb fragte: ›Wie weit bist du gegangen?‹, und Jock sagte ihm, sie wären 'ne halbe Stunde lang mit Vollgas geflogen, und Ginsfarb hätte gesagt: ›Du willst mich wohl zugrunde richten?‹«

III

Der Schluß ist ein ziemliches Durcheinander. Er besteht aus dem, was wir (die ›Landratten‹, Einwohner und Rückgrat einer kleinen Stadt, vertauschbar und identisch mit zehntausend andern langweiligen kleinen Anhäufungen menschlichen Lebens auf der Erde) mit ansahen, erklärt und geläutert vom Experten, dem Mann, der selber bereits seinen einsamen und flüchtigen Schatten auf dem Antlitz der zwergenkleinen und fernen Erdoberfläche gesehen hatte.

Die drei Fremden langten im gemieteten Wagen auf dem Flugplatz an. Nachdem sie ausgestiegen waren, begannen sie sich mit gereizten und müden Stimmen zu streiten: der Pilot und der schöne Mann waren gegen den Hinkenden. Captain Warren sagte, sie hätten sich wegen des Geldes gestritten.

»Ich will's sehen«, sagte Ginsfarb. Sie standen nahe beisammen; der Schöne zog etwas aus der Tasche.

»Da! Hier ist es! Siehst du's?« sagte er.

»Laß mich's selber zählen!« sagte Ginsfarb.

»Aber, aber!« stieß der Pilot mit seiner müden, gereizten Stimme aus. »Wir erklären dir doch, daß wir das Geld haben. Möchtest du, daß ein Inspektor kommt und das Geld und obendrein das Flugzeug wegnimmt und uns ins Gefängnis steckt? Sieh doch all die Leute, die schon warten!«

»Ihr habt mich schon mal beschwindelt«, widersprach Ginsfarb.

»Also gut!« sagte der Pilot. »Gib's ihm, und gib ihm auch sein Flugzeug! Und den Wagen kann er bezahlen, wenn er wiederkommt. Uns nimmt schon jemand mit: in 'ner Viertelstunde geht ein Zug!«

»Ihr habt mich schon mal beschwindelt«, sagte Ginsfarb. »Aber jetzt beschwindeln wir dich nicht. Los! Sieh doch all die Leute!«

Sie gingen zum Flugzeug; Ginsfarb hinkte erschreckend, sein Rücken wirkte hartnäckig, das Gesicht tragisch, gekränkt, kalt. Eine riesige Menge hatte sich eingefunden: Landleute in Overalls, die Männer ein großer dunkler Klumpen, von dem sich die hellen Kleider der Frauen und jungen Mädchen abhoben. Kleine Jungen und mehrere Männer umringten bereits das Flugzeug. Wir beobachteten, wie der Hinkende ein paar Gegenstände hervorholte: einen Fallschirm, eine Strickleiter. Der Schöne trat vor den Propeller. Der Pilot kletterte in den Rücksitz.

»Weg!« rief er plötzlich mit heftiger Stimme. »Weg da, Leute! Wir wollen dem alten Vogel den Hals umdrehn!« Drei Minuten lang versuchten sie, den Motor anzuwerfen.

»Ich hab 'n Maultier, Mister«, sagte einer von den Landleuten. »Wieviel zahlen Sie mir, wenn ich Sie ins Schlepptau nehme?«

Die drei Fremden lachten nicht. Der Hinkende war damit beschäftigt, die Strickleiter am Flügel zu befestigen.

»Das lass ich mir nicht weismachen«, erklärte eine Frau vom Lande. »So dumm kann sogar der nicht sein!«

Jetzt setzte sich die Maschine in Bewegung. Sie schien einen kleinen Jungen, der dahinter stand, buchstäblich in die Höhe zu heben und wie ein welkes Blatt auf die Seite zu wehen. Wir sahen, wie das Flugzeug wendete und das Feld hinabrollte.

»Ich lass mir nicht weismachen, daß das Ding fliegen kann«, sagte die Frau. »Der liebe Gott hat mir schließlich Augen in den Kopf gesetzt. Ich seh doch, daß es nicht fliegt! Ihr habt euch anschmieren lassen, Leute!«

»Wart's ab!« sagte eine andere Stimme. »Es muß sich gegen den Wind stellen.«

»Als ob nicht ebensoviel Wind hier wie da drüben wäre!«
rief die Frau. Aber dann hob es ab. Es kehrte zu uns zurück.
Als es auf uns zukam, schien es nicht schnell zu fliegen, doch
sahen wir immerhin einen Zwischenraum zwischen dem
Boden und den Rädern. Aber schnell flog es nicht: es schien
eher ganz sanft über dem Boden zu hängen – bis wir sahen, daß jenseits und darunter die Bäume und die Erde wie
in einem Panorama in schwindelnder Eile daran vorbei-
schossen, und dann bäumte es sich auf und stieg mit einem
Lärm in die Luft, wie ihn eine Kreissäge macht, die sich in
einen Eichenstamm frißt.

Der dritte Mann, der Schöne mit der Fliegermütze, war
in das gemietete Auto gestiegen. Wir kannten es alle: eine
eingebeulte Kiste, die der Eigentümer jedem auslieh, der
ihm zehn Dollar hinterlegte. Er fuhr bis ans Ende vom
Feld, bog in die Piste ein und hielt. Wir sahen uns nach
dem Flugzeug um. Es war hoch oben und kehrte zu uns
zurück; jemand schrie plötzlich mit gepreßter, dünner Stimme: »Da! Auf dem Flügel! Seht bloß!«

»Ist nicht möglich!« rief die Frau vom Land. »Ich glaub's
nicht!«

»Du hast doch gesehn, wie sie eingestiegen sind!« sagte
jemand.

»Ich glaub's nicht!« sagte die Frau.

Dann seufzten wir, stießen ein langes »Ohhhhh!« aus,
denn unter dem Flügel der Maschine fiel ein Punkt. Wir
wußten, daß es ein Mensch war. Irgendwie wurde es uns
bewußt, daß das einsame, winzige, herunterfallende Gebil-
de ein lebendiger Mensch war wie wir. Er fiel. Er schien
jahrelang zu fallen – und doch, als er plötzlich, ohne er-
kennbares Seil oder Kabel, zu fallen aufhörte, war er weniger weit vom Flugzeug entfernt, als die äußerste Spitze des
winzigen Federstrichs, der eigentlich die Seitenansicht vom
Flügel war.

»'s ist kein Mensch!« kreischte die Frau.

»Aber du weißt es doch!« sagte ihr Mann. »Du hast ihn ja einsteigen sehn!«

»Ist mir egal«, schrie die Frau. »'s ist kein Mensch! Bring mich sofort wieder nach Hause!«

Der Schluß ist nicht leicht zu erzählen. Nicht etwa, weil wir so wenig sahen – wir sahen alles, was passierte –, sondern weil unsre Erfahrung zu gering war, um Vergleiche zu ziehen. Wir sahen, wie der verbeulte Mietwagen über den Flugplatz fuhr, schneller fuhr, über die aufgerissene Januarerde hüpfte, und dann wurde er vom Geheul des Motors übertrumpft und zum Stillstand gebracht; wir sahen die baumelnde Strickleiter und den Mann mit dem Haifischgesicht, der unter dem trauerfarbenen Flugzeug hin und her schwang. Das Ende der Leiter fegte über die ganze Länge des Wagenverdecks, der Hinkende hing an der Leiter, und der behelmte Kopf des schönen Mannes blickte zum Wagen hinaus. Und das Ende des Flugplatzes kam immer näher, und das Flugzeug fuhr schneller als der Wagen und überholte ihn. Und nichts geschah. »Hört doch!« rief jemand. Sie sprachen miteinander.

Captain Warren erzählte uns nachher, was sie miteinander gesprochen hatten, die beiden Juden, deren gellende Stimmen hin und her flogen, der Mann mit dem Haifischgesicht auf der baumelnden Leiter, die wie ein Spinnweb aussah, und der andre im Wagen – und der Zaun und das Ende des Flugplatzes kamen immer näher.

»Los!« rief der Mann im Wagen.

»Was haben sie gezahlt?«

»Spring jetzt!«

»Wenn sie nicht hundert bezahlt haben, mach ich's nicht!«

Dann stieg das Flugzeug heulend in die Luft, und die baumelnde Gestalt auf der Spinnwebleiter darunter schwang hin und her. Zweimal kreiste es über dem Feld, während der Mann den Wagen wieder in Stellung brachte. Wieder fuhr der Wagen die Piste hinab, wieder schoß das Flugzeug mit seinem wilden, schrillen Kreissägenlärm herunter, der in ein mattes Stottern überging, als die Leiter mit dem sich anklammernden Mann von rückwärts her auf das Verdeck schwang; wieder hörten wir, wie die zwei Zwergenstimmen einander zukreischten, was gleichzeitig lächerlich und grauenhaft wirkte: die eine kam direkt aus dem Himmel und erboste sich über etwas, was die Erde hervorgebracht hatte und was nirgends anderswo von Wert war.

»Wieviel – hast du gesagt?«

»Spring!«

»Was? Wieviel haben sie gezahlt?«

»Nichts! Spring!«

»Nichts?« jammerte der Mann auf der Strickleiter mit empörtem, verhallendem Gekreische. »Nichts?« Abermals riß das Flugzeug die Leiter unerbittlich am Wagen entlang, erreichte das Ende des Flugplatzes, den Zaun, die lange Scheune mit ihrem morschen Dach. Plötzlich stand Captain Warren mitten zwischen uns. Er gebrauchte Worte, die wir noch nie von ihm gehört hatten.

»Er hat den Knüppel zwischen den Knien!« sagte Captain Warren. »Allmächtiger Herrscher des Menschengeschlechts, süßes und geheiligtes Symbol der ewigen Ruhe!« Wir hatten den Piloten ganz vergessen, den Mann, der noch im Flugzeug war. Wir sahen das Flugzeug, aufwärtssteigend, und den Piloten, der in voller Größe auf dem hinteren Sitz stand und sich über die Seite lehnte und mit beiden Fäusten dem Mann auf der Strickleiter drohte. Wir konnten jetzt hören, wie er schrie, als der Mann auf der Leiter wieder über den Wagen und heruntergeschleift wurde und dabei kreischte:

»Ich tu's nicht! Ich tu's nicht!« Er kreischte noch immer, als das Flugzeug schon steil in die Höhe stieg. Wir sahen ihn, wie er sich als kleiner werdender und kreischender Punkt gegen den hellen Himmel über dem langen Scheunendach abzeichnete: »Ich tu's nicht! Ich tu's nicht!« Schon zu

Beginn, als der Punkt das Flugzeug verlassen hatte und
fiel, wußten wir, daß es ein lebendiger Mensch war; und
als der Punkt sich jetzt von der Leiter löste und fiel, wußten
wir auch wieder, daß es ein lebendiger Mensch war, und
wir wußten, daß diesmal keine Leiter ihn aufhielt. Wir
sahen ihn durch den kalten, leeren Januarhimmel fallen, bis
die Umrisse der Scheune ihn verschluckten; in seiner frosch-
artigen Haltung wirkte er selbst von hier aus beleidigt und
unversöhnlich. Irgendwo in der Menge stieß eine Frau einen
Schrei aus, aber er wurde übertönt vom Lärm des Flug-
zeugs. Mit seinem lärmenden, kreischenden Geheul stieg es
himmelwärts, und die Leiter unter ihm fegte nun leer hinterdrein. Der Lärm der Maschine klang wie ein Ächzen,
ein erleichtertes und verzweifeltes Ächzen.

IV

Und dann erzählte uns Captain Warren an jenem Samstagabend im Barbiergeschäft, was weiter passierte.

»Ist er wirklich abgesprungen – auf die Scheune?« fragten wir ihn.

»Ja, er ist abgesprungen. Er dachte gar nicht dran, daß
er dabei umkommen oder sich auch nur verletzen könnte.
Deshalb hat er sich auch nicht verletzt. Er war zu wütend,
zu sehr in Eile, sich zu seinem Recht zu verhelfen. Er konnte
es nicht abwarten, mit dem Flugzeug zu landen. Die Vorsehung wußte, daß er in Eile war und es verdient hatte,
gerecht behandelt zu werden, deshalb stellte die Vorsehung
die Scheune mit dem morschen Dach dort für ihn auf. Er
dachte nicht mal dran, daß er auf die Scheune fallen könnte;
wenn er's versucht hätte, wenn er seinen Glauben an eine
kosmische Kompensation aufgegeben und sich ums Landen
gesorgt hätte, würde er die Scheune verfehlt haben und
tot sein.«

Er verletzte sich überhaupt nicht – abgesehen von einem langen Kratzer quer übers Gesicht, der mächtig blutete, und von seinem Mantel, der im Rücken völlig aufgerissen war, als hätte der Riß in seinem Fliegerhelm sich bis auf seinen Mantel fortgesetzt. Er kam laufend aus der Scheune hervor, noch ehe wir dort anlangten. Mit seinem blutigen Gesicht, den Armen und dem von beiden Schultern niederbaumelnden Mantel humpelte er auf uns zu, bis er mitten unter uns stand.

»Wo ist der Sekretär?« fragte er.

»Welcher Sekretär?«

»Vom amerikanischen Frontkämpferverband!« Schrecklich hinkend ging er weiter, dorthin, wo eine Menschenmenge sich um die drei Frauen scharte, die in Ohnmacht gefallen waren. »Sie haben versprochen, sie würden hundert Dollar zahlen, um mit anzusehen, wie ich auf den Wagen springe. Wir zahlen die Miete für den Wagen und alles übrige, und jetzt wollen sie . . .«

»Sie haben sechzig bekommen«, sagte jemand.

Der Mann blickte ihn an. »Sechzig? Ich hatte hundert verlangt. Dann wolltet ihr mir weismachen, es wären hundert, und dabei waren's bloß sechzig; ihr wolltet mit ansehen, wie ich für sechzig Dollar mein Leben riskiere . . .« Das Flugzeug war gelandet; keiner von uns hatte es gemerkt, bis der Pilot sich plötzlich auf den Hinkenden stürzte. Er riß ihn herum und schlug ihn zu Boden, ehe wir den Piloten zu fassen bekamen. Wir hielten den Piloten fest, der sich wehrte und weinte, so daß ihm die Tränen über sein schmutziges, unrasiertes Gesicht rannen. Captain Warren war auf einmal da und hielt den Piloten zurück.

»Schluß!« rief er. »Genug!«

Der Pilot hörte auf zu schlagen. Er starrte Captain Warren an, dann sackte er in sich zusammen und saß in seinem dünnen, schmutzigen Anzug und mit dem unrasierten, schmutzigen, hageren Gesicht und den kranken Augen weinend auf dem Boden. »Geht weg!« sagte Captain Warren. »Laßt ihn ein Weilchen in Ruhe!«

Wir gingen weg und kehrten zu dem andern Mann zurück, zu dem Hinkenden. Sie hatten ihn aufgerichtet, und er zog die beiden Hälften seines zerrissenen Mantels nach vorn und betrachtete sie. Dann sagte er: »Ich möchte Kaugummi!«

Jemand gab ihm ein Stück. Ein andrer bot ihm eine Zigarette an. »Danke«, sagte er. »Ich pflege mein Geld nicht zu verbrennen! Hab noch nicht genug beisammen, um so was zu machen.« Er steckte den Kaugummi in den Mund. »Ihr wolltet mich übervorteilen! Wenn ihr geglaubt habt, ich riskierte mein Leben für sechzig Dollar, dann habt ihr euch getäuscht.«

»Gebt ihm doch den Rest!« sagte jemand. »Hier ist mein Anteil!«

Der Hinkende blickte sich nicht um. »Macht die Hundert voll, und ich springe auf den Wagen, wie ich's auf dem Flugzettel versprochen habe!« sagte er.

Irgendwo hinter ihm kreischte eine Frau los. Sie begann gleichzeitig zu lachen und zu weinen. »Nicht«, sagte sie halb lachend und halb weinend. »Laßt ihn nicht...« Schließlich wurde sie weggeführt. Der Hinkende hatte sich nicht von der Stelle bewegt. Er wischte sich mit der Manschette übers Gesicht und betrachtete seinen blutigen Ärmel, als Captain Warren erschien.

»Wieviel Geld fehlt noch?« fragte Warren. Sie sagten es ihm. Er holte das Geld hervor und gab es dem Hinkenden.

»Wünschen Sie, daß ich aufs Auto springe?« fragte er.

»Nein«, sagte Warren. »Bringen Sie Ihre Kiste hier weg, so schnell Sie können!«

»Schön! Sie müssen's ja wissen!« sagte der Hinkende. »Ich habe Zeugen, daß ich mich erboten habe zu springen.« Er ging; wir machten ihm Platz und sahen, wie er sich in seinem zerrissenen und rechts und links herunterbaumelnden

Mantel dem Flugzeug näherte. Es stand auf der Piste, der Motor lief. Der dritte Mann saß schon im Vordersitz. Wir beobachteten, wie der Hinkende kläglich neben ihn kletterte. Da saßen sie und blickten vor sich hin.

Der Pilot rappelte sich hoch. Warren stand neben ihm.

»Bleib!« sagte Warren. »Du kommst mit mir nach Hause!«

»Ich glaube, wir sollten uns lieber von hier verziehen«, sagte der Pilot. Er blickte Warren nicht an. Dann hielt er ihm die Hand hin. »Also dann . . .«, sagte er.

Warren nahm seine Hand nicht. »Komm du jetzt mit mir nach Hause!« sagte er.

»Und wer befaßt sich mit dem Saukerl da?«

»Wer will das denn?«

»Eines Tages werd ich ihn schon erwischen, wo ich's ihm heimzahlen kann!«

»Jock!« sagte Warren.

»Nein«, sagte der andere.

»Hast du einen Mantel?«

»Sicher hab ich einen!«

»Stimmt gar nicht!« Warren begann seinen eigenen Mantel auszuziehen.

»Nein«, sagte der andere. »Ich brauch ihn nicht!« Er ging schon auf das Flugzeug zu. »Wir sehn uns wohl mal wieder«, rief er über die Schulter zurück. Wir beobachteten, wie er einstieg, und hörten, wie Leben in das Flugzeug kam, wie es lebendig wurde. Es brauste an uns vorbei, schon über dem Boden. Der Pilot winkte, einmal nur, mit steifer Geste; die beiden Köpfe auf dem Vordersitz wandten sich nicht um und rührten sich nicht. Dann war es weg, auch der Lärm.

Warren drehte sich um. »Was ist mit dem Wagen, den sie gemietet hatten?« fragte er.

»Er hat mir'n Vierteldollar gegeben, damit ich'n in die Stadt zurückfahre«, sagte ein Junge.

»Kannst du ihn fahren?«

»Yes, sir. Hab ihn auch hergefahren. Ich hatte ihnen gezeigt, wo man ihn mieten kann.«

»Dem Springer?«

»Yes, sir.« Der Junge blickte auf die Seite. »Aber ich hab 'n bißchen Angst. Sie könnten wohl nicht mitkommen?«

»Wovor hast du Angst?«

»Der Mann hat nix angezahlt, wie's Mr. Harris sonst immer verlangt. Er hat Mr. Harris erzählt, daß er ihn vielleicht nicht brauchte, aber wenn er ihn für seine Vorführung brauchte, dann würde er Mr. Harris zwanzig Dollar bezahlen statt der zehn, die Mr. Harris verlangt hat. Er hat mir gesagt, ich soll ihn zurückbringen und Mr. Harris erzählen, er hätte den Wagen nicht gebraucht. Und ich weiß nicht, ob Mr. Harris sich das gefallen läßt. Er könnte wütend werden.«

Elly

Das Holzgeländer, das sich an der senkrechten Felswand des Abgrunds hinzog, wirkte wie Kinderspielzeug. Der fadendünne Strich folgte den Windungen der Straße in treuer Anhänglichkeit und huschte wie ein zarter Nebelstreifen am Wagen vorbei. Dann, wie ein straff gespanntes Band, das plötzlich mit der Schere durchgeschnitten wird, schnellte es zurück und war verschwunden.

Dann kamen sie an dem Wegweiser vorüber, dem ersten Wegweiser mit *Mills City 6 Meilen*, und Elly dachte mit grübelnder, auswegloser Bestürzung: ›Jetzt sind wir beinah dort. Jetzt ist es zu spät‹, und blickte auf Paul, der neben ihr, die Hände auf dem Steuer, das Gesicht im Profil, die fliehende Straße im Auge behielt. Sie sagte: »Well, was kann ich tun, um dich dahin zu bringen, daß du mich heiratest, Paul?« und dachte: ›Auf dem Feld war ein Mann, der pflügte und uns beobachtete, als wir aus dem Wald kamen und Paul die Decke trug und wir wieder in den Wagen stiegen‹; dachte es ruhig, mit einer gewissen Gleichgültigkeit und Unaufmerksamkeit, denn es hing etwas anderes damit zusammen, das sich dauernd dazwischenschob. ›Etwas Furchtbares, das ich vergessen habe‹, dachte sie und blickte auf die Wegweiser, die immer zahlreicher an ihr vorbeiflogen, je mehr sie sich Mills City näherten. ›Etwas Entsetzliches, das mir in einer Minute einfallen wird.‹ Und sagte laut und gelassen: »Sonst kann ich jetzt nichts weiter tun, nicht wahr?«

Paul blickte sie immer noch nicht an. »Nein«, sagte er. »Du kannst nichts weiter tun.«

Dann erinnerte sie sich an das, was sie vergessen hatte. Sie erinnerte sich an ihre Großmutter und dachte in verwunderter und stiller Verzweiflung an die schwerhörige alte

Frau mit den kalten, unentrinnbaren Blicken, die sie jetzt in Mills City erwartete: ›Wie konnte ich sie nur jemals vergessen? Wie konnte ich nur? Wie konnte ich nur?‹

Sie war achtzehn. Mit ihrem Vater und ihrer Mutter und Großmutter wohnte sie zweihundert Meilen weit von hier in Jefferson in einem ziemlich großen Haus. Es hatte eine breite Veranda, die hinter rankenden Kletterpflanzen versteckt und ohne Beleuchtung war. In ihrem Schatten saß sie beinah jeden Abend mit einem andern Mann, zuerst mit Burschen und jungen Männern aus der Stadt, und später fast mit jedermann, mit jedem Durchreisenden, den sie in dem kleinen Städtchen entweder bei andern oder durch Zufall kennengelernt hatte, vorausgesetzt, daß seine äußere Erscheinung annehmbar war. Sie wollte nie abends mit ihnen im Auto ausfahren, und bald glaubten sie alle zu wissen, weshalb nicht, ohne jedoch sofort die Hoffnung aufzugeben – bis die Uhr auf dem Gerichtsgebäude elf schlug. Dann wechselten sie vielleicht noch fünf Minuten lang ein paar dringend geäußerte Worte (obwohl sie seit einer Stunde oder länger so gut wie stumm gewesen waren):

»Du mußt jetzt gehn!«

»Nein, noch nicht.«

»Doch. Jetzt!«

»Warum?«

»Darum. Ich bin müde; ich möchte zu Bett gehen.«

»Ach so! Bis hierhin und nicht weiter. Ist das der Grund?«

»Vielleicht.« Sie war noch im Schatten, aber auf der Hut und kühl, und hatte sich schon, ohne sich zu rühren, hinter ein heimliches und aufgestautes Lachen geflüchtet. Und er verabschiedete sich, und sie betrat das dunkle Haus und blickte zu dem einen hellen Lichtviereck auf, das über den oberen Flur fiel, und war im Nu ganz anders. Müde, fast mit dem Gang einer alten Frau stieg sie jetzt die Treppe hinan und ging an der offenen Tür des beleuchteten Zimmers vorbei, in dem ihre Großmutter mit einem aufgeschlagenen Buch im Schoß kerzengerade dasaß und den Blick auf den Flur heftete. Meistens schaute sie nicht ins Zimmer, wenn sie vorbeiging. Doch hin und wieder tat sie es. Dann sahen sie einander einen Augenblick voll ins Gesicht, die alte Frau mit kalten, forschenden Blicken, und das junge Mädchen müde und erschöpft, während in ihrem Gesicht und in den großen, weit geöffneten Augen ohnmächtiger Haß stand. Dann ging sie weiter und betrat ihr eigenes Zimmer, lehnte sich ein Weilchen gegen den Türpfosten und hörte, wie bei der Großmutter das Licht ausgeknipst wurde, weinte manchmal still und hilflos und flüsterte: »Die alte Hexe! Die alte Hexe!« Dann ließ es nach. Sie zog sich aus und betrachtete im Spiegel ihr Gesicht, musterte den Mund, der jetzt ohne Lippenrot bleich und geschwollen und schlaff aussah (wenigstens glaubte sie es) und müde und verküßt, und dachte dabei: ›Mein Gott! Warum tu ich das nur? Was ist denn bloß mit mir?‹ und sagte sich, daß sie am nächsten Tag wiederum der alten Frau vor Augen kommen mußte, die Male der voraufgegangenen Nacht wie Wunden auf den Lippen, und mit der Erkenntnis von der Sinnlosigkeit und Leere des Lebens, die tiefer war als ihre Wut oder die Überzeugung, verfolgt zu werden.

Eines Nachmittags dann lernte sie im Hause einer Freundin Paul de Montigny kennen. Nachdem er gegangen war, blieben die beiden jungen Mädchen allein zurück. Sie blickten einander ruhig und mit halbgeschlossenen Augen an, wie Fechter.

»Er gefällt dir also, ja?« sagte die Freundin. »Du hast einen merkwürdigen Geschmack, finde ich.«

»Wer gefällt mir?« entgegnete Elly. »Ich weiß nicht, wovon du sprichst.«

»Oh, wirklich?« sagte die Freundin. »Du hast also sein Haar nicht bemerkt. Wie eine gestrickte Kappe. Und seine Lippen. Fast wie Wülste.« Elly blickte sie an.

»Wovon sprichst du?« fragte sie.

»Ach, nichts«, entgegnete die andere. Sie blickte zum Flur hinüber, holte dann eine Zigarette aus ihrem Kleiderausschnitt und zündete sie an. »Ich weiß nichts Genaues darüber. Ich hatte es auch nur gehört. Sein Onkel soll einen Mann ermordet haben, der von ihm behauptet hatte, er habe Negerblut.«

»Das lügst du«, sagte Elly.

Die andere blies den Rauch von sich. »Meinetwegen! Frag deine Großmutter nach seiner Familie! Hat sie nicht früher auch in Louisiana gelebt?«

»Und du?« sagte Elly. »Du hast ihn in dein Haus eingeladen!«

»Ich hab mich aber nicht in der Garderobe versteckt, um ihn zu küssen.«

»Oh, wirklich?« erwiderte Elly. »Vielleicht hattest du keine Gelegenheit?«

»Jedenfalls nicht, solange dein Gesicht mir im Wege war«, sagte die andre.

Am Abend saß sie mit Paul auf der dunklen, von Ranken eingeschlossenen Veranda. Doch um elf Uhr wurde sie nervös und erregt: »Nein, nein! Bitte! Bitte!«

»Ach, komm doch! Wovor hast du Angst?«

»Ich hab aber Angst! Bitte, geh! Bitte!«

»Dann also morgen?«

»Nein. Weder morgen noch überhaupt wieder.«

»Doch! Morgen!«

Diesmal blickte sie nicht ins Zimmer ihrer Großmutter, als sie daran vorbeiging. Sie lehnte sich aber auch nicht gegen den Türpfosten ihres eigenen Zimmers, um zu weinen. Doch sie keuchte und sagte, gegen die Tür gelehnt, laut und mit leichtem Triumphgefühl: »Ein Nigger! Ein Nigger! Ich möchte mal wissen, was sie sagen würde, wenn sie das wüßte!«

Am folgenden Nachmittag stieg Paul die Verandatreppe

hinauf. Elly saß im Hängesofa und ihre Großmutter in der Nähe in einem Sessel. Sie stand auf und begrüßte Paul an der obersten Stufe. »Warum bist du hergekommen?« fragte sie. »Warum das?« Dann drehte sie sich um und schien sich selbst zu beobachten, wie sie vor ihm her auf die Großmutter zuging, die magere alte Frau, die kerzengerade dasaß, kerzengerade und unerbittlich und streng – in einem geheimen, von Geistern bewohnten Bezirk, von denen Elly im gegebenen Augenblick wahrscheinlich weder die Zahl noch die Namen gewußt hätte und die sehr wohl nur einen einzigen Mund besitzen mochten. Sie beugte sich vor und schrie: »Das ist Mr. de Montigny, Großmutter!«

»Wie bitte?«

»Mr. de Montigny! Aus Louisiana!« schrie sie und sah, wie die Großmutter, ohne die Füße zu bewegen, mit dem Oberkörper heftig zurückzuckte, einer Schlange gleich, bevor sie zustößt. Das war am Nachmittag. Am Abend verließ Elly zum erstenmal die Veranda. Sie und Paul waren in einem dichten Gebüsch auf dem Rasen. Eine Sekunde lang war Elly in der wilden, schwülen Dunkelheit wie von Sinnen. Ihr Blut hämmerte vor Verzweiflung und Jubel und auch vor Rachsucht und sprach noch im Augenblick, da sie sich hingeben wollte, so laut wie eine Stimme in ihr: »Ich wünschte, sie wäre hier und sähe es! Ich wünschte, sie wäre hier und sähe es!«, als etwas – und dabei war kein Laut zu hören – sie anschrie und sie eine krampfhafte und unbeholfene Bewegung machte, um sich zu lösen. Die Großmutter war da, stand dicht hinter und über ihnen. Wann sie gekommen war, wie lange sie dort gestanden hatte, wußten sie nicht. Aber sie stand da, ohne ein Wort zu sagen, stand noch während des langen Nachspiels da, als Paul sich in aller Ruhe verabschiedete und Elly stumpfsinnig dachte: ›Ich bin beim Sündigen ertappt worden, ohne Zeit zum Sündigen gehabt zu haben!‹ Dann war sie wieder in ihrem Zimmer, gegen die Tür gelehnt, und versuchte, langsamer zu atmen, und lauschte gespannt, ob ihre Großmutter die Treppe heraufkommen und in ihres Vaters Zimmer gehen würde. Doch die Schritte der alten Frau endeten vor ihrer Zimmertür. Elly trat an ihr Bett und legte sich nieder, ohne sich auszukleiden, noch immer keuchenden Atems und mit pochendem Blut. ›Also erst morgen‹, dachte sie. ›Morgen wird sie's ihm sagen.‹ Dann begann sie sich zu krümmen und von einer Seite auf die andre zu werfen. ›Ich hab nicht mal die Möglichkeit gehabt zu sündigen‹, dachte sie keuchend und mit verwirrtem Bedauern. ›Sie glaubt, ich hätt's getan, und wird sagen, daß ich's getan habe, und dabei bin ich noch unberührt! Sie hat mich so weit getrieben, und in der letzten Minute hat sie mich daran gehindert!‹ Noch immer völlig bekleidet lag sie da, als die Sonne ihr ins Gesicht schien. ›Heute morgen wird es also sein‹, dachte sie düster. ›Mein Gott, wie konnte ich bloß! Wie konnte ich bloß! Ich will überhaupt keinen Mann – gar nichts!‹

Sie wartete im Eßzimmer, als ihr Vater zum Frühstück herunterkam. Er sagte nichts und wußte offenbar nichts. ›Vielleicht hat sie es Mutter gesagt‹, dachte Elly. Doch nach einem Weilchen erschien auch ihre Mutter und ging in die Stadt, ohne etwas gesagt zu haben. ›Dann ist es also noch nicht soweit‹, dachte sie, als sie die Treppe hinaufging. Die Tür zum Zimmer ihrer Großmutter war geschlossen. Als sie öffnete, saß die alte Frau aufrecht im Bett und las eine Zeitung; sie blickte auf, kalt, ruhig, unerbittlich, während Elly sie in dem leeren Haus anschrie: »Was soll ich denn sonst machen hier in dem öden, hoffnungslosen kleinen Nest? Ich will arbeiten! Ich will nicht faulenzen. Besorge mir Arbeit, irgendwelche, irgendwo, wenn es nur so weit weg ist, daß ich den Namen Jefferson nie wieder zu hören brauche!«
Elly hieß nach ihrer Großmutter Ailanthia, obwohl die alte Frau seit fast fünfzehn Jahren weder den eigenen Namen noch den ihrer Enkelin noch sonst einen Namen gehört hatte, es sei denn, daß man sie anschrie, wie Elly jetzt schrie:

»Und dabei ist nicht mal was passiert gestern abend! Glaubst du's mir nicht? Doch, es ist wahr! Es ist nicht mal was passiert! Dann hätte ich jetzt doch wenigstens etwas, etwas...«, und die andere beobachtete sie mit dem kalten, starren, unbeweglichen, unerbittlichen Blick der sehr Schwerhörigen. »Meinetwegen!« schrie Elly. »Dann werde ich mich verheiraten! Bist du dann zufrieden?«

Am Nachmittag traf sie Paul in der Stadt. »Ist gestern abend alles glatt gegangen?« fragte er. »Oh, was ist denn? Haben sie dir...?«

»Nein. Paul, heirate mich!« Sie saßen hinten im Drugstore, halb versteckt hinter dem Apothekerschrank, obwohl jeden Augenblick jemand auftauchen konnte. Sie lehnte sich an ihn, mit blassem, flackerndem Gesicht, in dem der geschminkte Mund wie eine furchtbare Wunde blühte. »Heirate mich! Sonst ist es zu spät, Paul!«

»Ich pflege nicht zu heiraten«, sagte Paul. »Heh! Nimm dich mal zusammen!«

Sie schmiegte sich verheißungsvoll an ihn. Ihre Stimme war tonlos und drängend. »Gestern abend hätten wir's beinah getan. Wenn du mich heiratest, tu ich's!«

»So, tust du's? Vorher oder nachher?«

»Doch! Jetzt! Jederzeit!«

»Bedaure«, sagte er.

»Nicht mal, wenn ich's jetzt sofort will?«

»Also bitte! Nimm dich zusammen!«

»Oh, ich hör dich schon. Aber ich glaube dir nicht. Und ich hab Angst, es herauszufinden.« Sie fing an zu weinen. Er sprach immer ärgerlicher, immer kühler.

»Also hör schon auf, sag ich dir!«

»Ja. Gut. Ich höre auf. Du willst also nicht? Dann ist es eben zu spät!«

»Nein, zum Teufel, ich will nicht! Ich habe dir schon gesagt, daß ich nicht zu heiraten pflege.«

»Gut. Dann ist's also ein Abschied. Für immer.«

»Ist mir auch recht. Wenn dir so zumute ist. Wenn ich dich je wiedersehe, weißt du ja, was es bedeutet. Aber keine Heirat, und das nächstemal geb ich schon acht, daß wir keine Zuschauer haben.«

»Von ›nächstesmal‹ kann keine Rede sein«, sagte Elly.

Am nächsten Tag war er abgereist. Eine Woche drauf wurde in den Memphiser Zeitungen ihre Verlobung bekanntgegeben. Mit einem jungen Mann, den sie seit ihrer frühesten Kindheit kannte. Er war stellvertretender Kassierer in der Bank, und es hieß von ihm, er würde einmal Präsident der Bank werden. Er war ein ernster, verständiger junger Mann, einwandfrei von Charakter und in seinen Gewohnheiten, und seit etwa einem Jahr hatte er sich mit einer Art gelassener Förmlichkeit um sie beworben. Jeden Sonntagabend nahm er mit der Familie das Nachtessen ein, und wenn – selten genug – einmal eine Schauspiel-Tournee durch die Stadt kam, besorgte er stets Karten für sich und Elly und ihre Mutter. Wenn er sie besuchte, saßen sie nie im dunklen Hängesofa, auch nicht, nachdem ihre Verlobung bekanntgegeben worden war. Vielleicht wußte er gar nicht, daß jemals dort jemand im Dunkeln gesessen hatte. Jetzt saß überhaupt niemand mehr darin, und Elly verbrachte den eintönigen Ablauf ihrer Tage in einer Art von trübseligem Frieden. Nachts weinte sie manchmal ein wenig, wenn auch nicht oft; hin und wieder betrachtete sie ihren Mund im Spiegel und weinte leise, mit der stillen Verzweiflung der Resignation. ›Jedenfalls kann ich jetzt in Frieden leben‹, dachte sie. ›Wenigstens kann ich den Rest meines toten Daseins so friedlich zubringen, als wäre ich schon tot.‹

Eines Tages dann, und ohne vorhergehende Warnung, als hätte auch sie den Waffenstillstand und die Übergabe akzeptiert, brach die Großmutter auf, um ihren Sohn in Mills City zu besuchen. Nach ihrer Abreise schien das Haus viel größer und leerer, als es je gewesen war, und als wäre die Großmutter das einzige andere, wirklich lebendige Geschöpf darin gewesen. Jetzt saßen täglich Näherinnen im Haus, die Ellys Aussteuer vorbereiteten, doch Elly schien es, als bewege sie sich still und ziellos in einem gedanken- und bedeutungslosen Zwischenzustand von einem leeren Zimmer zum nächsten, und alle boten den genau gleichen, wohlbekannten und friedlichen Anblick, so daß sie sie nicht einmal mehr traurig stimmen konnten. Stundenlang konnte sie jetzt am Schlafzimmerfenster ihrer Mutter stehen und die langsamen und unendlich feinen Klematisranken beobachten, wie sie im Laufe des Sommers emporklommen und das Spalier und das Verandadach überwucherten. So verstrichen zwei Monate; in drei Wochen würde sie verheiratet sein. Eines Tages dann sagte ihre Mutter: »Großmutter möchte am Sonntag nach Hause kommen. Willst du nicht mit Philip im Wagen nach Mills City fahren, um den Samstagabend bei deinem Onkel zu sein und sie am Sonntag zurückzubringen?« Fünf Minuten später betrachtete Elly ihr Spiegelbild, wie man jemanden ansieht, der gerade einer furchtbaren Gefahr entronnen ist. ›Mein Gott‹, dachte sie, ›was hatte ich bloß im Sinn? *Was hatte ich bloß im Sinn?*‹

Innerhalb einer Stunde war es ihr gelungen, Paul telefonisch zu erreichen, nachdem sie das Haus verlassen und so vorsichtig und heimlich weggegangen war, wie es ihre Eile nur gestattete.

»Am Samstagvormittag?« fragte er.

»Ja. Ich werde Mutter sagen, daß Phi... daß er sehr früh abfahren will, bei Tagesanbruch. Dann werden sie dich und deinen Wagen nicht erkennen. Ich stehe bereit, und wir können sofort losfahren!«

»Ja.« Sie konnte durch den Draht die Entfernung spüren; sie hatte ein Gefühl triumphierender Freude, entkommen zu sein. »Aber du weißt, was es bedeutet? Wenn ich wiederkomme? Was ich dir gesagt habe?«

»Ich habe keine Angst. Ich glaub's dir noch immer nicht, aber ich habe jetzt keine Angst mehr, es herauszufinden.«

Wieder hörte sie die Entfernung im Draht. »Ich will dich aber nicht heiraten, Elly!«

»Gut, Darling! Ich hab dir ja gesagt, daß ich mich nicht mehr davor fürchte, es herauszufinden. Genau bei Tagesanbruch! Ich warte draußen!«

Sie ging zur Bank. Nach einiger Zeit war Philip frei und kam zu ihr, dorthin, wo sie wartete, das Gesicht unter der Schminke gespannt und blaß, die Augen glänzend und hart. »Du mußt mir einen Gefallen tun! Es ist schwer, dich drum zu bitten, und es ist bestimmt schwer, es zu tun.«

»Natürlich tu ich's. Was ist es denn?«

»Großmutter will am Sonntag nach Hause kommen. Mutter möchte, daß du und ich am Samstag hinfahren, um sie abzuholen.«

»Gut! Ich kann mich am Samstag frei machen.«

»Siehst du wohl, ich hab dir ja gesagt, daß es schwer ist. Ich möchte nicht, daß du's tust.«

»Du möchtest nicht, daß ich...« Er blickte auf ihr erregtes, fast irres Gesicht. »Möchtest du lieber allein fahren?« Sie antwortete nicht, sah ihn nur an. Plötzlich trat sie auf ihn zu und schmiegte sich mit einer routinierten, mechanischen Bewegung an ihn. Sie ergriff seinen Arm und legte ihn um ihre Schulter. »Oh«, sagte er, »jetzt verstehe ich! Du willst mit jemand anders fahren?«

»Ja. Ich kann's dir jetzt nicht erklären. Aber später tu ich's. Doch Mutter würde es nie verstehen. Sie ließe mich nie gehen, wenn nicht mit dir.«

»Ich verstehe.« Sein Arm war ohne Leben; sie mußte ihn selbst festhalten. »Du willst mit einem andern Mann hinfahren.«

Sie lachte auf – nicht laut, nicht lange. »Sei nicht dumm! Ja, es ist ein andrer Mann dabei. Leute, die du nicht kennst und die ich nicht wiedersehen werde, bis ich verheiratet bin. Doch Mutter würde es nicht verstehen. Deshalb muß ich dich darum bitten. Willst du es tun?«

»Ja. Gut. Wenn wir kein Vertrauen zueinander haben, sollten wir überhaupt nicht heiraten.«

»Ja, wir müssen einander vertrauen.« Sie ließ seinen Arm los. Sie beobachtete ihn gespannt, voller Überlegung, mit kalter und neugieriger Verachtung. »Und du läßt Mutter im Glauben, daß . . .«

»Du kannst dich auf mich verlassen! Das weißt du doch?«

»Ja, davon bin ich überzeugt.« Plötzlich reichte sie ihm die Hand. »Leb wohl!«

»Leb wohl!«

Sie schmiegte sich an ihn und küßte ihn. »Vorsichtig!« sagte er. »Jemand könnte uns . . .«

»Ja. Dann bis später! Bis ich's dir erklärt habe.« Sie trat zurück, betrachtete ihn gedankenversunken und grübelnd. »Hoffentlich ist es das letzte Mal, daß ich dir Mühe mache. Vielleicht findest du dann, daß es der Mühe wert war. Leb wohl!«

Das war am Donnerstagnachmittag. Am Samstag früh beim Morgengrauen, als Paul mit seinem Wagen vor dem dunklen Haus vorfuhr, schien sie sofort da zu sein und rannte schon über den Rasen. Sie sprang in den Wagen, noch ehe er aussteigen und ihr die Tür öffnen konnte, flog auf den Sitz und beugte sich vor, gespannt und in Hast, wie ein Tier auf der Flucht. »Schnell!« rief sie. »Schnell! Schnell! Schnell!«

Doch er ließ den Wagen noch einen Augenblick stehen. »Erinnerst du dich? Ich habe dir gesagt, was es bedeutet, wenn ich wiederkomme! O. k.?«

»Ich hab's gehört. Ich habe keine Angst, es diesmal zu riskieren. Schnell! Schnell!«

Und zehn Stunden später, während die Wegweiser sich unerbittlich häuften, je kürzer die Entfernung bis Mills City wurde, fragte sie ihn: »Du willst mich also nicht heiraten? Du willst es nicht?«

»Ich hab's dir dauernd gesagt!«

»Ja. Aber ich habe es dir nicht geglaubt. Ich habe es dir nicht geglaubt. Ich dachte, wenn ich . . . nachdem ich . . . Und jetzt kann ich nichts mehr tun?«

»Nein«, sagte er.

»Nein«, wiederholte sie. Dann begann sie zu lachen, und ihre Stimme wurde immer lauter.

»Elly!« rief er. »Hör doch auf!«

»Meinetwegen«, sagte sie. »Ich hab nur zufällig an meine Großmutter gedacht. Ich hatte sie vergessen.«

'Als sie an der Treppenbiegung stehenblieb, konnte Elly ihren Onkel und ihre Tante und Paul unten im Wohnzimmer sprechen hören. Sie stand ganz still, in einer fast tiefsinnigen, nonnenartigen, jungfräulichen Haltung, als posiere sie oder als hätte sie sich vorübergehend an eine Stätte geflüchtet, wo sie vergessen konnte, woher sie kam und wohin sie gehen wollte. Dann schlug eine Uhr im Flur elf, und es kam Leben in sie. Sie stieg die Treppe weiter hinauf und ging zur Tür des Zimmers ihrer Kusine, in dem sie diese Nacht schlafen sollte, und trat ein. Die Großmutter saß auf einem niedrigen Stuhl neben dem Frisiertisch, der mit all dem Tand und Krimskrams eines jungen Mädchens bedeckt war . . . mit Fläschchen und Puderquasten und Photographien und einer Reihe von Tanzkarten, die im Rahmen des Spiegels steckten. Elly blieb stehen. Sie blickten einander lange an, ehe die alte Frau sprach: »Es genügt dir also nicht, deine Eltern und deine Freunde zu hintergehen – du mußt auch noch einen Neger als Gast ins Haus meines Sohnes bringen!«

»Großmutter!« sagte Elly.

»Und du zwingst mich, mit einem Neger am gleichen Tisch zu sitzen!«

»Großmutter!« rief Elly mit scharfer Flüsterstimme. Ihr Gesicht war unbeherrscht und häßlich verzerrt. Sie lauschte. Schritte kamen die Treppe herauf, Stimmen – die Stimmen Pauls und ihrer Tante. »Still!« zischte sie. »Still!«

»Wie? Was hast du gesagt?«

Elly lief zum Stuhl hin, bückte sich und legte ihre Finger auf die dünnen, blutleeren Lippen der alten Frau, und so, die eine rasend aufdringlich und die andre rasend unerbittlich, funkelten sie einander über Ellys Hand hinweg an, während draußen an der Tür die Füße und die Stimmen vorbeistreiften und verschwanden. Elly nahm ihre Hand weg. Aus der Reihe Tanzkarten, die im Spiegelrahmen steckten, riß sie eine mitsamt dem seidenen Schnürchen und dem albernen kleinen Bleistift heraus. Sie schrieb auf die Rückseite der Karte. *Er ist kein Neger, er war auf der Universität Virginia und in Harvard und überall.*

Die Großmutter las die Karte. Sie blickte auf. »Harvard, das könnt ich verstehen. Aber nicht Virginia. Sieh dir doch sein Haar an und die Nägel, falls du Beweise brauchst! Ich nicht. Ich kenne den Namen, den seine Familie seit vier Generationen trägt.« Sie gab ihr die Karte wieder. »Der Mann darf nicht unter diesem Dach übernachten!«

Elly nahm eine andere Karte und kritzelte rasch. *Er soll aber! Er ist mein Gast. Ich habe ihn eingeladen. Du bist doch meine Großmutter und möchtest sicher nicht, daß ich einen Gast so behandle, wie man nicht mal einen Hund behandeln würde?*

Die Großmutter las es. Sie saß mit der Karte in der Hand da. »Er wird mich nicht nach Jefferson fahren! Ich setze keinen Fuß in seinen Wagen, und du auch nicht! Wir kehren mit der Bahn zurück. Keiner aus meiner Familie darf sich je wieder zu ihm in den Wagen setzen!«

Elly riß rasch eine andere Karte heraus und kritzelte wütend. *Ich will aber. Du kannst mich nicht dran hindern. Versuch's, ob du mich dran hindern kannst!*

Die Großmutter las es. Sie blickte Elly an. Ihre Blicke kreuzten sich. »Dann muß ich es deinem Vater sagen!«

Elly schrieb bereits wieder. Fast ehe der Bleistift zu schreiben aufgehört hatte, stieß sie ihrer Großmutter die Karte in die Hände, und mit der gleichen Bewegung versuchte sie ihr die Karte wieder zu entreißen. Doch die Großmutter hielt schon eine Ecke fest; jetzt funkelten sie einander an, und die Karte verband sie wie eine wunderliche Nabelschnur. »Laß sie los!« schrie Elly. »Laß sie los!«

»Laß du sie los!« sagte die Großmutter.

»Warte!« rief Elly leise, zupfte an der Karte und drehte sie hin und her. »Ich habe mich verschrieben. Ich...« Mit einer blitzschnellen Bewegung bog die Großmutter die Karte aufwärts, gerade, als Elly sie wegreißen wollte.

»Oh!« rief sie und las dann mit sehr lauter Stimme: »*Sag's ihm doch! Was weißt du denn?* Ach so. Du bist nicht bis zu Ende gekommen, wie ich sehe. Und was weiß ich?«

»Stimmt«, sagte Elly. Dann begann sie wild zu flüstern: »Sag's ihm! Sag ihm, wir wären heute früh in ein Wäldchen gegangen und zwei Stunden dringeblieben! Sag's ihm!« Die Großmutter faltete die Karte sorgsam und ruhig zusammen. Sie stand auf. »Großmutter!« rief Elly.

»Meinen Stock!« sagte die Großmutter. »Dort an der Wand!«

Nachdem sie weg war, trat Elly an die Tür, schob den Riegel vor und ging wieder quer durchs Zimmer. Sie lief leise umher, holte sich einen Morgenrock ihrer Kusine aus dem Schrank und zog sich langsam aus, wobei sie furchtbar gähnen mußte. »Mein Gott, wie müde ich bin!« sagte sie ganz laut und gähnte wieder. Sie setzte sich an die Frisierkommode und begann sich mit dem Set ihrer Kusine die Nägel zu pflegen. Auf dem Tisch stand eine kleine Elfenbeinuhr. Hin und wieder warf sie einen Blick darauf.

Dann schlug die Uhr im unteren Flur Mitternacht. Sie blieb noch einen Augenblick länger sitzen, den Kopf über die glitzernden Nägel gesenkt, und lauschte auf den letzten Schlag. ›Es wäre abscheulich, müßt ich mich nach dir richten und einen Zug erreichen‹, dachte sie. Während sie auf die Uhr blickte, stahl sich wieder die müde Verzweiflung vom Nachmittag in ihr Gesicht. Sie ging zur Tür und schlüpfte auf den dunklen Flur hinaus. Sie stand in der Finsternis, barfuß und mit gesenktem Kopf und jammerte leise und in verworrener, kindischer Selbstbemitleidung vor sich hin. ›Alles ist gegen mich‹, dachte sie. ›Alles!‹ Als sie weiterging, war von ihren Füßen nichts zu hören. Sie ging mit ausgebreiteten Armen durchs Dunkel. Vor lauter Bemühen, besser zu sehen, drehten sich ihre Augäpfel, wie ihr schien, völlig um ihre eigene Achse und blickten rückwärts in den Schädel hinein. Sie trat ins Badezimmer und verriegelte die Tür. Dann überfielen sie wieder die Hast und die Erregung. Sie lief zur Ecke der Wand, hinter der das Gastzimmer lag, bückte sich und umschloß ihre Stimme mit der hohlen Hand. »Paul!« flüsterte sie auf die Wand ein. »Paul!«, und sie hielt den Atem an, während das dringende, ersterbende Geflüster vergebens gegen die kalte Wand schlug. In dem entliehenen Morgenrock bückte sie sich unbeholfen, während ihre blinden Augen unaufhörlich und verzweifelt in der Dunkelheit umherflogen. Sie lief zum Waschbecken, fand im Dunkeln den Hahn und ließ das Wasser mit leiser, aber doch durchdringender Monotonie tropfen. Dann öffnete sie die Tür und blieb vor der Schwelle stehen. Sie hörte, wie die Uhr unten die halbe Stunde schlug. Als die Uhr eins schlug, hatte sie sich noch nicht bewegt, hatte nur leise und wie vor Kälte gezittert.

Sie hörte Paul, sowie er aus dem Gastzimmer trat. Sie hörte ihn über den Flur gehen und hörte seine Hand, die nach dem Lichtschalter tastete. Als das Licht aufflammte, merkte sie, daß ihre Augen noch geschlossen waren.

»Was' denn das?« sagte Paul. Er trug einen Schlafanzug, der ihrem Onkel gehörte. »Was zum Teufel . . .«

»Riegle die Tür zu . . .«, flüsterte sie.

»Blödsinn! Du Kamel! Du verdammtes Kamel!«

»Paul!« Sie hielt ihn umschlungen, als glaubte sie, er würde ausreißen. Sie schloß die Tür hinter ihm und wollte den Riegel vorschieben, doch er packte sie beim Handgelenk.

»Laß mich hier raus!« flüsterte er.

Sie schmiegte sich an ihn, zitterte leise und hielt ihn fest. Ihre Pupillen waren riesengroß. »Sie will's Daddy sagen! Morgen will sie's Daddy sagen, Paul!« Zwischen dem Getuschel träufelte der Wasserhahn seine ruhigen Molltöne.

»Was will sie ihm sagen? Was weiß sie denn?«

»Leg deine Arme um mich, Paul!«

»Nein, verdammt nochmal! Laß mich los! Laß uns hier weg!«

»Ja. Du könntest es ändern! Du könntest sie dran hindern, es Daddy zu sagen.«

»Wie denn? Verdammt, laß mich los!«

»Mal wird sie's schon sagen, aber dann ist's nicht mehr schlimm. Versprich's, Paul! Sag, daß du's tust!«

»Dich heiraten? Redest du etwa davon? Ich habe dir gestern schon gesagt, daß ich's nicht tue! Laß mich gehn, sag ich dir!«

»Ja, ja«, flüsterte sie drängend auf ihn ein. »Ich glaub's dir ja jetzt. Zuerst hab ich's nicht geglaubt, aber jetzt glaube ich dir. Du brauchst mich also nicht zu heiraten. Du kannst es ändern, ohne mich zu heiraten.« Sie klammerte sich an ihn: ihr Haar und ihr Körper bedrängten ihn in schmachtend wollüstiger Verheißung. »Du brauchst mich nicht zu heiraten. Tust du's dann?«

»Was soll ich tun?«

»Hör zu! Erinnerst du dich an die Kurve mit dem kleinen weißen Geländer, wo es senkrecht in den Abgrund hinuntergeht? Wenn da ein Wagen durch das schwache Geländer bricht . . .«

»Ja – was dann?«

»Hör zu! Du und sie, ihr sitzt beide im Wagen. Sie hat keine Ahnung, es bleibt ihr keine Zeit, etwas zu argwöhnen. Und das schwache alte Geländer kann keinen Wagen aufhalten, und alle werden sagen, daß es ein Unfall war. Sie ist alt; es wäre ganz einfach; der Schock allein wird vielleicht genügen, aber du, du bist jung, dir wird wahrscheinlich nichts... Paul! Paul!« Bei jedem Wort schien ihre Stimme zu versagen. Während er auf ihr blutleeres Gesicht, auf die mit verzweifelter und begehrlicher Verheißung gefüllten Augen niederblickte, sprach sie mit ihrer vor Bedrängnis und Verzweiflung halb erloschenen Stimme. »Paul!«

»Und wo bist du dann all die Zeit?« Sie rührte sich nicht; ihr Gesicht sah wie das einer Schlafwandlerin aus. »Ach so, ich verstehe! Du fährst mit dem Zug nach Hause. Hast du's dir so ausgedacht?«

»Paul!« sagte sie mit der hingehauchten und ersterbenden Flüsterstimme.

Im Augenblick, als er sie schlagen wollte, öffnete sich seine Hand, wie wenn sie sich aus eigener Willenskraft weigerte, es zu tun, und streifte in einer langen, zitternden Geste, fast einem Streicheln, über ihr Gesicht. Er ergriff sie im Nacken und versuchte abermals, sie zu schlagen, und wieder weigerte sich seine Hand oder ein Etwas. Als er sie wegstieß, taumelte sie mit dem Rücken gegen die Wand. Dann waren seine Schritte nicht mehr zu hören, und dann füllte einzig das Wasser mit seinem gleichmäßigen und ruhigen Ton das Schweigen. Nach einer Weile schlug die Uhr auf dem unteren Flur zweimal, und sie raffte sich müde und schwerfällig auf und schloß den Hahn.

Doch damit schien das Geräusch fließenden Wassers noch nicht unterbrochen. Es schien in das Schweigen hineinzutropfen, als sie starr und steif auf dem Rücken im Bett lag, ohne zu schlafen, sogar ohne zu denken. Es tropfte weiter, während sie hinter der erstarrten Maske ihres schmerzenden Gesichts das Ritual des Frühstücks und des Abschieds über sich ergehen ließ und die Großmutter zwischen Paul und ihr auf der einen Sitzbank saß. Sogar der Lärm des Motors konnte es nicht übertönen, bis sie schließlich merkte, was es war. ›Es sind die Wegweiser‹, dachte sie und sah, wie es rückläufig immer weniger wurden. ›An den da erinnere ich mich sogar, jetzt sind es nur noch zwei Meilen. Ich will bis zum nächsten warten, dann will ich ... Jetzt. Jetzt!‹ »Paul!« sagte sie. Er blickte sie nicht an. »Willst du mich heiraten?«

»Nein.« Auch sie blickte ihm nicht ins Gesicht. Sie beobachtete seine Hände, wie sie das Steuer leicht und unablässig korrigierten. Zwischen ihnen saß die Großmutter, aufrecht und starr, und blickte unter der altmodischen, schweren Haube wie ein aus Pergament gestanztes Profil genau geradeaus.

»Ich frage dich jetzt noch ein einziges Mal. Danach ist's zu spät. Ich sage dir, daß es dann zu spät ist, Paul ... Paul?«

»Nein, sage ich dir! Du liebst mich nicht. Ich liebe dich nicht. Wir haben uns nie gesagt, daß wir uns lieben.«

»Also gut, dann ohne Liebe. Willst du mich ohne Liebe heiraten? Denke dran, daß es nachher zu spät ist!«

»Nein, ich will nicht!«

»Aber warum nicht, Paul? Warum nicht?« Er gab ihr keine Antwort. Der Wagen flog weiter. Jetzt tauchte der erste Wegweiser auf, den sie bei der Hinfahrt gesehen hatte. Sie dachte ganz ruhig: ›Wir müssen beinah dort sein. Die nächste Kurve ist es!‹ Sehr laut, über die taube alte Frau hinweg, die zwischen ihnen saß, sagte sie: »Warum nicht, Paul? Wenn es die Geschichte mit dem Niggerblut ist – daran glaube ich nicht! Es ist mir egal!« Sie dachte: ›Ja, das ist die Kurve.‹ Die Straße setzte zur Kurve an, senkte sich etwas. Sie lehnte sich zurück, und da sah sie, daß ihre Großmutter ihr das Gesicht voll zugewandt hatte. Doch sie bemühte sich nicht, ihren Gesichtsausdruck oder ihren Blick zu verschleiern, ebensowenig, wie sie ihre Stimme verändert hätte. »Und wenn ich nun ein Kind bekomme?«

»Na, und wenn? Das kann ich jetzt nicht mehr ändern.

Daran hättest du denken müssen. Vergiß nicht, daß du mich hast kommen lassen; ich habe dich nicht gebeten, ob ich zu dir zurückkehren könne.«

»Nein, du hast mich nicht gebeten. Ich habe dich kommen lassen. Ich hab's gewollt. Und jetzt stell ich dir zum letztenmal die Frage. Willst du? Rasch!«

»Nein!«

»All right«, sagte sie. Sie lehnte sich an; im gleichen Augenblick schien die Straße zu zaudern und zu warten, ehe sie sich auf die steile Strecke neben dem Abgrund stürzte; das weiße Geländer begann an ihr vorbeizuflitzen. Als Elly die Wagendecke zurückstieß, sah sie, daß ihre Großmutter sie immer noch beobachtete; als sie über die Knie der alten Frau vorschoß, begegneten sich ihre Blicke während einer gespannten Sekunde in einem verzweifelten Ultimatum und einer unerbittlichen Verweigerung – die Blicke des wilden, verzweifelten Mädchens und die der alten Frau, deren tauben Ohren schon seit langer Zeit alles entging und deren Augen nichts entging. »Dann stirb!« schrie sie der alten Frau ins Gesicht. »Stirb!«, und sie packte das Steuer, obwohl Paul sie zurückzustoßen suchte. Doch es gelang ihr, denn Ellbogen zwischen die Speichen des Steuers zu klemmen, und sie drückte mit ihrem Gewicht nach, lag quer über ihrer Großmutter und hielt das Steuer scharf links, noch nachdem Paul ihr mit der Faust auf den Mund hieb. »Oh«, schrie sie, »du hast mich geschlagen! Du hast mich *geschlagen*!« Als der Wagen gegen das Geländer flog, schleuderte er sie hoch, so daß sie einen Augenblick leicht wie ein sich setzender Vogel auf Pauls Brust lag, mit offenem Mund, die Augen in empörtem Staunen aufgerissen. »Du hast mich geschlagen!« jammerte sie. Dann fiel sie, fiel allein durch eine vollkommene und friedliche Stille wie durch einen luftleeren Raum. Pauls Gesicht und das ihrer Großmutter und der Wagen – alles war verschwunden, hatte sich wie durch Zauberspuk verflüchtigt; die zersplitterten Enden des weißen

Geländers und der zerbröckelnde Rand der Steilwand, wo Staub wisperte und eine kleine Wolke noch wie ein Spielzeugballon hing, rasten parallel mit ihren Augen lautlos himmelwärts.

Irgendwo hoch oben zog ein Geräusch vorbei und erstarb – das Schnarchen eines Motors, das lang anhaltende Gezisch von Reifen im Kies, und dann seufzte der Wind wieder in den Bäumen, daß die Wipfel sich zitternd vom Himmel abhoben. Vor dem einen Stamm lag das unentwirrbare und ununterscheidbare Wrack des Autos, und Elly saß in einem Haufen Glassplitter und starrte es töricht an. »'s ist was passiert«, winselte sie. »Er hat mich geschlagen. Und jetzt sind sie tot, und ich bin verwundet, und keiner kommt zu Hilfe!« Sie ächzte ein bißchen und wimmerte. Dann hob sie in stumpfsinnigem Staunen die Hand. Die Handfläche war rot und feucht. Sie saß da, wimmerte still vor sich hin und pusselte dümmlich an ihrer Handfläche herum. »Sie ist voll Glassplitter, und ich kann sie nicht mal sehn!« sagte sie kläglich und betrachtete ihre Hand, während das warme Blut langsam ihren Rock besudelte. Hoch oben zog wiederum ein Geräusch vorbei, kraftvoll und schnell, und erstarb in der Ferne. Sie horchte auf und folgte ihm mit dem Kopf. »Da fuhr wieder eins vorbei!« wimmerte sie. »Sie halten nicht mal, um nachzusehn, ob mir was zugestoßen ist!«

Onkel Willy

Ich weiß ganz gut, was sie gesagt haben. Sie haben gesagt, ich wär nicht von zu Hause ausgerissen, sondern ich wär von einem Verrückten weggelockt worden, der mich innerhalb von noch einer Woche umgebracht hätte, wenn ich nicht vorher ihn umgebracht hätte. Aber wenn sie gesagt hätten, daß die Frauen, die guten Frauen Jeffersons, Onkel Willy aus der Stadt vertrieben haben und daß ich ihm nachgelaufen bin und getan habe, was ich tat, weil ich wußte, daß es für Onkel Willy die letzte Runde war und daß, falls sie ihn diesmal wieder schnappten, sie ihn ein für allemal geschnappt hätten – ja, wenn sie das gesagt hätten, dann hätten sie recht gehabt. Denn ich bin nicht weggelockt worden, und Onkel Willy war nicht verrückt, nicht mal nach allem, was sie ihm angetan haben. Ich mußte nicht weggehen; ich mußte genausowenig weggehen, wie Onkel Willy mich auffordern mußte, anstatt es einfach als selbstverständlich vorauszusetzen, daß ich kommen wollte. Ich bin weggegangen, weil Onkel Willy der feinste Mensch war, der mir je begegnet ist, und weil nicht mal Frauen ihn reinlegen konnten, und weil er ihnen zum Trotz sein Leben so einrichtete, daß er Spaß am Lebendigsein hatte, und als er starb, tat er gerade, was ihm am allermeisten Spaß machte, denn ich war dabei, um ihm zu helfen. Und das ist etwas, was den meisten Männern und sogar den meisten Frauen nicht gegönnt ist, nicht mal solchen Frauen, die Spaß daran haben, sich in andrer Leute Leben einzumischen.

Er war nicht der Onkel von irgend jemand, aber wir alle und auch große Leute nannten ihn Onkel Willy (und dachten so von ihm). Er hatte überhaupt keine Verwandten mehr, bis auf eine Schwester in Texas, die mit einem Öl-millionär verheiratet ist. Er wohnte ganz für sich in einem schmucken, alten weißen Holzhäuschen am Rande der Stadt, in dem er geboren wurde, er und ein alter Nigger namens Job Wylie, der sogar noch älter als er war und für ihn kochte und haushielt und sein Bote in dem Drugstore war, den Onkel Willys Vater mal eingerichtet hatte und den Onkel Willy ohne irgendeinen andern Gehilfen als den alten Job führte; und während der zwölf oder vierzehn Jahre (unsrer Lebensspanne als Kinder und dann als Knaben), als er bloß Rauschgift nahm, sahen wir ihn sehr häufig. Wir gingen gern in sein Geschäft, weil es da drin immer kühl und dämmerig und still war, denn er ließ nie die Fensterscheiben waschen; als Grund gab er an, daß er sich niemals die Mühe machen müßte, etwas auszustellen, denn niemand konnte reinsehen, und auch die Hitze konnte nicht rein. Und er hatte nie andere Kunden als Leute vom Land, die sich die schon fertig in Flaschen abgefüllten Patentmedizinen kauf-ten, und Nigger, die sich Karten und Würfel kauften, denn in den letzten Jahren hatte sich wohl keiner nach Rezept was anfertigen lassen, und er hatte auch keine Soda-Foun-tain, denn der alte Job besorgte das: wusch die Gläser und machte die Eiscreme und mischte die Fruchtsäfte – schon seit Onkel Willys Vater im Jahre achtzehnhundertfünfzig-undnochwas das Geschäft gegründet hatte, und der alte Job konnte natürlich nicht mehr so gut sehen, wenn Papa auch immerhin sagte, er glaube nicht, daß der alte Job auch Rauschgift nähme, es käme einfach daher, weil er Tag und Nacht in der gleichen Luft atmete, die Onkel Willy ausat-mete.

Aber uns schmeckte die Eiscreme prima, besonders, wenn wir erhitzt vom Baseball zu ihm kamen. Wir hatten in der Stadt eine Liga von drei Mannschaften, und Onkel Willy setzte regelmäßig für jedes Spiel einen Preis aus, einen Ball oder einen Schläger oder eine Maske, wenn er auch nie selber hinging und uns beim Spielen zusah; nach dem Spiel gingen also beide Mannschaften oder vielleicht auch alle drei in sein Geschäft, um dabeizusein, wenn der Sieger den Preis bekam. Und wir aßen Eiscreme, und dann gingen wir alle in die Ecke hinter dem Apothekerschrank und sahen zu, wie Onkel Willy einen kleinen Spiritusbrenner anzündete und die Nadel füllte und den Ärmel aufkrempelte, weit rauf über unzählige kleine blaue Punkte, die an seinem Ellbogen anfingen und hoch hinaufgingen, bis in sein Hemd rein. Und der nächste Tag war dann Sonntag, und wir warteten in unsern Vorgärten und schlossen uns ihm an, während er von Haus zu Haus weiter und in die Sonntagsschule ging, wir und Onkel Willy, er in der gleichen Klasse mit uns, wo er dabeisaß, während wir das Gelernte aufsagten. Mr. Barbour von der Sonntagsschule rief ihn nie auf. Dann waren wir fertig mit der Lektion und sprachen vom Baseball, bis die Glocke läutete, und Onkel Willy sagte noch immer nichts, er saß bloß da, ganz schmuck und sauber mit einem frischen Kragen und feinen Schlips und wog ungefähr hundertzehn Pfund, und seine Augen hinter den Brillengläsern waren gewissermaßen auseinandergelaufen, wie aufgeschlagene Eier. Dann gingen wir alle in seinen Drugstore und aßen die Eiscreme, die vom Samstag übriggeblieben war, und dann gingen wir hinter den Apothekerschrank und sahen ihm wieder zu, sahen den kleinen Brenner und wie er sich sein Sonntagshemd aufkrempelte und wie die Nadel langsam in den blauen Arm eindrang und wie jemand sagte: »Tut es nicht weh?«, und er antwortete: »Nein, ich hab's gern.«

II

Dann zwangen sie ihn, das Rauschgift aufzugeben. Er hatte es vierzig Jahre lang genommen, wie er uns mal sagte, und jetzt war er sechzig, und er hatte im besten Falle noch zehn Jahre vor sich, nur hat er uns das nicht gesagt, weil er nicht mal vierzehnjährigen Jungen so was extra sagen mußte. Doch sie zwangen ihn, es aufzugeben. Sie brauchten nicht lange. Es fing an einem Sonntagvormittag an und war am nächsten Freitag vorbei; wir hatten gerade in der Sonntagsschule Platz genommen, und Mr. Barbour hatte gerade angefangen, als ganz plötzlich Hochwürden Schultz, der Pfarrer, dastand und sich zu Onkel Willy runterbeugte und ihn aus seiner Bank zog, als wir uns schon nach ihm umsahen, ihn raufzog und mit einer Stimme, mit der die Pfarrer zu vierzehnjährigen Jungen sprechen und die, glaub ich, nicht mal weibische Jungen ausstehen können, zu ihm sagte: »Ja, Bruder Christian, ich weiß, daß Sie gar nicht gern aus Bruder Barbours Stunde weggehen, aber wollen heute mal beide, Sie und ich, zu Bruder Miller und den Männern gehen und hören, was er uns über diesen wunderschönen und herzerhebenden Text zu sagen hat!«, und Onkel Willy versuchte noch immer dazubleiben, und blickte sich nach uns um und blinzelte mit seinen auseinandergelaufenen Augen, die deutlicher, als wenn er's ausgesprochen hätte, zu uns sagten: ›Was'n das? Was'n das, Kinder? Was wollen die denn von mir?‹

Wir wußten es genausowenig wie er. Wir saßen einfach da, bis die Lektion fertig war; wir sprachen an dem Tag nicht über Baseball, und wir gingen an der Nische vorbei, wo Mr. Millers Männer von der Bibelstunde zusammentrafen, und Hochwürden Schultz saß mitten unter ihnen, wie er's jeden Sonntag tat, als wäre er bloß ein einfacher Mann wie alle übrigen auch, und doch ein bißchen die andern überragend, als ob er sich nicht zu rühren und nicht zu sprechen brauchte, um die andern dran zu erinnern, daß er kein gewöhnlicher Mann war, und ich mußte immer an einen ersten April in dem Jahr denken, als Miss Callaghan uns erst der Reihe nach aufrief und dann von ihrem Pult runterstieg und sagte: »Heute will ich Schüler sein!« und setzte sich auf einen leeren Platz und rief einen Namen auf und zwang jemand, aufs Pult zu gehen und die Stunde ab- zuhalten, und es wäre Spaß gewesen, wenn man bloß hätte vergessen können, daß morgen kein erster April war, und der Tag danach auch nicht. Und Onkel Willy saß neben Hochwürden Schultz und sah noch kleiner als sonst aus, und ich mußte an einen Tag im vorigen Sommer denken, als sie einen Landmann namens Bundren nach Jackson in die Nervenheilanstalt brachten, aber er war nicht so ver- rückt, daß er nicht gewußt hätte, wo er hin sollte, und saß am Abteilfenster und war mit Handschellen an einen dicken Hilfs-Sheriff gefesselt, der eine Zigarre rauchte.

Dann war die Sonntagsschule aus, und wir liefen raus, um auf ihn zu warten und in sein Geschäft zu gehen und Eis zu essen. Aber er kam nicht. Er kam nicht, bis auch die Kirche aus war, und das war das erstemal, daß er überhaupt für die Kirche dageblieben war, das erstemal, soweit wir's wußten und soweit es überhaupt jemand wußte, wie mir Papa später erzählte – und dann kam er raus, mit Mrs. Merridew auf der einen Seite von ihm und Hochwürden Schultz auf der andern Seite, und der hielt ihn noch am Arm, und er blickte sich wieder nach uns um, und seine Augen sprachen wieder (nur diesmal ganz verzweifel): ›Kinder, was soll das? Was soll das bloß, Kinder?‹, und Hochwürden Schultz bugsierte ihn in Mrs. Merridews Auto rein, und Mrs. Merridew sagte ganz laut, als wäre sie auf der Kanzel: »So, Mr. Christian, jetzt fahre ich Sie direkt zu mir nach Hause und setze Ihnen ein Glas feine, kühle Limonade vor, und zum Mittagessen gibt's Brathuhn, und dann können Sie ein gemütliches Nickerchen in meiner Hän- gematte abhalten, und dann kommen Bruder und Schwester Schultz zu mir raus, und wir essen leckere Eiscreme«, und Onkel Willy sagte: »Nein, halt, Ma'am! Halt, halt! Ich muß ins Geschäft und ein Rezept anfertigen, das ich für heut vormittag versprochen habe ...«

Sie bugsierten ihn also in den Wagen, und er warf noch einen Blick auf uns zurück, dorthin, wo wir standen, und so entschwand er uns aus den Augen und saß im Auto neben Mrs. Merridew, wie Darl Bundren neben dem Polizisten in der Bahn, und wahrscheinlich hielt sie sein Handgelenk fest, und wahrscheinlich brauchte sie überhaupt keine Handschellen, wo uns doch Onkel Willy so einen Blick zuwarf, der nichts als Verwirrung und entsetzte Verzweiflung war.

Denn jetzt hatte er sich für seine Nadel bereits um eine Stunde verspätet, und am Nachmittag, als er Mrs. Merridew endlich entwischen konnte, war's fünf Stunden über seine Zeit, und deshalb konnte er nicht mal den Schlüssel ins Schloß stecken, und daher schnappten ihn Mrs. Merridew und Hochwürden Schultz wieder, und diesmal hat er weder gesprochen noch sich umgedreht, sondern hat wie 'ne halbwilde Katze versucht auszureißen. Sie brachten ihn in seine Wohnung, und Mrs. Merridew telegrafierte seiner Schwester in Texas, und Onkel Willy erschien drei Tage lang nicht in der Stadt, weil Mrs. Merridew und Mrs. Hovis sich darin abwechselten, Tag und Nacht bei ihm im Haus zu bleiben, bis seine Schwester herkommen konnte. Das war damals während unserer Ferien, und wir hatten am Montag ein Spiel, und am Nachmittag war der Laden noch zu, und am Dienstag war er auch noch zu, und daher war's erst Mittwochnachmittag, daß wir Onkel Willy wiedersahen, und wie schnell er rannte.

Er hatte kein Hemd an, und er war nicht rasiert, und er konnte den Schlüssel überhaupt nicht ins Schloß bringen und schnaufte und jammerte und sagte die ganze Zeit: »Endlich ist sie eingeschlafen! Endlich ist sie eingeschlafen!«, bis einer von uns den Schlüssel nahm und die Tür aufschloß. Wir mußten auch den kleinen Brenner anzünden und die Nadel füllen, und diesmal stach er sie nicht langsam in den Arm – es sah aus, als wollt er sie gleich bis auf den

Knochen reinstecken. Er ging nicht nach Hause. Er sagte zu uns, er brauche nichts zum Draufschlafen, und er gab uns Geld und ließ uns zur Hoftür raus, und wir kauften die Butterbrote und die Flasche Kaffee im Restaurant und ließen ihn dann in seinem Geschäft.

Am nächsten Tag rückten dann Mrs. Merridew und Hochwürden Schultz und noch drei Damen an; sie ließen vom Polizisten die Tür aufbrechen, und Mrs. Merridew packte Onkel Willy hinten beim Kragen und schüttelte ihn und zischte: »Sie kleiner Wicht! Sie kleiner Wicht! *Mir* wollen Sie auswischen, heh?«, und Hochwürden Schultz sagte dauernd: »Ruhe, Schwester! Ruhe, Schwester! Beherrschen Sie sich!«, und die andern Damen riefen Mr. Christian und Onkel Willy und Willy, je nachdem, wie alt sie waren und wie lange sie schon in Jefferson gelebt hatten. Sie brauchten nicht viel Zeit.

Am gleichen Abend traf die Schwester aus Texas ein, und wir gingen an seinem Haus vorbei und sahen die Damen auf der Vorderveranda oder wie sie ein und aus gingen, und hin und wieder tauchte auch Hochwürden Schultz unter ihnen auf, genau wie er's in Mr. Barbours Bibelstunde machte, und wir konnten hinter der Hecke hochklettern und sie durchs Fenster hören: Onkel Willy, wie er schrie und fluchte und um sich schlug, weil er aus dem Bett rauswollte, und die Damen, die immerfort sagten: »Aber Mr. Christian! Aber Onkel Willy!« und jetzt auch: »Aber Bubber!«, seit seine Schwester dabei war, und Onkel Willy schrie und bettelte und fluchte. Und dann war's Freitag geworden, und er gab nach. Wir konnten es hören, wie sie ihn im Bett festhielten; ich nehme an, es war seine letzte Runde, denn keiner hatte Zeit, etwas zu sagen, und dann hörten wir ihn, und seine Stimme war schwach, aber deutlich, und sein Atem ging laut.

»Halt!« sagte er. »Halt! Einmal will ich's noch fragen: wollen Sie's nicht bitte lassen? Wollen Sie nicht bitte weggehn? Wollen Sie sich nicht bitte zum Teufel scheren und mich auf meine Art euch folgen lassen?«

»Nein, Mr. Christian«, sagte Mrs. Merridew. »Wir tun es, um Sie zu retten!«

Eine Minute lang hörten wir gar nichts. Dann hörten wir, wie Onkel Willy sich im Bett zurücklehnte, sich gewissermaßen hinplumpsen ließ.

»Meinetwegen«, sagte er. »Meinetwegen.«

Er war wie so'n Schaf, wie sie's damals in der Bibel immer opferten. Als wär es selber auf den Altar geklettert und hätt sich mit 'nem Plumps auf den Rücken geworfen und ihnen seine Kehle hingehalten und gesagt: ›Meinetwegen! Dann macht zu und bringt's zu Ende! Schneidet mir die verdammte Kehle durch und geht weg und laßt mich ruhig im Feuer liegen!‹

III

Er war lange Zeit krank. Sie schafften ihn nach Memphis, und es hieß, er würde sterben. Der Laden blieb die ganze Zeit geschlossen, und nach ein paar Wochen ließen wir sogar die Liga eingehen. Es war nicht wegen der Preise. Nicht deswegen. Wir kamen zum Beispiel an dem Laden vorbei und blickten auf das große alte Vorhängeschloß und auf die Fenster, durch die man nicht mal durchsehen, nicht mal reinsehen konnte, nach drinnen, wo wir sonst immer Eis gegessen und ihm erzählt hatten, wer Schläger war und wer gut gespielt hatte, und wo er auf seinem Schemel dort gesessen hatte, und die Droge kochte und brodelte, und die Nadel in seiner Hand wartete, und wie er uns da angesehen hatte mit seinen zwinkernden und ganz auseinandergelaufenen Augen hinter den Brillengläsern, so daß man noch nicht mal sagen konnte, wo die Pupille war, wie man's doch bei den meisten Augen sagen kann. Und die Nigger und die

Landleute, die seine Kundschaft waren, kamen auch an und blickten auf das Schloß und fragten uns, wo er wäre und wann er nach Hause käme und den Laden wieder aufmachte. Denn sogar nachdem der Laden wieder aufgemacht wurde, wollten sie nichts mit dem Verkäufer zu tun haben, den Mrs. Merridew und Hochwürden Schultz in den Laden gesetzt hatten. Onkel Willys Schwester schrieb, man sollte sich um den Laden keine Sorgen machen, ihn einfach zulassen, denn sie wollte für Onkel Willy sorgen, falls er wieder gesund würde. Doch Mrs. Merridew sagte immer, sie wolle Onkel Willy nicht bloß heilen, sie wolle ihm zu einer vollständigen Wiedergeburt verhelfen, nicht bloß in der wahren Christlichkeit, sondern auch in der praktischen Welt, wo schon ein Arbeitsfeld auf ihn wartete, so daß er seinen Kopf nicht bloß ehrenvoll, sondern auch mit Stolz unter seinen Mitmenschen erheben könnte; sie sagte, zuerst wär's ihr einziges Ziel gewesen, ihn so weit zu bringen, daß er seinem Schöpfer nicht mit Leib und Seele an Morphium versklavt vor Augen treten müsse, doch jetzt, wo seine Natur kräftiger wäre, als jeder geglaubt hätte, wollte sie darauf sehen, daß er in der Welt wieder die Stellung einnähme, zu der ihn der Name seiner Familie berechtigte, ehe er ihn besudelt hätte.

Sie und Hochwürden Schultz trieben den Verkäufer auf. Er war seit ungefähr einem halben Jahr in Jefferson. Er hatte Empfehlungsbriefe an die Kirche, doch außer Hochwürden Schultz und Mrs. Merridew kannte ihn keiner. Das heißt, sie machten ihn zum Verkäufer in Onkel Willys Drugstore; sonst wußte kein Mensch was über ihn. Doch Onkel Willys alte Kunden wollten nicht bei ihm kaufen. Und wir auch nicht. Nicht, daß er viel an uns verdient hätte, und natürlich erwarteten wir nicht, daß er uns Eis spendierte, und wahrscheinlich hätten wir's auch gar nicht angenommen, wenn er's uns angeboten hätte: denn er war nicht Onkel Willy, und sehr bald war's auch nicht die gleiche

Eiscreme, denn das erste, was der neue Verkäufer machte, nachdem er die Fensterscheiben geputzt hatte, das war, daß er den alten Job rausschmiß, nur daß sich der alte Job weigerte, seinen Posten zu verlassen. Er blieb jedenfalls im Laden und brummelte vor sich hin, und der Verkäufer jagte ihn zur Vordertür raus, und der alte Job ging hintenrum und kam zur Hoftür wieder rein, und der Verkäufer entdeckte ihn und verwünschte ihn im Flüsterton, fluchte über den alten Job, obwohl er Briefe an die Kirche hatte; und er ging hin und ließ sich einen Haftbefehl ausstellen, und der Polizist sagte dem alten Job, er dürfe sich nicht mehr im Laden aufhalten. Da zog der alte Job auf die andre Straßenseite rüber. Er saß den ganzen Tag auf dem Bordstein, wo er die Tür im Auge behalten konnte, und jedesmal, wenn der Verkäufer erschien, schrie der alte Job los: »Ich sag's 'n! Ich tu's!« Deshalb gingen wir auch nicht mehr am Laden vorbei. Wir machten den Abkürzer an der Straßenecke, damit wir dort nicht vorbei mußten, wo die Fenster jetzt sauber waren und die neue Stadtkundschaft, die der Verkäufer zusammengebracht hatte – er hatte jetzt einen schwunghaften Handel – ein und aus ging, und wir blieben bloß so lange stehen, um den alten Job nach Onkel Willy zu fragen, auch wenn wir selber schon wußten, was tagtäglich für Nachrichten über ihn aus Memphis kamen, und auch wußten, daß der alte Job es nicht wissen konnte, es einfach nicht würde kapieren können, auch wenn's ihm jemand erzählte, denn er glaubte überhaupt nicht, daß Onkel Willy krank war, er glaubte bloß, daß Mrs. Merridew ihn gewaltsam weggeführt hatte und ihn in einem andern Bett festhielt, so daß er nicht aufstehen und nach Hause kommen konnte; und der alte Job saß auf dem Bordstein und blinzelte mit seinen trüben roten kleinen Augen zu uns auf, so ähnlich wie Onkel Willy, und sagte zu uns: »Ich sag's 'n! Gefangen hab'n sie'n, und der armselige Bursche stolziert in Master Hoke Christians Laden rum! Ich sag's 'n!«

IV

Onkel Willy starb nicht. Eines Tages kam er wieder nach
Hause, seine Haut so gelblich wie Talg, und wog jetzt bloß
neunzig Pfund, und seine Augen jetzt immer noch wie zer-
brochene Eier, aber wie tote Eier – Eier, die schon so lange zerbrochen waren, daß sie nicht mal mehr tot rochen –,
bis man sie richtig ansah und merkte, daß sie alles andre
in der Welt waren, bloß nicht tot. Das war, nachdem er uns
wieder kannte. Ich meine nicht, daß er uns vollkommen
vergessen hatte. Es war so, wie wenn er uns als Jungen
noch immer gut leiden konnte, uns aber vorher nie gesehen
hätte und deshalb unsre Namen neu lernen mußte und die
Gesichter, die zu den Namen gehörten. Seine Schwester war
jetzt wieder nach Texas gefahren, denn Mrs. Merridew wollte sich um ihn kümmern, bis er sich vollkommen erholt
hatte und vollkommen geheilt war. Ja. Geheilt.

Ich erinnere mich noch an den ersten Nachmittag, als er
in die Stadt kam, und wir gingen in den Laden, und Onkel
Willy blickte die sauberen Scheiben an, durch die man jetzt
durchsehen konnte, und auf die Stadtkundschaft, die nie
bei ihm gekauft hatte, und auf den Verkäufer, und sagte
zu ihm: »Sie sind wohl mein Verkäufer, heh?«, und der
Verkäufer fing an, von Mrs. Merridew und Hochwürden
Schultz zu sprechen, und Onkel Willy sagte: »All right,
all right!«, und jetzt aß er selber etwas Eiscreme und stand
mit uns an der Theke, als wär er selber 'n Kunde, und
blickte sich immer noch im Laden um, während er das Eis
aß, immer mit Augen, die gar nicht tot waren, und er sagte:
»Sieht so aus, als hätten Sie meinen alten Nigger besser zur
Arbeit angehalten, als ich es konnte«, und der Verkäufer
begann, wieder was – was andres – über Mrs. Merridew
und Hochwürden Schultz zu erzählen, und Onkel Willy
sagte: »All right, all right! Holen Sie gleich mal den alten
Job her und sagen Sie ihm, ich erwarte von ihm, daß er

jeden Tag hier ist, und ich wünsche, daß er von heute an den Laden so in Ordnung halten soll, wie er jetzt ist.« Dann gingen wir hinter den Apothekerschrank, und Onkel Willy sah sich auch dort um, und wie der Verkäufer alles aufgeräumt und ein neues, großes Schloß am Schrank angebracht hatte, in dem die Drogen und solch Kram aufgehoben wurden, immer mit Augen, die keiner tot nennen konnte, einerlei, wer's war, und sagte zu uns: »Geht mal und sagt dem Burschen, ich will meine Schlüssel haben!« Aber es war nicht wegen Brenner und Nadel. Die hatte Mrs. Merridew damals beide kaputtgeschmissen. Es war überhaupt nicht deswegen, denn der Verkäufer kam wieder an und erzählte wieder von Mrs. Merridew und Hochwürden Schultz, und Onkel Willy hörte zu und sagte: »All right, all right!«, und wir hatten vorher nicht gesehen, daß er gelacht hat, und sein Gesicht hatte sich auch jetzt nicht verändert, aber dahinter hat er gelacht, das wußten wir. Dann gingen wir raus. Am Square bogen wir scharf ab, die Nigger Row runter und zu Sonny Bargers Laden, und ich nahm das Geld und hab bei Sonny Jamaica Ginger[4] gekauft und hab sie wieder eingeholt, und wir gingen mit Onkel Willy nach Haus und saßen auf dem Weideland, während er den Jamaica Ginger trank und wir noch ein bißchen unsre Namen einübten.

Und am späten Abend trafen wir ihn, wo er's uns gesagt hatte. Er hatte den Schubkarren und das Brecheisen, und wir haben die Hoftür vom Laden aufgebrochen und dann den Apothekerschrank mit dem neuen Schloß, und holten den Kanister mit Alkohol raus und fuhren ihn zu Onkel Willys Haus und vergruben ihn im Stall. Es waren über zehn Liter drin, und vier Wochen lang ist er überhaupt nicht mehr in die Stadt gegangen, und er wurde wieder krank, und Mrs. Merridew kam in sein Haus gestürmt und riß die Schubladen auf und schleuderte die Sachen aus den Schränken, und Onkel Willy lag im Bett und sah ihr mit

Augen zu, die alles andre als tot waren. Aber sie konnte nichts finden, denn es war längst aufgebraucht, und außerdem wußte sie ja nicht, was sie suchte, denn sie suchte eine Spritze. Und an dem Abend, als Onkel Willy wieder auf war, nahmen wir das Brecheisen und gingen zum Laden, und als wir zum Apothekerschrank kamen, sahen wir, daß er schon offen war und Onkel Willys Schemel davor stand, und auf dem Schemel, wo jedermann sie sehen konnte, war eine Literflasche Alkohol, und das war alles. Und da wußte ich, daß der Verkäufer wußte, wer das erstemal den Alkohol genommen hatte, aber ich wußte nicht, warum er's nicht Mrs. Merridew erzählt hat – das wußt ich erst zwei Jahre später.

Zwei Jahre lang wußt ich's nicht, und Onkel Willy fuhr nun schon seit einem Jahr jeden Samstag in einem Auto, das seine Schwester ihm geschenkt hatte, nach Memphis. Ich hatte den Brief geschrieben, den Onkel Willy mir diktiert hat und wo er mir dabei über die Schulter gesehn hat: daß sich nämlich seine Gesundheit bessere, aber nicht so schnell, wie's der Doktor anscheinend wollte, und daß der Doktor gesagt hätte, er solle nicht die Strecke bis zum Laden und zurück laufen, und daher wäre ein Auto praktisch, kein teures Auto, bloß ein kleines Auto, das er selber fahren könne, oder vielleicht könnt er auch einen Neger-Boy finden, der ihn fährt, falls seine Schwester meinte, er sollt's nicht selber tun: und sie schickte das Geld, und er beschaffte sich einen Krauskopf von Neger-Boy von ungefähr meiner Größe, namens Secretary, und der sollte es fahren. Das heißt, Secretary hat behauptet, er könnte einen Wagen fahren, und bestimmt haben sie's dann beide gelernt, er und Onkel Willy, auf den Nachtfahrten in die Berge, wo sie Mais-Whisky kauften, und Secretary lernte auch ziemlich rasch, nach Memphis zu fahren, weil sie nämlich jeden Samstag hinfuhren und am Montag wiederkamen – Onkel Willy besinnungslos auf dem Rücksitz, und an seinen Sachen hing so ein Geruch, dessen Ursprung ich erst einige

Jahre später kennenlernen sollte, und dazu drei oder vier halbleere Flaschen und ein kleines Notizbuch mit Telefonnummern und Namen wie Lorine und Billie und Jack. Ich hab's zwei Jahre lang nicht gewußt, nicht bis zu dem Montagvormittag, als der Sheriff kam und alles mit Siegel und Vorhängeschloß absperrte, was noch von Onkel Willys Eigentum übrig war, und als sie den Verkäufer suchen wollten, konnten sie nicht mal herausbringen, mit welchem Zug er die Stadt verlassen hatte; ein heißer Morgen im Juli, und Onkel Willy auf dem Rücksitz hingeräkelt, und auf dem Vordersitz neben Secretary eine Frau, die war zweimal so groß wie Onkel Willy, mit 'nem roten Hut und 'nem rosa Kleid, und auf dem Rücksitz ihr schmutziger weißer Pelz, und zwei Strohkoffer auf dem Kotflügel, und ihr Haar hatte die gleiche Farbe wie'n funkelnagelneuer Messinghahn an 'nem Hydranten, und ihre Backen waren da, wo sie geschwitzt hatte, ganz streifig von Mascara und zusammengebackenem Puder.

Es war schlimmer, als wenn er wieder mit Morphium angefangen hätte. Es war grade so, wie wenn er die schwarzen Pocken in die Stadt eingeschleppt hätte. Ich erinnere mich noch, wie Mrs. Merridew an dem Nachmittag mit Mamma telefonierte, und wie man sie bei ihrem Haus draußen direkt zur Hoftüre und aus der Küche raushören konnte, wie sie ins Telefon schrie: »Verheiratet! *Verheiratet! Hure! Hure! Hure!*«, genau wie der Verkäufer den alten Job beschimpfte, so daß die Kirche bloß bis zu einem gewissen Punkt gehen kann, und die Leute, die dazugehören, wissen's am besten, oder sie haben das Recht zu sagen, wann die Religion mal so ein, zwei Minuten ausgeschaltet werden darf. Und Papa fluchte auch, ohne daß er jemand damit meinte; ich wußte genauso, daß er nicht über Onkel Willy und nicht mal über Onkel Willys neue Frau fluchte, wie ich gewußt habe, daß ich mir wünschte, Mrs. Merridew hätte dabeisein und sich's anhören können. Nur glaube ich,

wenn sie dabeigewesen wäre, hätt sie doch nichts hören
können, denn es hieß ja, sie hätte noch ihr Hauskleid ange-
habt, als sie schon rauslief und Hochwürden Schultz in den
Wagen zerrte und zu Onkel Willys Haus rausfuhr, der
noch im Bett lag, wie immer am Montag und Dienstag,
und seine neue Frau jagte Mrs. Merridew und Hochwürden
Schultz mit der Heiratsurkunde aus dem Haus, als wär's
'ne Pistole oder 'n Messer. Und ich weiß noch, wie den
ganzen Nachmittag – Onkel Willy wohnte in einer stillen
kleinen Seitenstraße, wo in all den andern Häusern, kleinen
neuen Häuschen, Landleute wohnten, die in den letzten
Jahren in die Stadt gezogen waren, und Postkutscher und
kleine Ladenbesitzer –, wie da den ganzen Nachmittag
wütend aussehende Damen mit schief aufgesetzten Sonnen-
schuten aus der kleinen stillen Seitenstraße hervorgeschos-
sen kamen und kleine Kinder und größere Mädchen mit-
schleiften und zum Bürgermeisteramt und zum Haus von
Hochwürden Schultz eilten, und wie die jungen Männer
und Burschen, die nicht arbeiteten, und auch einige Männer,
die hätten arbeiten sollen, an Onkel Willys Haus vorbeifuhren, immer auf und ab, um sie sich anzusehen, wie sie
auf der Veranda saß und Zigaretten rauchte und etwas aus
einem Glas trank; und wie sie am nächsten Tag in die Stadt
kam, um einzukaufen, jetzt mit einem schwarzen Hut und
in einem rotweißgestreiften Kleid, so daß sie wie 'ne rie-
sengroße Bonbonstange aussah, und jetzt dreimal so groß
wie Onkel Willy, und die Straße entlangging, wo überall
Männer aus den Läden hervorschossen, wo sie dran vorbeiging, als liefe sie über 'ne ganze Reihe von Selbstauslösern,
und die beiden Hälften von ihrem Hintern unter ihrem
Kleid pumpten gewissermaßen dauernd auf und ab, bis
jemand losjuchzte, den Kopf zurückwarf und schrie:
»Jippiiiiii!«, so etwa, und sie zuckte gewissermaßen mit
ihrem Hintern, ohne auch nur stehenzubleiben, und da haben sie erst recht losgejuchzt.

Und am nächsten Tag kam das Telegramm von seiner Schwester, und Papa als Anwalt und Mrs. Merridew als Zeugin gingen zu Onkel Willys Haus, und Onkel Willys Frau zeigte ihnen die Heiratsurkunde und sagte zu ihnen, das sollten sie mal erst aus der Welt schaffen, und ob Manuel Street oder nicht, sie wäre so rechtsgültig und bindend verheiratet wie jede hochnäsige Ziege in Jefferson oder sonstwo, und Papa sagte: »Aber bitte, Mrs. Merridew, aber bitte, Mrs. Christian!«, und er teilte Onkel Willys Frau mit, daß Onkel Willy jetzt bankrott wäre und vielleicht sogar das Haus verlieren könnte, und seine Frau sagte, wie's denn mit seiner Schwester in Texas wäre, ob Papa ihr etwa erzählen wollte, daß auch das Ölgeschäft bankrott wäre, und er solle sie nicht zum Lachen bringen. Daher telegrafierten sie wieder an die Schwester, und die tausend Dollar kamen, und sie mußten Onkel Willys Frau auch das Auto geben. Sie kehrte am gleichen Nachmittag nach Memphis zurück, fuhr über den Square mit ihren beiden Strohkoffern, diesmal in einem schwarzen Spitzenkleid, und fing unter ihrer neuen Schminke schon wieder an zu schwitzen, denn es war noch heiß, und hielt vor der Post, wo die Männer auf die Nachmittagspost warteten, und rief ihnen zu: »Kommt nur mal nach Memphis in die Manuel Street, dann zeig ich euch Tölpeln mal, was ihr in euerm Nest hier gegenseitig mit euch tun könnt!«

Und am gleichen Nachmittag zog Mrs. Merridew wieder zu Onkel Willy, und Papa sagte, der Brief, den sie an Onkel Willys Schwester schrieb, wäre elf Seiten lang geworden, denn Papa sagte, sie könne es Onkel Willy nie verzeihen, daß er bankrott gemacht habe. Wir konnten's hinter der Hecke hören, wie sie sagte: »Sie sind verrückt, Mr. Christian, verrückt! Ich hab versucht, Sie zu retten und aus Ihnen was Besseres als ein Vieh zu machen, aber jetzt ist meine Geduld zu Ende! Ich will Ihnen noch eine letzte Chance geben. Ich will Sie ins Keeley[5] bringen, und wenn auch das nichts nützt, bringe ich Sie zu Ihrer Schwester und zwinge sie, Sie in eine Irrenanstalt einzuliefern!« Und die Schwester schickte Papiere aus Texas mit der Erklärung, daß Onkel Willy nicht kompetent wäre und daß sie Mrs. Merridew zu seinem Vormund und seiner Bevollmächtigten mache, und Mrs. Merridew brachte ihn nach Memphis ins Keeley. Und das war alles.

V

Das heißt, wahrscheinlich glaubten sie, daß es alles wäre, und daß Onkel Willy diesmal bestimmt sterben würde. Denn sogar Papa glaubte, daß er jetzt verrückt wäre, denn sogar Papa sagte, wenn's nicht wegen Onkel Willy gewesen wäre, wäre ich nicht ausgerissen, und deshalb sei ich nicht ausgerissen, sondern ich sei von einem Verrückten fortgelockt worden; es war nicht Papa, sondern es war Onkel Robert, der sagte, er wäre nicht verrückt, denn ein Mensch, der Jeffersoner Grundbesitz gegen bar verkaufen könne, solange er eingesperrt im Keeley sitzt, der sei nicht verrückt, der sei nicht mal betrunken. Sie wußten nämlich gar nicht, daß er schon aus dem Keeley raus war, sogar Mrs. Merridew erfuhr es erst, nachdem er schon zwei Tage weg war und sie ihn nicht finden konnten. Sie haben ihn überhaupt nicht gefunden und auch nicht rausgefunden, wie er freigekommen ist, und ich auch nicht, bis ich den Brief von ihm bekam, ich soll an einem bestimmten Tag in den Memphiser Bus steigen, und er würde mich an einer Haltestelle am Stadtrand von Memphis abholen. Ich war mir gar nicht klar, daß ich auch Secretary und den alten Job seit zwei Wochen nicht mehr gesehen hatte. Aber weggelockt hat er mich nicht. Ich ging weg, weil ich's wollte, weil er der feinste Mensch war, der mir je begegnet ist, weil er immer Spaß am Lebendigsein hatte, trotz allem, was sie

145

ihm antun wollten oder mit ihm getan haben, und ich hatte gehofft, wenn ich vielleicht ein Weilchen bei ihm bleiben könnte, dann könnt ich's lernen und könnte auch Spaß haben, wenn ich mal selber alt wäre. Oder vielleicht wußte ich doch mehr, ohne es zu wissen, wie ich auch wußte, daß ich alles tun würde, um was er mich bitten würde, egal, was es war, genauso wie ich ihm auch geholfen hatte, in den Laden einzubrechen und den Alkohol rauszuholen, als er's für selbstverständlich hielt, daß ich's tun würde, ohne daß er mich überhaupt drum bat, und wie ich ihm dann auch geholfen habe, den Alkohol vor Mrs. Merridew zu verstecken. Vielleicht wußte ich sogar, was der alte Job tun würde. Nicht, was er wirklich tat, sondern daß er's tun würde, wenn sich die Gelegenheit ergab und es Onkel Willys letzte Runde war. Und wenn ich nicht da wäre, dann würde Onkel Willy ganz allein dastehen gegen all das alte entsetzte und ängstliche Anklammern an ein langweiliges, von Regeln geplagtes Leben, das für ihn Jefferson bedeutete und das, obwohl er Jefferson entwischt war, der alte Job noch immer verkörperte.

Ich ging also in der Woche ein paarmal Rasen mähen und hatte fast zwei Dollar beisammen. An dem Tag, wo er's mir gesagt hatte, stieg ich in den Bus, und am Stadtrand wartete er auf mich, diesmal in einem Ford ohne Verdeck, und man konnte noch die Kreideziffern $ 85.– bar auf der Windschutzscheibe lesen, und auf dem Rücksitz ein zusammengelegtes, nagelneues Zelt, und auf dem Vordersitz Onkel Willy und der alte Job, und Onkel Willy sah fein aus in seiner karierten Mütze, die neu war bis auf einen großen Ölfleck, und den Schirm nach hinten rumgedreht und eine Schutzbrille vorne drübergeschoben und seinen Zelluloidkragen frisch gewaschen und keinen Schlips drin und die Nase so braungebrannt, daß sie abschilferte, und strahlende Augen hinter der Brille. Ich wäre mit ihm wer weiß wohin gegangen; ich würd's jetzt alles nochmal genau-

so machen, auch wenn ich wüßte, was passierte. Er würde
mich nicht lange bitten müssen, genauso, wie er's damals
nicht mußte. Ich hab mich also auf das Zelt draufgesetzt,
und wir fuhren nicht in die Stadt rein, sondern in die ent-
gegengesetzte Richtung. Ich hab gefragt, wo wir hinfahren,
aber er hat bloß gesagt: »Warte!« und ließ den kleinen
Wagen sausen, als könnt er selber gar nicht schnell genug
hinkommen, und ich konnt's seiner Stimme anhören, daß
es fein war, daß es das allerbeste sein würde, besser, als es
sich irgend jemand sonst hätte ausdenken können, und der
alte Job duckte sich auf seinem Vordersitz und klammerte
sich mit beiden Händen an und kreischte Onkel Willy zu,
er solle nicht so schnell fahren. Ja. Vielleicht hab ich damals
schon vom alten Job her gewußt, daß Onkel Willy vielleicht
Jefferson entwischt war – doch war er bloß ausgewichen,
er war ihm nicht ganz und gar entkommen.

Dann kamen wir zu dem Wegweiser, zu dem Pfeil, wo
Flughafen draufstand, und wir bogen ab, und ich sagte:
»Was? Was'n das?«, aber Onkel Willy sagte bloß: »Warte!
Warte nur!«, als könnt er's selber kaum abwarten, wie er
da übers Steuer gebückt saß, und sein weißes Haar wehte
unter seiner Mütze vor, und sein Kragen war ihm hinten
so hochgerutscht, daß man zwischen Kragen und Hemd
seinen Hals sehen konnte; und der alte Job sagte (o ja,
selbst da konnt ich's schon ahnen!): »Er hat eins! Wirklich!
Hat's geschafft! Aber ich hab's 'n gesagt! Hab 'n gewarnt!
Da kann man nix machen!« Dann kamen wir zum Flugplatz, und Onkel Willy bremste scharf und zeigte in die
Luft, noch bevor er ausgestiegen war, und sagte: »Da!«

Es war ein Flugzeug, das da herumflog, und Onkel Willy
lief am Rand vom Flugplatz auf und ab und winkte mit
dem Taschentuch, bis es ihn sah und runterkam und landete
und bis zu uns hinrollte, ein kleines Flugzeug mit einem
Zweizylindermotor. Secretary saß drin, auch mit 'ner neuen
karierten Mütze und Schutzbrille wie Onkel Willy, und sie

erzählten mir, daß Onkel Willy auch eine für den alten Job gekauft hätte, aber der alte Job wollte sie nicht tragen. Und am Abend – wir übernachteten in einem kleinen Touristen-Zeltlager, etwa zwei Meilen weit weg, und er hatte auch für mich 'ne Mütze mit Schutzbrille gekauft; und da wußte ich, weshalb sie ihn nicht hatten finden können –, am Abend erzählte mir Onkel Willy, er hätte das Flugzeug mit einem Teil von dem Geld gekauft, für das er sein Haus verkauft hatte, nachdem seine Schwester es aus dem Bankrott gerettet hatte, weil sie auch drin geboren war, daß aber Captain Bean auf dem Flugplatz ihm nicht beibringen wollte, wie man fliegen muß, weil er dafür ein Attest von einem Doktor brauchte (»Zum Donnerwetter«, sagte Onkel Willy, »weiß der Teufel, ob die Republikaner und Demokraten und XYZs es nicht bald dahin gebracht haben, daß ein Mann nicht mal mehr in seinem eigenen Badezimmer Wasser ziehen darf!«), und er konnte zu keinem Doktor gehen, weil der Doktor ihn vielleicht ins Keeley zurückgeschickt oder Mrs. Merridew verraten hätte, wo er jetzt war. Deshalb ließ er's zuerst Secretary lernen, und Secretary war jetzt schon seit zwei Wochen geflogen, und das war fast vierzehn Tage länger, als er mit dem Auto geübt hatte, ehe sie damit losgefahren waren. Onkel Willy hat also gestern den Ford und das Zelt und die Camping-Ausrüstung gekauft, und morgen wollten wir aufbrechen. Wir wollten zuerst zu einem Ort namens Renfro gehen, wo uns kein Mensch kannte und wo ein großes Stück Weideland war, wie Onkel Willy gehört hatte, und dort wollten wir eine Woche bleiben, während Onkel Willy von Secretary lernen wollte, das Flugzeug zu steuern. Dann wollten wir westwärts ziehen. Wenn wir das Hausgeld verbraucht hätten, wollten wir einer Stadt haltmachen und Passagiere mitnehmen und dadurch Geld verdienen, um Benzin und Essen zu kaufen und zur nächsten Stadt zu fliegen, Onkel Willy und Secretary im Flugzeug, und ich und der alte Job im Auto; und der alte Job saß auf einem Stuhl an der Wand und blinzelte Onkel Willy mit seinen schwachen, verdrießlichen roten Augen an, und Onkel Willy richtete sich auf der Matratze auf, die Mütze und die Schutzbrille noch auf dem Kopf und den Kragen ohne Schlips noch um den Hals (er war überhaupt nicht am Hemd festgemacht: war bloß zugeknöpft), aber manchmal auf der Seite und manchmal sogar hinten, wie bei 'nem Episkopal-Prediger, und die Augen hinter der Schutzbrille strahlten ihm nur so, und seine Stimme war so munter und froh. »Und zu Weihnachten sind wir in Kalifornien!« sagte er. »Stell dir mal das vor! In Kalifornien!«

VI

Wie konnten sie also sagen, ich wäre weggelockt worden? Wie kamen sie bloß dazu? Vermutlich wußte ich damals schon, daß es nicht klappen würde, nicht klappen konnte, daß es zu schön war, um Wirklichkeit zu werden. Wahrscheinlich wußte ich sogar schon, wie es enden würde, einfach wegen der sauren Miene, die Secretary immer aufsetzte, sobald Onkel Willy davon sprach, daß er selber fliegen lernen wolle, genau wie ich's vom alten Job wußte und wie er immer Onkel Willy ansah – natürlich nicht, was er dann tat, aber was er tun konnte, wenn sich Gelegenheit bot. Ich war nämlich der andere Weiße. Ich war ein Weißer, auch wenn der alte Job und Secretary beide älter als ich waren, so daß es in Ordnung wäre: *ich* konnte es tun. Es war, als hätte ich da schon gewußt, daß, einerlei, was ihm zustoßen mochte, er niemals sterben würde, und ich dachte, wenn ich einfach lernen könnte, so zu leben, wie er lebte, daß ich dann, einerlei, was mir zustoßen mochte, auch nie sterben würde.

Wir brachen also am nächsten Morgen auf, gleich nach

Tagesanbruch, denn da war 'ne andre dumme Regel auf dem Flugplatz, daß Secretary immer in Sicht des Flugfeldes bleiben mußte, bis sie ihm einen Erlaubnisschein gaben, daß er wegfliegen konnte. Wir tankten das Flugzeug auf, und Secretary startete, als wollte er üben. Dann ließ uns Onkel Willy rasch ins Auto einsteigen, denn er sagte, das Flugzeug könnte sechzig Meilen in der Stunde machen, und daher wäre Secretary längst in Renfro, ehe wir hinkämen. Doch als wir nach Renfro kamen, war Secretary nicht da, und wir schlugen das Zelt auf und aßen Mittagbrot, und er war noch immer nicht da, und Onkel Willy fing an zu schimpfen, und wir aßen Abendbrot, und es wurde dunkel, und Secretary kam nicht, und Onkel Willy schimpfte mächtig. Er kam erst am nächsten Tag. Wir hörten ihn und liefen raus und sahen, wie er direkt über uns wegflog, und er kam aus der entgegengesetzten Richtung, nicht von Memphis her, und flog schnell, und wir riefen alle und winkten. Aber er flog weiter, und Onkel Willy sprang auf und ab und fluchte, und wir luden das Zelt in den Wagen, damit wir ihn einholen konnten, wenn er zurückkäme. Jetzt konnten wir ihn überhaupt nicht mehr hören, doch wir konnten den Propeller sehen, weil er sich nicht mehr drehte, und es sah aus, als wollte er gar nicht auf der Weide landen, sondern auf den Bäumen am Rande von der Weide. Aber er streifte sie bloß und plumpste gewissermaßen runter, und wir liefen hin und fanden ihn, wie er noch immer im Flugzeug saß, mit geschlossenen Augen und 'nem Gesicht wie Holzasche, und er sagte: »Captn, woll'n Sie mir sagen, wie ich nach Ren ...«, und da erst machte er die Augen auf, um zu sehen, wer wir waren. Er erzählte, gestern wäre er siebenmal gelandet, und jedesmal war's nicht Renfro, und sie sagten ihm jedesmal, wie er nach Renfro käme, und er flog hin, und dann war's wieder nicht Renfro, und letzte Nacht hatte er im Flugzeug geschlafen, und er hatte nichts gegessen, seit wir von Memphis weg sind, weil er die drei Dollar, die Onkel Willy ihm für Benzin gab, verbraucht hatte, und wenn ihm das Benzin nicht ausgegangen wäre, als es ihm ausging, dann hätte er uns niemals gefunden.

Onkel Willy wollte, ich sollte in die Stadt fahren und noch mehr Benzin holen, damit er anfangen könnte, sofort fliegen zu lernen, aber Secretary wollte nicht. Er weigerte sich glattweg. Er sagte, das Flugzeug gehöre Onkel Willy, und wahrscheinlich gehöre auch er Onkel Willy, jedenfalls, bis er wieder nach Hause käme, aber jetzt hätte er für 'ne Weile so viel geflogen, wie er nur aushalten könnte. Deshalb fing Onkel Willy am nächsten Morgen an.

Ein Weilchen glaubte ich, daß ich den alten Job umschmeißen und festhalten müßte, während er immerzu schrie: »Steigen Sie nich' in das Ding!« und immer weiterschrie: »Ich geh und sag's 'n! Ich geh und sag's 'n!«, während wir sahen, wie das Flugzeug mit Secretary und Onkel Willy gewissermaßen in die Luft hopste und sich dann duckte, als suchte Onkel Willy den nächsten Abkürzer nach China, und wie es dann wieder Sprünge machte und endlich recht schön grade flog und rund ums Weideland und dann runter, um zu landen, und jeden Tag kreischte der alte Job wegen Onkel Willy, und Farmarbeiter kamen aus dem Feld angerannt, und Leute im Autobus und zu Fuß blieben auf der Straße stehn, um zuzusehn, wie sie mit dem Flugzeug runterkamen und an uns vorbeiflogen, Onkel Willy und Secretary Seite an Seite und genau gleich aussehend, ich meine, nicht im Gesicht, aber genauso, wie die zwei Zinken von 'ner Gartenforke genau gleich aussehen, ehe sie in die Erde reinstechen; wir konnten Secretarys Augen sehen und den aufgesperrten Mund, so daß man ihn beinah hören konnte, wie er »Huuuuh!« schrie, und Onkel Willy mit der blitzenden Brille und dem unter der Mütze hervorwehenden weißen Haar und dem Zelluloidkragen, den er jeden Abend wusch, ehe er zu Bett ging, und kein Schlips dran, und sie flogen vorbei, schnell, und der alte Job kreischte: »Gehn Se da raus! Gehn Se aus dem Ding raus!«, und wir konnten auch Secretary hören: »Loslassen, Onkel Willy! Loslassen!«, und das Flugzeug flog weiter: bäumte sich in der einen Sekunde auf und sackte in der nächsten Sekunde ab, und dann rollte es auf die Seite und prallte vielleicht zuerst seitlich auf den Boden, unter Krachen und aufspritzender Erde gewissermaßen, und hopste wieder in die Luft, und Secretary schrie: »Loslassen, Onkel Willy!«, und abends im Zelt strahlten Onkel Willys Augen immer noch, und er war zu aufgeregt, um mit reden aufzuhören und einzuschlafen, und ich glaube, er erinnerte sich überhaupt nicht dran, daß er keinen Alkohol mehr getrunken hatte, seit ihm zum erstenmal der Gedanke gekommen war, ein Flugzeug zu kaufen.

O ja, ich weiß wohl, was sie über mich redeten, nachdem 's alles vorbei war, und was Papa sagte, als er und Mrs. Merridew an jenem Morgen hinkamen: daß ich der Weiße wäre, beinah ein Mann, und Secretary und der alte Job bloß unzuverlässige Niggers, und doch wären's Secretary und der alte Job gewesen, die ihn hatten zurückhalten wollen. Denn das war es; das war es, was sie an mir nicht verstehen konnten.

Ich erinnere mich noch an den letzten Abend, und wie Secretary und der alte Job ihn da beide bearbeitet hatten, und wie der alte Job den Secretary schließlich so weit brachte, daß er Onkel Willy erklärte, er würde nie fliegen lernen, und wie Onkel Willy zu sprechen aufhörte und aufstand und Secretary ansah: »Hast du's nicht in zwei Wochen gelernt?« sagte er. Secretary sagte ja. »Du, ein verdammter, kindischer, unnützer, dummer, krausköpfiger Nigger?«, und Secretary sagte ja. »Und ich 'n Mann, der auf der Universität war und der vierzig Jahre lang 'n Fünfzehntausend-Dollar-Geschäft besessen hat, dem willst du sagen, ich kann nicht fliegen lernen, nicht mal mit 'ner ver-

dammten Fünfzehnhundert-Dollar-Maschine?« Dann sah er
mich an. »Glaubst du, daß ich damit fliegen kann?« Und
ich sah ihn an und sagte: »Ja! Ich glaube, daß Sie alles
können!«

VII

Und jetzt kann ich's ihnen nicht erzählen. Ich kann's nicht
sagen. Papa hat mir mal gesagt, jemand hätte geschrieben,
was man wüßte, das könnte man auch sagen. Aber vielleicht hat der Mann, der das geschrieben hat, keine vierzehnjährigen Jungen mitgerechnet. Denn ich muß gewußt haben,
daß es passieren würde. Und Onkel Willy mußte es auch
gewußt haben, gewußt haben, daß der Augenblick kommen
würde. Es war so, als hätten wir's beide gewußt und als
hätten wir gar nicht erst drüber diskutieren und einander
sagen müssen, daß wir's wußten: er brauchte mir an dem
Tag in Memphis nicht zu sagen: »Komm mit, damit du da
bist, wenn ich dich nötig habe«, und ich brauchte nicht zu
sagen: »Lassen Sie mich mitkommen, damit ich da bin, wenn
Sie mich nötig haben!«

Der alte Job rief nämlich Mrs. Merridew an. Er hat gewartet, bis wir eingeschlafen waren, und dann stahl er sich
fort und lief den ganzen Weg bis in die Stadt und rief sie
an: er hatte kein Geld, und wahrscheinlich hatte er noch nie
im Leben telefoniert, aber er rief sie an, und am nächsten
Morgen kam er durch den Tau gerannt (die Stadt und das
Telefon waren fünf Meilen Wegs), gerade als Secretary den
Motor anließ, und ich wußte, was er getan hatte, sogar, noch
ehe er nahe genug herankam, um zu schreien und zu rennen
und langsam und schreiend übers Weideland zu stolpern.
»Halt'n! Halt'n! Sie kommen gleich her! Halt'n zehn Minuten fest, dann sindse hier!«, und ich wußte es und rannte und holte ihn ein, und diesmal hielt ich ihn fest, und er
rang mit mir und stieß mich und schrie noch immer zu

Onkel Willy rauf, der schon im Flugzeug saß. »Du hast telefoniert?« sagte ich. »Ihr? *Ihr? Ihr* gesagt, wo er ist?«

»Ja«, schrie Job. »Und sie hat gesagt, sie geht deinen Pappi holen und fährt gleich los und will um sechs hier sein«, und ich hielt ihn fest; er fühlte sich an wie 'ne Handvoll splitterdürrer Stecken, und ich konnte hören, wie sein Atem pfiff, und ich fühlte, wie sein Herz hämmerte, und Secretary kam auch angerannt, und der alte Job schrie Secretary zu: »Hol'n da raus! Sie kommen! Sie sind jede Minute hier, wenn du'n bloß festhalten könntst!«, und Secretary fragte: »Wen? Wen?«, und der alte Job schrie ihm zu, er sollte rennen und das Flugzeug aufhalten, und Secretary drehte sich um, und ich hab versucht, seine Beine zu grapschen, aber ich konnt's nicht, und ich konnte sehen, wie Onkel Willy zu uns rüberblickte und wie Secretary aufs Flugzeug losrennt, und ich hab mich auf den Knien aufgerichtet und gewinkt und auch geschrien. Ich glaube nicht, daß Onkel Willy mich gehört hat, wo doch der Motor lief. Aber ich sag's euch, daß er das auch gar nicht brauchte, denn wir wußten es, wir wußten es beide; und deshalb blieb ich knien und drückte den alten Job auf den Boden, und wir sahen das Flugzeug starten, und Secretary rannte noch immer hinterdrein, und dann stieg's auf und duckte sich wieder und stieg wieder, und dann sah es so aus, als bliebe es stehen, hoch in der Luft über den Bäumen (wo wir am ersten Tag gedacht hatten, daß Secretary dadrauf landen wollte), bevor es sich dahinter duckte und wir es aus den Augen verloren, und Secretary rannte sowieso, also waren's nur noch Onkel Job und ich, die aufstehen und losrennen mußten.

O ja, ich weiß, was sie über mich redeten; ich wußte es schon alles an dem Nachmittag, als wir heimfuhren, vorneweg der Leichenwagen, und als nächste dann Secretary und der alte Job im Ford, und Papa und ich in unserm Wagen als die letzten, und Jefferson kam näher und näher, und da fing ich auf einmal an zu weinen. Denn das Sterben hatte nichts zu bedeuten, das berührte ja bloß die Außenseite von einem, die man immer so um sich rumträgt, weil's bequem und praktisch ist, genau wie man Kleider trägt; es war, weil die alten Sachen, die Kleider, die überhaupt nichts wert waren, den einen von uns beiden betrogen hatten, und der Betrogene war ich, und Papa, der mir jetzt seinen andern Arm um die Schultern legte, sagte immerzu: »Laß doch! Laß doch! Ich hab's nicht so gemeint! Du hast's nicht getan! Keiner macht dir Vorwürfe!«

Seht ihr wohl? Das war es. Ich habe Onkel Willy eben doch geholfen. Er weiß, daß ich ihm geholfen habe. Er weiß, daß er's nicht ohne mich hätte tun können. Er weiß, daß ich's getan habe, und wir brauchten uns nicht mal anzusehen, als er wegflog. Das ist es.

Und jetzt werden sie's nie begreifen, sogar Papa nicht, und ich bin der einzige, der versuchen kann, es ihnen zu erzählen, und wie kann ich's ihnen je erzählen, so daß sie's begreifen? Wie bloß?

Maultier im Garten

Es war ein grauer Tag gegen Ende Januar, jedoch nicht kalt, wegen des Nebels. Die alte Het war gerade vom Armenhaus gekommen und rannte über den Flur zur Küche, wobei sie schon mit ihrer kräftigen, hellen, glücklichen Stimme losschrie. Sie war vermutlich an die Siebzig; jedoch nach ihrer eigenen Zählweise, die sich auf das Alter der verschiedenen Hausfrauen im Städtchen vom Brautstand bis zur Großmutter bezog, die sie alle vom Säuglingsstadium an gepflegt zu haben behauptete, hätte sie um die Hundert und selber mindestens dreifach sein müssen. Groß und mager und voller Nebelperlchen, in Tennisschuhen und einem langen rattenfarbigen Mantel, der mit etwas besetzt war, das vor vierzig oder fünfzig Jahren mal Pelz gewesen sein mochte, dazu eine modische, wenn auch nicht neue Toque, die auf ihrem Kopftuch thronte, und in der Hand (es hatte mal eine Zeit gegeben, als sie bei ihren wöchentlichen Runden von Küche zu Küche eine Reisetasche aus Brokat getragen hatte, doch seit der Eröffnung der Zehn-Cents-Geschäfte war die Reisetasche durch eine endlose Reihe der praktischen Papierbeutel abgelöst worden, die den Kunden für ein paar Cents gestellt wurden), in der Hand den Einkaufsbeutel – so rannte sie in die Küche und schrie mit lebhafter und kindlicher Freude: »Miss Mannie! Miss Mannie! 'n Maultier im Garten!«

Mrs. Hait, die vor dem Herd kauerte und gerade den Aschenkasten voll glühender Asche herausziehen wollte, fuhr hoch; sie umklammerte den Aschenkasten, blickte die alte Het an und sprach dann auch sofort – auch laut und auch rasch. »Die Mistviecher!« sagte sie. Sie verließ die Küche, nicht gerade im Laufschritt, aber doch mit einer Art empörter Geschwindigkeit, und trug den Aschenkasten in der Hand – eine schwere Frau in den Vierzigern mit dem Ausdruck unbezwinglicher, wenn auch erleichterter Trauer, als wäre das, was sie zur Hinterbliebenen gemacht hatte, eine Frau gewesen, und obendrein keine besonders wertvolle. Sie trug einen baumwollenen Schlafrock und eine Strickjacke und einen Männerfilzhut, der, wie man im Städtchen wußte, ihrem vor zehn Jahren verstorbenen Mann gehört hatte. Doch die Männerstiefel hatten ihm nicht gehört. Es waren hohe Schuhe zum Zuknöpfen, mit Spitzen wie kleine Tulpenzwiebeln, und in der Stadt wußte man, daß sie sie neu für sich gekauft hatte. Sie und die alte Het liefen die Küchentreppe hinunter und in den Nebel hinein. Deshalb war es nämlich nicht kalt: als läge, hingestreckt zwischen Erdboden und Nebel, das tiefe Atmen der schlafenden Stadt in dunklen engen Räumen während der langen Winternacht – der Schlummer und das Erwachen; das schale Wachen, wärmeregelnd, aus Hitze erzeugt durch Wiedererhitzen: er lag wie eine Schicht kalten Fettes auf den Stufen und auf dem hölzernen Lukendeckel des Kellereingangs und den schmalen Laufplanken, die zu einem Schuppen in der Ecke des Hinterhofs führten: auf diesen Laufbrettern rutschte Mrs. Hait, die noch immer rannte und noch immer den Blechkasten mit der glühenden Asche trug, gefährlich aus.

»Obacht!« schrie die alte Het vergnügt: dank ihrer Gummisohlen konnte sie festen Fuß fassen. »Da vorne!« Mrs. Hait fiel nicht. Sie blieb nicht einmal stehen. Mit einem einzigen kalten Blick nahm sie das Bild in sich auf und rannte schon wieder, als an der Hausecke – und anscheinend vor ihren Augen aus dem Nebel geboren – ein Maultier auftauchte. Es sah größer aus als eine Giraffe. Mit seinem langen Kopf und dem fliegenden Halfterstrick um die scherenförmigen Ohren stürzte es sich mit heftiger und spukhafter Plötzlichkeit auf die beiden Frauen.

»Da isses!« schrie die alte Het und schwenkte den Einkaufsbeutel. »Tschüh!« Mrs. Hait wirbelte herum. Wieder rutschte sie heftig auf den glitschigen Planken aus, während sie und das Maultier parallel nebeneinander zum Schuppen rasten, in dessen offener Tür jetzt das ruhige und erstaunte Gesicht einer Kuh erschien. Der Kuh mußte das nebelgeborene Maultier zweifellos größer und überraschender als sogar eine Giraffe vorgekommen sein, vor allem, weil es darauf erpicht schien, mitten durch den Schuppen zu jagen, als sei der bloß aus Stroh oder einfach eine simple Luftspiegelung. Der Kopf der Kuh hatte ebenfalls etwas Geisterhaftes und Unvermitteltes und Unirdisches an sich. Er verschwand wie eine Streichholzflamme, zurückgesaugt ins Unsichtbare, obwohl der Geist wußte und der Verstand betonte, daß sie in den Stall zurückgeschnellt war, aus dem als Beweis ein unbeschreiblicher Ton, halb Schreck und halb Grausen drang, von Schuppen und Kuh gemeinsam erzeugt, wie ein einziger tiefer Ton, den man auf einer Leier oder Harfe anreißt. Diesem Ton eilte Mrs. Hait sofort und rein reflexmäßig entgegen, wie in unverbrüchlichem Zusammenhalten des Weiblichen mit dem Weiblichen gegen die Welt von Mann und Maultier. Sie und das Maultier liefen in höchster Geschwindigkeit aus zwei verschiedenen Richtungen auf den Schuppen zu, und sie schwang bereits mit leichter Hand den schweren Aschenkasten, um ihn auf das Maultier zu schleudern. Natürlich dauerte es alles nicht so lange, und natürlich war's das Maultier, das sich auf den Eröffnungszug nicht einlassen wollte. Die alte Het schrie noch: »Da isses! Da isses!«, als es bereits herumschoß und auf sie zustürzte, die so hoch wie ein Ofenrohr aufragte, den Einkaufsbeutel hielt und ihn vor dem Vieh herumschwenkte, während es an ihr vorbeistürmte und hinter der andern Hausecke verschwand, wie zurückgesaugt in den Nebel, der es geboren hatte, unheimlich und blitzschnell und ohne irgendein Geräusch.

Mit der gleichen nicht überstürzten Eile wie vorher drehte

sich Mrs. Hait um und setzte den Aschenkasten auf dem Backsteinsims ihres Kellereingangs ab, und sie und die alte Het bogen gerade noch rechtzeitig um die Hausecke, um das jetzt gespenstische Maultier im selben Augenblick zu sehen, in dem seine Bahn mit der eines cholerisch aussehenden Hahns und seiner acht Rhode-Island-Hennen zusammentraf, die unter dem Haus hervorkamen. Nun nahm sein Vordringen für einen kurzen Moment das Aussehen und die Aufmachung einer Apotheose an: aus der Hölle geboren und in die Hölle zurückkehrend, im Begriff, sich vollständig in Nebel aufzulösen, schien es in ein sonnen- und dimensionsloses Medium emporzusteigen und darin zu vergehen, getragen und umspielt von lauter kleinen geflügelten Kobolden.

»Vorn sind noch mehr!«

»Die Mistviecher!« sagte Mrs. Hait, wieder mit der gleichen grimmigen, vorherwissenden Stimme, ohne Groll und ohne Zorn. Nicht auf die Maultiere bezog sie sich damit; auch nicht auf ihren Besitzer, sondern auf ein langes Stück ihrer Lebensgeschichte in dieser Stadt, angefangen mit einer Aprildämmerung, als das, was von Mr. Hait übriggeblieben war, in einer unübersichtlichen Kurve der Eisenbahn gleich außerhalb der Stadt von den Überresten der fünf zerstümmelten Maultiere und von einem mehrere Fuß langen, neuen Manilaseil abgeklaubt wurde; dann auf die geographisch unselige Lage ihres eigenen Heims; und schließlich auch auf die Komponenten ihrer Beraubung selbst: die Maultiere, den verstorbenen Ehemann und den Eigentümer der Maultiere. Er hieß Snopes; in der Stadt wußte man über ihn ebenfalls Bescheid: wie er in Memphis auf dem Markt seine Maultiere kaufte und sie nach Jefferson brachte und an Farmer und Witwen und Waisen verkaufte, sowohl schwarze wie weiße, gegen so viel, wie er dafür bekommen konnte, bis herunter auf einen bestimmten Niedrigstpreis; und wie (meistens im Winter, in der stillen Jahreszeit) seine Maultiere zu Paaren oder sogar in kleinen

Trupps aus dem eingezäunten Weideland ausbrachen, wo er sie stehen hatte, und wie sie dann, mit manchmal ganz neuem Manilaseil aneinandergebunden (ein Posten, den Snopes nachher in der anschließenden Schadenersatzklage aufführte), von den Güterzügen an der gleichen unübersichtlichen Kurve getötet wurden, die auch der Schauplatz von Haits Exitus aus dieser Welt war; einmal schickte ihm ein Spaßvogel der Stadt mit der Post einen gedruckten Fahrplan für die dortige Bahnlinie. Snopes, ein untersetzter Mann mit käsigem Gesicht, stets ohne Schlips und mit einem nervösen, gehetzten Ausdruck, zog in bestimmten Zwischenräumen in Staub und Getöse durch das friedvolle und verschlafene Leben der Stadt; sein Nahen wurde durch Schreie und Rufe angekündigt, sein Vorbeiziehen bezeichnete eine gelbe Staubwolke, die mit nickenden, krugförmigen Köpfen und klappernden Hufen und den gleichen verlorenen und dringlichen Rufen der Treiber angefüllt war; und als letzter von allen – und schön außerhalb der Staubwolke – erschien Snopes selber in qualvollem und keuchendem Trab, denn in der Stadt erzählte man sich, er habe eine Heidenangst vor eben den Tieren, mit denen er einen so schwunghaften Handel betrieb.

Der Weg, den er von der Bahnstation zu seinem Weideland einschlagen mußte, durchquerte den Stadtrand in der Nähe von Haits Anwesen; Hait und Mrs. Hait waren noch keine Woche in ihrem Haus gewesen, als sie eines Morgens aufwachten und es von galoppierenden Maultieren eingeschlossen sahen, und die Luft erfüllt von den Rufen und Schreien der Treiber. Doch es war erst mehrere Jahre später – in jener Aprilmorgendämmerung, als diejenigen, die den Schauplatz zuerst erreichten, etwas fanden, was zwischen den verstümmelten Maultieren und den wüst zerrissenen Bruchstücken des neuen Seils als fremde Materie bezeichnet werden mochte –, daß die Stadt argwöhnte, Hait könne in einer engeren Beziehung zu Snopes und den Maul-

tieren gestanden haben als nur der, in periodisch wieder-
kehrenden Zwischenräumen zu helfen, sie aus seinem Vordergarten zu verscheuchen. Von da an glaubte man, daß
man Bescheid wisse; nach einer dreitägigen, interessierten,
erstaunten und neugierigen Pause gab man acht, ob Snopes
versuchen würde, auch für Hait etwas einzukassieren.

Doch man erfuhr nur, daß der Feststellungsbeamte erschienen war und Mrs. Hait besucht hatte, und daß sie ein
paar Tage drauf einen Schadenersatz über $ 8500.– einkas-
sierte, da es noch damals in den alten, glücklichen Zeiten
war, als sogar die Eisenbahngesellschaften ihre südlichen
Zweiglinien und Bezirke als die recht- und gesetzmäßige
Beute aller betrachteten, die an der Strecke wohnten. Sie
nahm das Geld in bar; sie stand in ihrer Strickjacke und
dem Hut da, den Hait an jenem verhängnisvollen Morgen
vor einer Woche getragen hatte, und hörte in kaltem, grim-
migem Schweigen zu, während der zweite Kassierer das Geld
hinzählte und der Präsident und der erste Kassierer ihr die
Vorteile einer Obligation zu erklären versuchten, dann die
eines Sparkontos, dann die des Kontokorrent, und ging
schließlich fort, das Geld in einem Salzsack unter ihrer
Schürze; nach einiger Zeit strich sie ihr Haus frisch an: mit
jener zweckdienlichen und der Zeit trotzenden Farbe, in
der auch der Bahnhof angestrichen war, vielleicht aus Ge-
fühlsgründen oder (was manche glaubten) aus Dankbarkeit.

Der Beamte forderte auch Snopes zu einer Besprechung
auf, die Snopes dann mit einem Gesicht verließ, das nicht
nur zerquälter denn je aussah, sondern dem auch ein Ausdruck betroffener Bestürzung aufgeprägt war, den es von
da an ständig tragen sollte; und das war das letztemal,
daß der Zaun um sein Weideland unerklärlicherweise mitten in der Nacht vor Maultieren nachgab, die zu dreien und
vieren mit einem ausreichenden, wenn auch nicht immer
neuen Hanfseil zusammengebunden waren. Und dann schien
es so, als wüßten es auch die Maultiere, als spürten sie es

irgendwie, noch während sie nach der Versteigerung in Memphis und seinem Angebot angehalftert dastanden, genau wie sie spürten, daß er Angst vor ihnen hatte. Jetzt wurde drei- oder viermal jährlich, wie in teuflischer Verabredung, und sobald sie aus dem Viehwagen herausgelassen waren, der ganze Aufruhr – die Staubwolke, angefüllt mit besorgten, verängstigten und bestürzten Rufen und mit dämonisch sich aufbäumenden Kreaturen – in einer einzigen Explosion perverser und unkontrollierbarer Gewalt, ohne irgendeinen sich einschiebenden Kontakt mit Zeit, Raum oder Erde, quer durch die friedliche und erstaunte Stadt in Mrs. Haits Garten hineinversetzt, wo Snopes in einer gewissen unseligen Verzweiflung, die momentan sogar körperliche Furcht ausschaltete, unter den polternden Kreaturen herumsprang und beiseite wich, immer rund um das Haus (dessen undurchlässigen Anstrich er, wie die Stadt meinte, persönlich bezahlt zu haben glaubte und in dem die Eigentümerin ein Leben voll müßigen und königlichen Wohlbehagens führte – dank des Geldes, das er mindestens zum Teil für das seine hielt), während sich allmählich die ganze Gegend und Nachbarschaft einstellte, um hinter nachbarlichen Fenstervorhängen und vergitterten oder nicht vergitterten Veranden und von den Bürgersteigen und sogar von anhaltenden Wagen und Autos auf der Straße zuzuschauen – die Hausfrauen in Schlafrock und Boudoir-Morgenhäubchen, die Kinder auf dem Weg zur Schule, und zufällig vorbeigehende Neger und Weiße in gelassener und amüsierter Gemütsruhe.

Sie waren alle da, als Mrs. Hait, in der Hand den Stummel eines abgewetzten Besens, hinter ihr die alte Het, um die nächste Hausecke und zu dem taschentuchkleinen Stück Land lief, das sie Vordergarten nannte. Er war klein; jeder Mensch mit einer Schrittweite von drei Fuß hätte ihn in zwei Sätzen durchqueren können, doch in dem Augenblick – vielleicht infolge der verschleiernden und verzer-

renden Eigenschaften des Nebels – schien er so unglaub-
lich voll von verrücktem Leben zu sein, wie ein Wasser-
tropfen unter dem Mikroskop. Aber sie schwankte wieder
nicht. Mit dem fest umklammerten Besen und anscheinend
mit einem erhabenen Glauben an ihre eigene Unverletz-
barkeit stürzte sie dem Maultier mit dem Halfterstrick
nach, das immer noch im Begriff war, spukhaft und unge-
stüm in den Nebel zu entschwinden, während sein Kiel-
wasser durch die herumwirbelnden und auseinandergespreng-
ten neun Hühner (die ebenso vielen zerfetzten Papier-
schnitzeln im allmählich nachlassenden Luftsog eines Auto-
mobils glichen) und durch die verzweifelt ausweichende
Gestalt eines Mannes gekennzeichnet wurde. Der Mann war
Snopes; ebenfalls mit Nebelperlchen bedeckt, das wilde Gesicht vor heiserem Schreien aufgerissen und die zwei dichten Linien rasierten Bartwuchses von den Ecken wie in
aufgestautem Erinnern an tabakreiche Jahre niederhän-
gend, kreischte er ihr zu: »Bei Gott, Miz Hait! Ich hab
alles getan, was ich konnte!« Sie blickte ihn gar nicht erst an.

»Fangen Sie das Große mit dem Halfter!« sagte sie mit
ihrer kalten keuchenden Stimme. »Schaffen Sie das Große
hier raus!«

»Klar!« kreischte Snopes. »Lassen Sie ihnen bloß 'n bißchen Zeit! Sie dürfen sie jetzt nicht nervös machen!«

»Obacht!« rief die alte Het. »Jetzt will's wieder auf 'n
Hof!«

»Hol den Strick!« rief Mrs. Hait und rannte weiter.
Snopes blickte sich wütend nach der alten Het um.

»Gottswilln, wo's der Strick?«

»Im Keller doch, Gottswilln!« schrie die alte Het, ohne
stehenzubleiben. »Laufen Sie andersrum! Fangen Sie's ab!«
Mrs. Hait und sie bogen gerade rechtzeitig bei der Hausecke ab, um noch zu sehen, wie das immerfort entschwin-
dende Maultier mit dem Halfter wieder einmal im Begriff
war, sachte auf seiner Wolke von Hühnern weiterzuschwe-

ben, mit denen es, weil sie unter dem Haus, also auf der Bogensehne entlanglaufen konnten, während es außenherum auf der Bogenlinie laufen mußte, abermals zusammengeprallt war. Als sie die nächste Ecke genommen hatten, waren sie wieder im Hinterhof.

»Gottswilln!« schrie die alte Het. »Es will der Kuh was antun!« Denn sie hatten das Maultier beinah eingeholt, da es stehengeblieben war. Sie stießen tatsächlich auf ein ›Lebendes Bild‹, als sie um die Hausecke bogen: die Kuh stand jetzt im Mittelpunkt des Hofs, und sie und das Maultier blickten einander auf etwa einen Meter Entfernung an. Bewegungslos, mit gesenktem Kopf und gespreizten Beinen, glichen sie zwei Buchstützen von zwei verschiedenen Paaren eines beliebten Musters, die vielleicht jemand mit amateurhaft bukolischen Neigungen gekauft und die ein Kind sich hervorgeholt und in ein beliebiges Gegenüber gebracht und dann vergessen hatte; dazu Snopes, dessen Kopf und Schultern über den aufgeschlagenen Lukendeckel der jetzt offenen Kellerluke hinausragten, wo noch immer der Aschenkasten stand – Snopes, bis an die Achselhöhlen versenkt und wie für ein spanisch-indianisch-amerikanisches Sutti[6] bereit. Nur dauerte es auch diesmal wieder nicht so lange. Es war weniger als ein Bild. Es war ein Anblick, wie ihn später sogar das Gedächtnis nicht ganz bestätigen kann. Der Reihe nach verschwanden jetzt Mann und Kuh und Maultier hinter der nächsten Hausecke: Snopes hatte die Führung und trug den Strick, dann kam die Kuh mit ihrem steil und schräg aufgestellten Schwanz – beinah wie der Flaggenmast auf einem Schiff. Mrs. Hait und die alte Het rannten weiter, vorbei am offenen Keller mit seiner Ansammlung menschlicher Utensilien und verwitweter Frauenjahre (alten Kisten für Kleinholz, alten Zeitungen und Zeitschriften, zerbrochenen und ausgedienten Möbelstücken und Geräten, die keine Frau jemals wegwirft, einem Haufen Kohle und einem Stoß Pechkiefernholz, um ein starkes

Feuer in Gang zu halten), liefen weiter und bogen um die nächste Ecke, wo sie Mann und Kuh und Maultier alle in der wilden Wolke allgegenwärtiger Hühner verschwinden sahen, die wieder einmal unter dem Haus hindurchgerannt und soeben aufgetaucht waren. Sie liefen weiter, Mrs. Hait grimmig und unermüdlich und stumm, die alte Het mit dem eifrigen und glücklichen Staunen eines Kindes. Doch als sie dann wieder auf der Vorderseite ankamen, sahen sie nur Snopes. Er lag flach auf dem Bauch, sein Kopf und seine Schultern lagen wegen der ausgestreckten Arme etwas höher, und die Rockschöße waren ihm infolge des unterbrochenen, schwungvollen Voranstürmens über den Kopf geflogen, so daß sein schlaffes Gesicht wie das einer karikierten Nonne in grimmiger Ruhe meditierte.

»Wo sind sie'n hin?« schrie die alte Het. Er gab keine Antwort. »Sie schneiden jetzt die Kurven!« rief sie Mrs. Hait zu. »Sie sind schon wieder hinten!« Was auch stimmte. Die Kuh wollte zuerst in den Schuppen zurücklaufen, aber dann merkte sie vielleicht, daß sie zu sehr im Schwung war, und stürmte in einer letzten hilflosen Tapferkeit weiter. Doch das sahen sie nicht, und auch nicht das Maultier, wie es auswich, um an der Kuh vorbeizukommen, und wie es eine Sekunde lang polternd an der offenen Kellerluke stolperte, ehe es weiterlief. Als sie hinkamen, war das Maultier weg. Auch der Aschenkasten war weg, aber das bemerkten sie nicht. Sie sahen nur die Kuh mitten auf dem Hof stehen, wie vorher auch schon, keuchend und reglos und mit gespreizten Beinen und gesenktem Kopf, ohne irgend etwas anzusehen – gerade, als wäre jenes Kind nun zurückgekehrt und hätte die eine von den beiden Buchstützen zu einem andern Spiel oder Zweck weggenommen. Sie liefen weiter. Mrs. Hait rannte jetzt mühsam, mit offenem Mund, ihre Gesichtsfarbe wie Kitt, und die eine Hand in die Seite gestemmt. So langsam kamen sie jetzt voran, daß das Maultier bei seiner dritten Runde ums Haus sie von hinten überholte und mit unverminderter Geschwindigkeit an ihnen vorbeiraste, unter jähem Dämonendonnern und süßlichem Schweißgeruch, der plötzlich so scharf wie ein durchdringender Schrei an ihnen vorbeizog – und weg war es. Und doch liefen sie verbissen weiter und um die nächste Hausecke und konnten endlich noch gerade eben sehen, wie es in den Nebel hineinschmolz; sie hörten seine Hufe auf der harten Straße, knapp, staccato und höhnisch, und dann verhallten sie.

»Hach!« rief die alte Het und blieb stehen. Sie keuchte glücklich. »O je, ihr Leute! Wenn das nicht...« Dann war sie mucksmäuschenstill; langsam drehte sie den Kopf, mit erhobener Nase und zitternden Nüstern: vielleicht sah sie einen Augenblick die offene Kellertür, wie sie war, als sie das letztemal daran vorbeikamen – und kein Aschenkasten daneben! »Gottswilln, ich rieche Rauch!« schrie sie. »Kind Gottes, laufen Sie ins Haus, hol'n Sie Ihr Geld!«

Es war immer noch früh am Tage, noch nicht zehn Uhr. Gegen Mittag war das Haus bis auf den Grund niedergebrannt. In der Stadt war ein Laden für landwirtschaftlichen Bedarf, wo man Snopes meistens antreffen konnte; mehr als einer hatte sich's bis dahin schon vorgenommen, ihn dort aufzusuchen. Sie erzählten ihm, daß, als die Feuerwehr und die Leute zur Brandstätte kamen, Mrs. Hait gerade aufgetaucht sei, hinter ihr drein die alte Het, die in der einen Hand ihren Einkaufsbeutel und in der andern ein eingerahmtes Bildnis von Mr. Hait getragen habe; Mrs. Hait habe einen Sonnenschirm und einen neuen, mausgrauen, nach dem Katalog bestellten Mantel getragen, in dessen einer Tasche ein Konfitüreglas voll glatt zusammengefalteter Geldscheine steckte, und in der andern eine schwere, nickelplattierte Pistole, und sie sei quer über die Straße ins gegenüberliegende Haus gegangen, wo sie, neben ihr die alte Het in einem zweiten Schaukelstuhl, seither auf der Veranda gesessen hätte, mit grimmiger, undurchdringlicher Miene, und wo sich

beide dauernd geschaukelt hätten, während heisere und un-
ermüdliche Männer ihr Geschirr und ihre Möbel und ihr
Bettzeug rechts und links auf die Straße geschleudert hätten.

»Was müßt ihr das *mir* erzählen?« sagte Snopes. »Ich
bin's ja nicht gewesen, der den Aschenkasten voll Glut da
hineingestellt hat, wo ihn die erste beste Kreatur, die da
vorbeikam, gleich in den Keller stoßen mußte!«

»Aber Sie haben die Kellertür aufgemacht!«

»Klar. Und warum? Um den Strick zu holen, genau da,
wo sie mir gesagt hat, wo ich'n holen sollte.«

»Um Ihr Maultier einzufangen, das in ihren Hof einge-
drungen war! Nein, diesmal kommen Sie nicht so leicht davon, I. O.! Keine Jury im ganzen Bezirk, die sie nicht frei-
sprechen wird!«

»Ja. Nehm ich auch an. Und bloß weil sie 'ne Frau ist.
Drum! Weil sie 'ne verdammichte Frau ist! Meinswegen!
Soll sie damit zu ihrer verdammichten Jury rennen! Ich
kann auch reden. Wahrscheinlich könnt ich 'ner Jury auch
allerhand erzählen über ...« Er brach ab. Sie beobachteten
ihn alle.

»Was denn? Worüber woll'n Sie der Jury erzählen?«

»Nichts! Weil's nämlich gar nicht zu 'ner Jury kommen
wird. 'ne Jury wegen ihr und mir? Mir und Miz Mannie
Hait? Ihr Leute kennt sie nicht, wenn ihr glaubt, sie fängt
an zu stänkern wegen 'nem reinen Akzi-densfall, wo keiner
was für konnte. Ha, im ganzen Bezirk gibt's keine zweite
Frau, die so anständig und nett ist wie Miz Mannie Hait!
Ich wünschte bloß, ich hätt mal 'ne Gelegenheit, ihr's zu
sagen!« Die Gelegenheit kam sofort. Die alte Het mit dem
Einkaufsbeutel folgte ihr auf den Fersen. Mrs. Hait blickte
ein einziges Mal ruhig auf die Gesichter ringsum, und dann
nicht wieder; auf das Gemurmel neugieriger Begrüßungen
gab sie keine Antwort. Auch Snopes blickte sie nicht lange
an und sprach nicht lange mit ihm.

»Ich möchte das Maultier kaufen«, sagte sie zu ihm.

»Was für'n Maultier?« Sie blickten einander an. »Sie möchten das Maultier haben?« Sie blickte ihn an. »Das kommt Sie auf hundertfünfzig, Miz Mannie.«

»Meinen Sie Dollar?«

»Ich meine weder Zehner noch Nickel, Miz Mannie.«

»Dollar«, sagte sie. »Das 's mehr, als die Maultiere in Haits Tagen gegolten haben.«

»Seit Haits Tagen sind 'ne Menge Sachen anders geworden. Sie und ich einschließlich.«

»Glaub's auch«, sagte sie.

Dann ging sie. Ohne ein Wort wandte sie sich ab, die alte Het ihr nach.

»Vielleicht würde Ihnen eins von den andern gefallen, die Sie heute morgen besehn haben«, sagte Snopes. Sie antwortete nicht. Dann war sie weg.

»Ich glaub, das letzte hätt ich ihr lieber nicht nachgerufen«, meinte einer.

»Warum nicht?« sagte Snopes. »Wenn sie im Sinn hat, übers Gesetz was wegen dem Feuer aus mir rauszuholen, dann wär sie ja wohl nicht zu mir gekommen und hätt mir angeboten, Geld dafür zu zahlen?« Das war gegen ein Uhr. Gegen vier Uhr schob er sich vor einem billigen Kaufladen durch ein Gedränge von Negern, als jemand seinen Namen rief. Es war die alte Het, den jetzt ganz prallen Einkaufsbeutel am Arm; sie aß Bananen aus einer Tüte.

»Meine Güte, ich such Sie schon überall«, sagte sie. Sie gab ihre Banane einer Frau, die neben ihr stand, grub und fummelte in ihrem Einkaufsbeutel herum und zog einen grünweißen Geldschein heraus. »Miz Mannie hat mir den gegeben, ich soll'n Ihnen geben; ich war schon unterwegs zum Laden, wo Sie sonst sind. Da!« Er nahm den Schein.

»Was? Von Miz Hait?«

»Fürs Maultier.« Es war ein Zehndollarschein. »Sie brauchen mir keine Quittung geben. Ich kann's bezeugen, daß ich'n Ihnen gegeben hab.«

»Zehn Dollar? Für das Maultier? Ich habe ihr hundertfünfzig gesagt!«

»Das müssen Sie selber mit ihr abmachen! Sie hat mir den hier für Sie gegeben, als Sie weg is, das Maultier hol'n.«

»Weg is, das Maultiern hol'n? Sie ist hingegangen und hat selber mein Maultier aus meiner Koppel geholt?«

»Ach Gott, mein Kleiner«, sagte die alte Het. »Miz Mannie, die hat vor keinem Maultier Angst! Haben Sie das noch nicht gemerkt?«

Und dann wurde es spät, denn die Wintertage waren ja noch kurz; als sie die zwei einsamen Schornsteine sah, die gegen den Sonnenuntergang aufragten, fiel schon der Abend ein. Aber sie konnte bereits den gebratenen Schinken riechen, noch ehe der Schuppen in Sicht kam, denn sehen konnte sie ihn erst, als sie vorneherum gekommen war, wo ein Feuerchen unter einer eisernen Bratpfanne flackerte, die auf Backsteinen stand, und wo Mrs. Hait dabei war, die Kuh zu melken. »So«, sagte die alte Het, »Sie haben sich's schon ganz gemütlich gemacht, was?« Sie blickte in den Schuppen, der aufgeräumt und geharkt und sogar gefegt worden und jetzt mit frischem Heu ausgelegt war. Eine saubere neue Laterne stand angezündet auf einer Kiste neben einem Matratzenlager, das säuberlich auf Stroh hergerichtet und schon für die Nacht aufgedeckt war. »Ja, Sie haben's fein!« sagte sie freudig erstaunt. Neben der Tür stand ein Küchenstuhl. Sie zog ihn näher, setzte sich vor die Bratpfanne und legte den prallen Einkaufsbeutel neben sich.

»Ich paß aufs Fleisch auf, solange Sie melken! Ich würd mich schon anbieten, die Kuh für Sie zu melken, aber ich bin zu kaputt von all der Aufregung, die wir gehabt haben.« Sie blickte sich um. »Aber ich seh gar nicht Ihr neues Maultier?« Mrs. Hait brummelte etwas und lehnte den Kopf gegen die Flanke der Kuh. Nach einer Minute sagte sie: »Hast du ihm das Geld gegeben?«

»Hab's ihm gegeben. Zuerst war er verwundert, als hätt

er vielleicht gedacht, Sie würden nicht so rasch mit ihm
handeln. Hab ihm gesagt, die Einzelheiten könnt er später
mit Ihnen abmachen. Das Geld hat er aber genommen. Also
könnt ihr's euch wohl beide aus 'm Kopf schlagen, wie mir
scheint.« Wieder brummelte Mrs. Hait etwas. Die alte Het
drehte den Schinken in der Pfanne auf die andere Seite. Daneben stand der Kaffeetopf und brodelte und dampfte.
»Der Kaffee riecht auch gut«, sagte sie. »So'n Appetit hab
ich seit Jahren nich gehabt! Das bißchen Ware, was ich
sonst eß, da wird kein Vogel von satt! Aber laßt mich bloß
mal 'ne Nase voll Kaffee schnuppern, dann scheint's, als
würd mich das immer'n bißchen aufpulvern! Also wenn Sie
noch 'n kleines Stückchen von dem Schinken hätten, dann ...
Ach Gott, da bekommen Sie schon Besuch!« Aber Mrs.
Hait blickte nicht eher auf, als bis sie fertig mit Melken war.
Dann drehte sie sich um, ohne sich von der Kiste zu erheben, auf der sie saß.

»Mir scheint, wir sollten uns lieber mal 'n bißchen besprechen«, sagte Snopes. »Mir scheint, ich hab was, das von
Ihnen stammt, und ich hab gehört, Sie hätten was, das mir
gehört.« Er blickte sich um, ruhig, unaufhörlich, während die
alte Het ihn beobachtete. Er wandte sich an sie. »Geh du mal
weg, Tantchen! Ich nehm nicht an, daß du hierbleiben und
zuhören willst!«

»Ach je, Kindchen«, sagte die alte Het. »Machen Sie sich
bloß keine Sorgen um mich! Ich hab schon selber so viel
Kummer gehabt, daß ich hier sitzenbleiben und andern Leuten zuhören kann, und es macht mir rein gar nix aus! Besprechen Sie ruhig, was Sie besprechen wolln; ich sitz hier
einfach und dreh den Schinken um.« Snopes blickte Mrs.
Hait an.

»Woll'n Sie sie nicht wegschicken?« fragte er.

»Warum?« sagte Mrs. Hait. »Mir scheint, sie ist nicht die
erste Kreatur, die hier in den Hof gekommen ist, wann's ihr
gepaßt hat, und gegangen oder geblieben ist, wann sie Lust

hatte.« Snopes machte eine knappe, gereizte, halb unterdrückte Handbewegung.

»Meinetwegen«, sagte er. »All right. Sie haben also das Maultier geholt.«

»Ich hab dafür bezahlt. Sie hat Ihnen das Geld gegeben.«

»Zehn Dollar für 'n Maultier, das hundertfünfzig Dollar wert ist. Zehn Dollar.«

»Ich weiß nix von Hundertfünfzig-Dollar-Maultieren! Ich weiß bloß, was die Bahn dafür zahlt.« Jetzt blickte Snopes sie eine volle Minute lang an.

»Was meinen Sie damit?«

»Sechzig Dollar pro Stück hat die Bahn früher für Maultiere gezahlt, als Sie und Hait . . .«

»Scht!« sagte Snopes. Er blickte sich wieder um, rasch und unruhig. »Meinetwegen. Nennen Sie's sechzig Dollar. Aber mir haben Sie bloß zehn geschickt.«

»Ja. Ich hab Ihnen den Unterschied geschickt.« Er blickte sie an, völlig reglos. »Zwischen dem Maultier und dem, was Sie Hait schuldig waren.«

»Was ich Hait schuldig war?«

»Dafür, daß er die fünf Maultiere aufs Geleise . . .«

»Scht!« rief er. »Scht!« Ihr Stimme sprach weiter, sprach kalt und grimmig und gleichmäßig weiter.

». . . daß er Ihnen geholfen hat. Sie haben ihm jedesmal fünfzig Dollar gezahlt, und die Bahn hat Ihnen sechzig Dollar pro Stück für die Maultiere gezahlt. Stimmt's etwa nicht?« Er sah sie an. »Das letztemal haben Sie ihm nix gezahlt. Deshalb hab ich dafür das Maultier genommen. Und die zehn Dollar Unterschied hab ich Ihnen geschickt.«

»Ja«, sagte er mit einer Stimme, die seine stille, jähe, tiefe Verwirrung verriet. Dann rief er: »Aber halt! Hier haben Sie sich geirrt! Wir hatten abgemacht, daß ich ihm nie nix schulde, solange die Maultiere noch nich . . .«

»Jetzt sollten Sie wohl lieber selbst den Mund halten, glaube ich!« sagte Mrs. Hait.

»... bis es vorbei war. Und diesmal, als es vorbei war, da hab ich keinem kein Geld nich geschuldet, weil der Mann, dem ich's schuldig gewesen wäre, keiner mehr war!« rief er triumphierend. »Sehn Sie wohl?« Mrs. Hait saß auf ihrer Kiste, ohne sich zu rühren, den Blick gesenkt, und schien zu überlegen. »Also nehmen Sie einfach Ihre zehn Dollar zurück und sagen mir, wo mein Maultier ist, und wir sind wieder die gleichen guten alten Freunde, die wir vorher waren. Weiß Gott, ich bin genauso traurig wie 'n Mensch nur sein kann wegen dem Feuer hier ...«

»Weiß Gott«, sagte die alte Het, »wenn das nicht 'n Feuer war, was?«

»... aber wahrscheinlich haben Sie ja bei all dem Eisenbahngeld, das Sie immer noch haben, schon lange auf 'ne Gelegenheit gewartet, neu zu bauen. Also hier! Nehmen Sie's!« Er steckte ihr das Geld in die Hand. »Wo's mein Maultier?« Aber Mrs. Hait rührte sich nicht gleich.

»Sie wolln's mir wiedergeben?« sagte sie.

»Klar! Wir sind doch die ganze Zeit gut Freund gewesen; jetzt fangen wir einfach wieder da an, wo wir waren. Ich hab keine Feindschaft gegen Sie, und Sie keine gegen mich. Wo haben Sie's Maultier versteckt?«

»In dem trocknen Graben oben hinter Spilmers Haus.«

»Klar. Weiß ich. 'n schönes, geschütztes Plätzchen, da Sie ja keinen Stall nich haben. Bloß, wenn Sie's auf der Weide gelassen hätten, dann hätt's uns beiden viel Mühe gespart. Aber deshalb auch keine Feindschaft nicht! Und dadrum wünsch ich Ihnen gute Nacht! Sie haben sich schon hübsch eingerichtet, wie ich sehe. Wahrscheinlich können Sie sich noch mehr Geld sparen, wenn Sie überhaupt kein neues Haus bauen.«

»Wahrscheinlich«, sagte Mrs. Hait. Aber da war er schon weg.

»Warum haben Sie's Maultier so weit weggeschafft?« fragte die alte Het.

»Wahrscheinlich ist's weit genug«, sagte Mrs. Hait.

»Weit genug?« Aber Mrs. Hait kam näher und blickte in die Bratpfanne, und die alte Het sagte: »Hatten Sie von noch 'nem Stück Schinken gesprochen, oder war ich das?« Sie aßen also beide, als in noch nicht völliger Dämmerung Snopes zurückkehrte. Er kam ruhig näher und blieb stehen und hielt die Hände ans Feuer, wie wenn er sehr fröre. Er blickte jetzt niemanden an.

»Ich glaube, ich nehm lieber die zehn Dollar«, sagte er.

»Welche zehn Dollar?« sagte Mrs. Hait. Er schien ins Feuer zu sinnen. Mrs. Hait und die alte Het kauten friedlich, aber nur die alte Het beobachtete ihn.

»Sie wollen sie mir also nicht wiedergeben?« fragte er.

»Sie haben doch davon geredet, daß wir wieder da anfangen wollten, wo wir waren«, sagte Mrs. Hait.

»Weiß Gott, das haben Sie, und das is 'ne Tatsache!« sagte die alte Het. Snopes sann weiter ins Feuer; er sprach mit einer Stimme voll grüblerischer und bestürzter Verzweiflung.

»Ich hab jahre- und jahrelang die Sorge und das Risiko und die Angst gehabt, und ich hab sechzig Dollar bekommen. Und Sie haben – ohne Sorge und Risiko, und ohne auch nur zu wissen, daß Sie's bekommen werden – auf einen Schlag achttausendfünfhundert Dollar bekommen. Ich hab's Ihnen immer gegönnt, 's kann kein Mensch behaupten, daß ich's nicht getan habe; obwohl's bestimmt 'n bißchen merkwürdig aussah, daß Sie alles bekommen sollten, wo er doch nicht für Sie gearbeitet hat und Sie nicht mal wußten, wo er war und was er gemacht hat; und alles, was Sie gemacht haben, daß Sie's dann bekommen haben, war weiter nix, als daß Sie'n geheiratet haben. Und jetzt, nach all den zehn Jahren, in denen ich's Ihnen immer gegönnt hab, da nehmen Sie mir das beste Maultier weg, das ich hatte, und woll'n mir nicht mal zehn Dollar dafür geben. Das ist nicht recht! Das's keine Gerechtigkeit!«

»Sie haben das Maultier wiederbekommen, und jetzt sind Sie nicht zufrieden?« sagte die alte Het. »Was woll'n Sie denn noch?« Jetzt blickte Snopes Mrs. Hait an.

»Ich frage Sie zum letztenmal: woll'n Sie's mir wiedergeben oder nicht?«

»Was soll ich Ihnen wiedergeben?« sagte Mrs. Hait. Snopes dreht sich um. Er stolperte über etwas – es war der Einkaufsbeutel der alten Het – und fing sich wieder und ging weiter. Sie konnten seine Umrisse noch erkennen, eingerahmt von den zwei schwarzen Schornsteinen, vor dem erlöschenden Abendhimmel; sie sahen, wie er die geballten Fäuste in einer fast gallischen Geste ohnmächtiger Verzweiflung und Resignation aufwarf. Dann war er nicht mehr zu sehen. Die alte Het blickte Mrs. Hait an.

»Kindchen«, fragte sie, »was haben Sie mit dem Maultier gemacht?« Mrs. Hait beugte sich zum Feuer vor. Auf ihrem Teller lag noch eine altbackene Semmel. Sie hob die Bratpfanne auf und goß das Fett, in dem der Schinken gebrutzelt hatte, über die Semmel.

»Hab's totgeschossen«, sagte sie.

»Sie haben . . .«, sagte die alte Het. Mrs. Hait begann die Semmel zu essen. »Well«, sagte die alte Het zufrieden, »das Maultier hat Ihr Haus verbrannt, und Sie haben's Maultier totgeschossen. Das nenn ich Gerechtigkeit!« Die Dunkelheit fiel jetzt schnell herein, und vor ihr lag noch der drei Meilen weite Weg zum Armenhaus. Aber in einer Winternacht dauert die Dunkelheit lange, und auch das Armenhaus würde ihr nicht gleich davonlaufen. Sie seufzte müde und in glücklichem Behagen. »Leute, Leute! Was für 'n Tag das war!«

Das wäre fein!

I

Wir konnten hören, wie das Wasser in die Badewanne lief. Wir blickten auf die Geschenke, die auf dem Bett herumlagen, wo Mama sie in buntes Papier eingewickelt hatte, mit unsern Namen drauf, damit Großvater gleich wußte, wem sie gehörten, wenn er sie vom Baum nahm. Für jeden war ein Geschenk da, bloß nicht für Großvater, weil Mama sagte, Großvater wäre zu alt, um noch Geschenke zu bekommen.

»Das da ist deins!« sagte ich.

»Ja, ja!« sagte Rosie. »Komm endlich und geh in die Wanne, wie's deine Mama dir gesagt hat!«

»Ich weiß, was drin ist«, sagte ich. »Wenn ich wollte, könnt ich's dir verraten!«

Rosie blickte ihr Geschenk an. »Ich kann's abwarten, bis daß die Zeit da ist, daß ich's haben soll«, sagte sie.

»Wenn du mir 'n Nickel gibst, will ich's dir verraten«, sagte ich.

Rosie blickte ihr Geschenk an. »Ich hab keinen Nickel«, sagte sie. »Aber am Weihnachtsmorgen hab ich einen, weil daß Mr. Rodney mir dann meinen Zehner gibt.«

»Dann weißt du ja sowieso, was drin ist, und bezahlst mir nichts mehr«, sagte ich. »Geh zu Mama, sie soll dir 'n Nickel borgen!«

Da packte mich Rosie beim Arm. »Du kommst mir jetzt und gehst in die Wanne!« sagte sie. »Du immer mit deinem Geld! Wenn du mit einundzwanzig nicht 'n reicher Mann bist, kommt's höchstens davon, weil die Polizei 's Geld abgeschafft hat – oder dich!«

Ich ging also baden und kam wieder, und die Geschenke

lagen noch immer auf Mamas und Papas Bett herum, und man konnte es schon beinah riechen, Weihnachten, und wenn sie morgen mit dem Feuerwerk loslegen, dann kann man's auch hören. Bloß nicht heute nacht – und morgen steigen wir in die Bahn (bloß Papa nicht, weil der über Heiligabend im Mietstall bleiben muß) und fahren zu Großvater, und dann ist morgen abend da und Weihnachten, und Großvater nimmt die Geschenke vom Baum und ruft laut unsre Namen, und auch mein Geschenk für Onkel Rodney, das ich von meinem eigenen Zehner gekauft habe, und nach 'ner Weile macht Onkel Rodney dann den Schreibtisch von Großvater auf und trinkt 'n Schluck aus Großvaters Medizinflasche, und vielleicht schenkt er mir wieder 'n Vierteldollar fürs Helfen, wie vorige Weihnachten, und nicht bloß 'n Nickel wie im Sommer, als er Mama und uns besucht hatte und wir mit Mrs. Tucker geschäftlich zu tun hatten, ehe Onkel Rodney nach Hause fuhr und für die Compress-Gesellschaft zu arbeiten anfing – und das wäre fein. Oder vielleicht sogar 'n halben Dollar, und ich dachte, ich könnt's kaum noch abwarten.

»Mein Gottnochmal, ich kann's kaum abwarten«, sagte ich.

»Was war das?« fuhr Rosie mich an. »Mein Gottnochmal? Mein Gottnochmal? Laß das bloß deine Mama hören, wie du rumfluchst, dann kannst du's aber garantiert abwarten! Du sprichst immer von 'nem Nickel – aber für 'n Nickel könnt ich ihr glatt verraten, was du eben gesagt hast!«

»Wenn du mir 'n Nickel gibst, dann sag ich's ihr selber«, sagte ich.

»Du gehst mir jetzt ins Bett!« fuhr Rosie mich an. »'n Junge von sieben Jahr, und flucht schon!«

»Wenn du mir versprichst, daß du ihr nichts verrätst, dann sag ich dir, was für 'n Geschenk du bekommst, und du kannst mir den Nickel am Weihnachtsmorgen geben«, sagte ich.

»Mach, daß du ins Bett kommst!« fuhr Rosie mich an. »Du immer mit deinem Nickel! Wenn ich glauben könnt, daß auch bloß einer von euch 'n Geschenk für Großvater kaufen wollte, und wenn's auch bloß für 'n Zehner wär, dann tät ich selber noch 'n Nickel zulegen!«

»Großvater will keine Geschenke«, sagte ich. »Er ist schon zu alt dafür.«

»Hah«, sagte Rosie. »Zu alt, ja? Und wenn nun alle sagten, du wärst zu jung, um 'n Nickel zu bekommen, wie würde dir'n das passen, he?«

Und damit machte sie das Licht aus und ging. Aber ich konnte die Geschenke auch noch im Feuerschein sehen: die für Onkel Rodney und Großmutter und Tante Louisa und Tante Louisas Mann, Onkel Fred, und Kusine Louisa und Vetter Fred und das Baby und Großvaters Köchin und unsre Köchin, die Rosie nämlich, und vielleicht sollte einer auch Großvater was schenken, nur müßt es dann vielleicht Tante Louisa sein, weil sie und Onkel Fred bei Großvater wohnen, oder vielleicht auch Onkel Rodney, weil der auch bei Großvater wohnt. Onkel Rodney hat Papa und Mama immer ein Geschenk gegeben, aber vielleicht wär's bloß Zeitverschwendung für Onkel Rodney und auch für Großvater, wenn Onkel Rodney ihm was schenkte, denn mal hab ich Mama gefragt, warum Großvater sich immer das Geschenk ansieht, das Onkel Rodney ihr und Papa schenkt, und warum er deswegen so wütend wird, und da fing Papa an zu lachen, und Mama sagte, Papa sollte sich was schämen, denn Onkel Rodneys Schuld wär's schließlich nicht, wenn seine Freigebigkeit größer wär als seine Geldtasche, und Papa sagte, ja wirklich, das ist nicht Onkel Rodneys Schuld, denn er hätte noch keinen Menschen gesehn, der sich so viel Mühe gibt, zu Geld zu kommen wie Onkel Rodney, und Onkel Rodney hätte alles Menschenmögliche versucht, Arbeit ausgenommen, und wenn Mama zwei Jahre zurückdenken wollte, dann könnte sie sich wohl an die Zeit erinnern, als Onkel Rodney seinem guten Stern hätte danken können, daß er in der Verwandtschaft einen Mann gefunden hatte, dessen Freigebigkeit – oder wie Mama es sonst nennen wollte – um mindestens fünfhundert Dollar kleiner war als seine Brieftasche, und Mama sagte, sie dulde es nicht, daß Papa behauptete, Onkel Rodney hätte das Geld gestohlen, das wäre bloß böswillige Verleumdung gewesen, wie Papa ganz gut wüßte, und Papa wäre wie die meisten Männer gegen Onkel Rodney voreingenommen, sie wüßte nicht, warum, und wenn Papa es bedaure, daß er Onkel Rodney die fünfhundert Dollar geliehen habe, als der gute Name der Familie auf dem Spiel stand, dann sollte er's nur sagen, Großvater würde es schon irgendwie aufbringen und es Papa zurückzahlen, und dann fing sie an zu weinen, und Papa sagte, Also laß schon, laß schon, und Mama weinte und sagte, Onkel Rodney wäre eben das Nesthäkchen, und das wäre wohl der Grund, weshalb Papa ihn haßte, und Papa sagte, Also laß schon, laß schon, um Gotteswillen, laß schon.

Papa und Mama wußten nämlich nicht, daß Onkel Rodney immer geschäftlich zu tun hatte, als er letzten Sommer bei uns war, und sie wußten genausowenig wie die Leute in Mottstown, daß er auch letzte Weihnachten geschäftlich zu tun hatte, als ich ihm zum erstenmal geholfen habe und dafür einen Vierteldollar von ihm bekam. Er sagte nämlich, wenn er lieber mit Damen geschäftlich zu tun hätte statt mit Herren, dann ginge das niemand was an, nicht mal Mr. Tucker. Er sagte, ich liefe ja auch nicht herum und erzählte allen Leuten was über Papas Geschäft, und ich sagte, jeder wüßte, daß Papa den Mietstall hätte, und das brauchte ich sowieso keinem zu erzählen, und Onkel Rodney sagte, dafür wäre jedenfalls die Hälfte von dem Nickel, und ob ich weiter Nickels verdienen wollte oder ob ich wollte, daß er jemand anders anstellt. Ich hab also weiter für ihn gearbeitet und hinter Mr. Tuckers Zaun aufgepaßt, bis er raus-

kam und in die Stadt ging, und dann bin ich am Zaun
entlang zur Straßenecke, bis Mr. Tucker nicht mehr zu sehen
war, und dann hab ich meinen Hut auf den Zaunpfahl ge-
hängt und mußte ihn dort lassen, bis ich Mr. Tucker zurück-
kommen sah. Nur kam er nicht zurück, solange ich da war,
weil Onkel Rodney immer schon vorher fertig war, und
dann kam er an, und dann gingen wir zusammen nach Hause, und er hat Mama erzählt, wie weit wir spazierengegan-
gen wären, und Mama sagte immer, wie gut es für Onkel
Rodneys Gesundheit wäre. Er hat mir dann zu Hause bloß
den Nickel gegeben. Es war nicht soviel wie letzte Weihnachten, als er mit der andern Dame, der in Mottstown, geschäftlich zu tun hatte, aber das war bloß einmal, und er
war den ganzen Sommer bei uns zu Besuch, deshalb bekam
ich in der Zeit viel mehr zusammen als 'n Vierteldollar.
Und überhaupt war's das anderemal zu Weihnachten, und
er hatte gerade 'n Schluck aus Großvaters Medizinflasche
genommen, eh er mir den Vierteldollar gab, und deshalb
wär's diesmal vielleicht sogar 'n halber Dollar. Ich konnt's
kaum abwarten.

II

Aber endlich wurde es dann doch hell, und ich zog meinen Sonntagsanzug an und ging an die Haustür und hielt
nach der Mietskutsche Ausschau, und dann ging ich in die
Küche und fragte Rosie, ob's nicht beinah Zeit wäre, und
sie sagte mir, der Zug käme erst in zwei Stunden. Bloß daß
wir die Kutsche hörten, noch während sie's mir sagte, und
deshalb dachte ich, es wäre Zeit, und wir müßten abfahren
und in den Zug steigen, und das wäre fein, und dann könnten wir zu Großvater fahren, und dann wär's heut abend
geworden und dann wär's morgen früh, und diesmal würd's
vielleicht 'n halber Dollar werden, mein Gottnochmal, das
wäre fein! Dann kam Mama angerannt, sogar ohne ihren

Hut, und sie sagte, es wär ja noch zwei Stunden Zeit und sie wäre noch nicht mal angezogen, und John Paul sagte, Yes, Ma'am, aber Papa hätte ihn geschickt und gesagt, John Paul sollte Mama sagen, Tante Louisa wär da, und Mama sollte sich beeilen. Wir stellten also den Korb mit den Geschenken in die Kutsche, und ich saß neben John Paul auf dem Kutschbock, und drin im Wagen fragte Mama laut wegen Tante Louisa, und John Paul sagte, Tante Louisa wäre in einem gemieteten Buggy gekommen, und Papa hätte sie zum Frühstücken ins Hotel gebracht, weil sie schon vor Tagesanbruch aus Mottstown abgefahren wäre. Und vielleicht war Tante Louisa nach Jefferson gekommen, um Papa und Mama zu helfen, ein Geschenk für Großvater auszusuchen.

»Denn wir haben für jeden eins«, sagte ich, »und für Onkel Rodney habe ich eins mit meinem eigenen Geld gekauft.«

Da fing John Paul an zu lachen, und ich fragte, warum, und er sagte, es wär die Idee, ich könnte Onkel Rodney was schenken, was er gut gebrauchen könnte, und ich sagte, warum, und John Paul sagte, weil ich wie'n Mann gebaut wäre, und ich sagte, warum, und John Paul sagte, er könnte drauf wetten, daß Papa Onkel Rodney gern was schenken würde, ohne erst bis Weihnachten zu warten, und ich sagte, was, und John Paul sagte, was zu arbeiten. Und da hab ich John Paul erzählt, daß Onkel Rodney die ganze Zeit so gearbeitet hätte, als er letzten Sommer bei uns zu Besuch war, und John Paul hörte auf mit seinem Lachen und sagte, ja, sicher, er glaube auch, alles, was 'n Menschen dauernd in Gang hält, Tag und Nacht, das nennt er Arbeit, egal, wieviel Spaß es dann schließlich war, und ich sagte, jedenfalls arbeitet Onkel Rodney jetzt, er arbeitet im Büro von der Compress-Gesellschaft, und da lachte John Paul mächtig und sagte, natürlich, da müßte erst 'ne ganze Gesellschaft kommen, um Onkel Rodney zur Arbeit zu pressen.

Und dann fing Mama an zu rufen, er solle direkt ins Hotel fahren, und John Paul sagte, No, Ma'am, Papa hätte gesagt, wir sollten direkt zum Mietstall fahren und dort auf ihn warten. Wir fuhren aber doch zum Hotel, und Tante Louisa und Papa kamen raus, und Papa half Tante Louisa zu uns in die Mietskutsche, und Tante Louisa fing an zu weinen, und Mama rief, Louisa, Louisa, was ist denn? Was ist passiert, und Papa sagte, Warte doch! Warte! Denkt an den Nigger!, damit meinte er John Paul, und deshalb war's wohl ein Geschenk für Großvater, das nicht angekommen war.

Und dann sind wir schließlich doch nicht mit der Bahn gefahren. Wir fuhren zum Mietstall, und sie hatten schon die leichte Reisekutsche angespannt und warteten auf uns, und Mama weinte jetzt und sagte, Papa hätte nicht mal seinen Sonntagsanzug an, und Papa fluchte und sagte, zum Teufel mit dem Anzug, und wenn wir Onkel Rodney nicht erwischen, eh die andern ihn schnappen, dann könnte Papa ja die Sachen anziehen, die Onkel Rodney jetzt anhätte. Wir stiegen also rasch in die Reisekutsche, und Papa zog die Vorhänge zu, und da konnten Mama und Tante Louisa weinen, soviel sie wollten, und Papa rief John Paul zu, er solle nach Hause fahren und von Rosie den Sonntagsanzug einpacken lassen und Rosie an die Bahn bringen; jedenfalls wäre das fein für Rosie. Und wir fuhren nicht mit der Bahn, aber wir fuhren schnell, und Papa kutschierte und fragte, ob denn kein Mensch wüßte, wo er wäre, und Tante Louisa hörte ein Weilchen auf zu weinen und sagte, Onkel Rodney wäre gestern abend nicht zum Essen gekommen, doch gleich nach dem Essen wär er gekommen, und Tante Louisa hätte schon so 'ne schreckliche Ahnung gehabt, sowie sie seine Schritte unten im Flur gehört hätte, und Onkel Rodney wollte ihr nichts sagen, ehe sie nicht in seinem Zimmer waren, und die Tür wurde zugemacht, und dann sagte er, daß er zweitausend Dollar haben müßte, und Tante Louisa sagte, wo in aller Welt könnte sie zweitausend Dollar hernehmen, und Onkel Rodney sagte, Frage doch Fred, das ist Tante Louisas Mann, und George, das ist Papa; sag ihnen, sie müßten's eben ausspucken, und Tante Louisa sagte, dabei hätte sie immer das schreckliche Gefühl gehabt, und sie hätte gerufen, Rodney, Rodney! Was..., und Onkel Rodney hätte angefangen zu fluchen und hätte gesagt, Verdammt, fang jetzt nicht an zu winseln und zu weinen, und Tante Louisa sagte zu Rodney, Was hast du diesmal gemacht?«, und dann hörten beide schon, wie an die Tür geklopft wurde, und Tante Louisa sah Onkel Rodney an, und da wußte sie die Wahrheit, noch ehe sie Mr. Pruitt und den Sheriff zu sehen bekam, und dann hätte sie gesagt, Erzähl's nicht Pa! Verheimliche es vor Pa! Er überlebt's nicht...

»Wer?« fragte Papa. »Mister – wer?«

»Mr. Pruitt«, sagte Tante Louisa und weinte wieder. »Der Präsident von der Compress-Gesellschaft. Sie sind erst im vorigen Frühling nach Mottstown gezogen. Du kennst ihn doch nicht.«

Sie ging also runter an die Haustür, und es war Mr. Pruitt mit dem Sheriff. Und wegen Großvater hätte sie Mr. Pruitt angefleht und ihm geschworen, daß Onkel Rodney so lange im Haus bleiben würde, bis Papa käme, und Mr. Pruitt hätte gesagt, wie schrecklich es ihm wäre, auch deshalb, weil's gerade zu Weihnachten war, und darum würde er ihnen wegen Großvater und Tante Louisa Zeit lassen bis einen Tag nach Weihnachten, wenn Tante Louisa ihm versprechen würde, daß Onkel Rodney nicht versuchte, Mottstown zu verlassen. Und Mr. Pruitt hätte ihr den Scheck gezeigt, und sie hätte mit ihren eigenen Augen Großvaters Unterschrift darunter gesehen, und sogar Tante Louisa hätte erkennen können, daß Großvaters Name..., und da sagte Mama: Louisa, Louisa! Denk an Georgie!, und damit meinte sie mich, und Papa fluchte und schrie, Wie zum Teufel wollt ihr das vor ihm geheimhalten? Wollt ihr die Zeitungen verstecken?, und Tante Louisa weinte wieder und sagte, bald würde es jeder wissen, und sie könne weder hoffen noch erwarten, daß einer von uns je wieder den Kopf hochtragen könne, sie hoffte bloß, daß man's vor Großvater geheimhalten könne, denn er würd's nicht überleben. Dann weinte sie ganz schrecklich, und Papa mußte neben einem Bach anhalten und absteigen und sein Taschentuch eintauchen, damit Mama Tante Louisas Gesicht abwischen konnte, und dann holte Papa die Medizinflasche aus der Wagentasche und tat ein paar Tropfen auf das Taschentuch, und Tante Louisa roch daran, und dann trank Papa einen Schluck von der Medizin in der Flasche, und Mama sagte, George!, und Papa trank noch mehr von der Medizin, und dann tat er so, als wollte er Mama und Tante Louisa die Flasche anbieten, damit sie auch einen Schluck nehmen sollten, und er sagte: »Ich würd's begreifen! Wenn ich 'ne Frau eurer Familie wäre, würde ich auch zu trinken anfangen. Jetzt erklär mir mal endlich die Sache mit den Papieren!«

»Es ist wegen der Eisenbahn-Pfandbriefe von Ma«, sagte Tante Louisa.

Wir fuhren jetzt wieder schnell, weil die Pferde sich ausgeruht hatten, während Papa das Taschentuch angefeuchtet und von der Medizin getrunken hatte, und Papa sagte, Ja, ja, was ist denn mit den Eisenbahn-Pfandbriefen?, und drehte sich ganz plötzlich auf dem Kutschbock herum und sagte: »Eisenbahn-Pfandbriefe? Willst du etwa sagen, daß er mit dem verdammten Schraubenzieher auch den Schreibtisch deiner Mutter aufgebrochen hat?«

Mama rief, George, wie kannst du bloß, aber Tante Louisa redete jetzt, redete sehr rasch und weinte jetzt nicht, noch nicht, und Papa blickte nach rückwärts und fragte, ob Tante Louisa sagen wollte, daß die fünfhundert, die er vor zwei Jahren auszahlen mußte, nicht alles waren? Und Tante Louisa sagte, daß es zweitausendfünfhundert waren, sie

185

wollten bloß nicht, daß Großvater es merkte, deshalb hätte Großmutter ihre Pfandbriefe als Sicherheit für den Wechsel hergegeben, und jetzt sagten sie, Onkel Rodney hätte Groß- mutters Wechsel und ihre Pfandbriefe von der Bank gegen Pfandbriefe von der Compress-Gesellschaft aus dem Safe im Büro der Gesellschaft ausgelöst, denn als Mr. Pruitt ent- deckt hätte, daß die Pfandbriefe von der Compress-Gesell- schaft fehlten, hätte er sie gesucht und in der Bank gefun- den, und als er im Safe der Compress-Gesellschaft nachsah, hätte er nichts weiter als den Scheck über zweitausend Dol- lar mit Großvaters Unterschrift gefunden, und obwohl Mr. Pruitt noch kein Jahr in Mottstown wohnte, hätte sogar er gleich gewußt, daß Großvater den Scheck nicht unterschrie- ben hätte, und außerdem war er nochmal bei der Bank ge- wesen, und dort hätte Großvater gar keine zweitausend Dollar, und Mr. Pruitt hätte gesagt, daß er bis nach Weih- nachten warten wolle, wenn Tante Louisa ihm schwören würde, daß Onkel Rodney nicht wegläuft, und Tante Loui- sa hätt's getan und wäre wieder nach oben gegangen und wollte Onkel Rodney anflehen, Mr. Pruitt die Pfandbriefe zu geben, und sie wäre in Onkel Rodneys Zimmer getre- ten, wo er gerade eben noch gewesen wäre, und das Fenster stand offen, und Onkel Rodney war weg.

»Der Teufel soll ihn holen!« sagte Papa. »Und du glaubst, keiner weiß jetzt, wo die Papiere sind?«

Jetzt fuhren wir schnell, weil wir den letzten Berg hin- unterfuhren, in das Tal, wo Mottstown liegt. Bald wäre der Geruch wieder da, bloß noch heute und heut abend, und dann ist Weihnachten, und Tante Louisa saß mit einem Gesicht da, das war so weiß wie'n weißgestrichener Zaun, auf den's geregnet hat, und Papa sagte, Wer zum Teufel hat ihm überhaupt so einen Posten verschafft? und Tante Louisa sagte, Mr. Pruitt, und Papa sagte, wie: selbst wenn Mr. Pruitt nur ein paar Monate in Mottstown gelebt hätte, und da fing Tante Louisa wieder an zu weinen und hielt sich nicht mal 's Taschentuch vors Gesicht, und Mama sah Tante Louisa an und fing auch an zu weinen, und Papa nahm die Peitsche und zog den Pferden einen derben Hieb über, obwohl sie doch so schnell liefen, und er fluchte: »Verdammt und zugenäht! Ich seh's schon, Pruitt ist verheiratet, was?«

Dann sahen wir's auch. Überall an den Fenstern waren Stechpalmenkränze, wie bei uns zu Hause in Jefferson, und ich sagte: »In Mottstown brennen sie auch Feuerwerk ab, genau wie bei uns in Jefferson.«

Und Tante Louisa und Mama weinten jetzt furchtbar, aber nun sagte Papa, Laßt doch, laßt doch, denkt an Georgie, und das bin ich nämlich, und Tante Louisa sagte: »Ja, ja, die ordinäre, geschminkte Person! Kutschiert den ganzen Nachmittag allein in einem Buggy die Straßen auf und ab, und das einzige Mal, wo Mrs. Church ihr einen Besuch gemacht hat, und auch bloß wegen Mr. Pruitts Stellung, da hatte sie nicht mal 'n Korsett an, und Mrs. Church hat mir erzählt, ihr Atem hätte nach Alkohol gerochen!«

Und Papa sagte, Laßt doch! Laßt doch!, und Tante Louisa weinte immer mehr und sagte, Mrs. Pruitt wäre schuld dran, denn Onkel Rodney wäre jung und leicht zu beeinflussen, weil er noch nie Gelegenheit gehabt hätte, ein nettes Mädchen kennenzulernen und zu heiraten, und Papa fuhr jetzt schnell auf Großvaters Haus zu und rief: »Heiraten? Rodney und heiraten? Zum Teufel, was für 'n Spaß hätte er davon, aus seinem eignen Haus zu schleichen und zu warten, bis es dunkel ist, und sich hinters Haus zu schleichen und die Regenrinne raufzuklettern und in ein Zimmer rein, wo keine andre drin ist als bloß seine eigene Frau?«

Und Mama und Tante Louisa weinten also ganz mächtig, als wir vor Großvaters Haus ankamen.

Und Onkel Rodney war nicht da. Wir gingen rein, und Großmutter sagte, daß Mandy, Großvaters Köchin, nicht gekommen wäre, um das Frühstück zu machen, und als Großmutter die Emmeline, also Tante Louisas Kindermädchen, zu Mandys Hütte auf dem Hinterhof geschickt hätte, da war die Tür von innen verriegelt, aber Mandy hätte nicht geantwortet, und da wäre Großmutter selbst hingegangen, und Mandy gab keine Antwort, und deshalb war Vetter Fred durchs Fenster geklettert, und Mandy war weg, und Onkel Fred war gerade aus der Stadt gekommen, und er und Papa riefen beide: »Verriegelt? Von innen? Und keiner drin?«

Und dann sagte Onkel Fred zu Papa, er solle reingehn und sich mit Großvater unterhalten, und Papa wollte schon gehen, aber Tante Louisa hielt Papa und Onkel Fred fest und sagte, sie würde sich mit Großvater unterhalten, und die beiden sollten lieber gehen und ihn suchen, ihn suchen, und Papa sagte, wenn der Esel bloß nicht versucht hat, sie jemand zu verkaufen, und Onkel Fred rief, Großer Gott, Mann, weißt du denn nicht, daß der Scheck schon vor zehn Tagen ausgestellt wurde? Und wir gingen also rein und fanden Großvater, wo er in seinem Stuhl angelehnt dasaß, und er sagte, daß er Papa erst morgen erwartet hätte, er wäre weiß Gott froh, endlich überhaupt jemand zu sehen, denn heute früh wäre er aufgewacht, und die Köchin wäre fort, und Louisa wäre schon vor Tau und Tag irgendwohin geflitzt, und jetzt könnte er nicht mal Onkel Rodney finden, daß der runterginge und ihm seine Post und ein, zwei Zigarren holte, und Gottseidank wär's nur einmal im Jahr Weihnachten, und deshalb wär er verdammt froh, wenn's vorbei wäre, nur daß er jetzt lachen mußte, denn immer, wenn er das wegen Weihnachten vor Weihnachten sagte, lachte er dabei, und erst nach Weihnachten lachte er nicht mehr, wenn er das wegen Weihnachten sagte. Dann holte Tante Louisa sich Großvaters Schlüssel aus seiner Tasche und schloß den Schreibtisch auf, den Onkel Rodney immer mit seinem Schraubenzieher aufmachte, und holte Großvaters Medizin raus, und Mama sagte zu mir, ich solle gehn und Vetter Fred und Kusine Louisa suchen.

Onkel Rodney war also nicht da. Ich hab bloß im Anfang gedacht, vielleicht würde ich nun nicht mal 'n Vierteldollar bekommen, und vielleicht diesmal sogar überhaupt nichts, darum konnte ich im Anfang nichts andres denken, als daß es immerhin Weihnachten war, und das war ja wenigstens etwas. Ich ging da nämlich ums Haus rum, und nach 'ner Weile kamen Papa und Onkel Fred raus, und ich konnte sie durchs Gebüsch sehen, wie sie an Mandys Tür klopften und »Rodney! Rodney!« oder so riefen. Dann mußt ich mich tiefer ins Gebüsch verkriechen, weil Onkel Fred dicht an mir vorbei mußte, als er zum Holzschuppen ging, um die Axt zu holen und Mandys Tür aufzubrechen. Aber Onkel Rodney konnten sie nicht reinlegen. Wenn Mr. Tucker ihn nicht reinlegen konnte, nicht mal in Mr. Tuckers Haus, dann hätten sich Onkel Fred und Papa denken können, daß sie ihn auch nicht im Hinterhof von seinem eigenen Papa reinlegen konnten. Ich hätt sie also gar nicht zu hören brauchen. Ich hab bloß gewartet, bis Onkel Fred nach einem Weilchen aus der aufgebrochenen Tür rauskam und zum Holzschuppen ging und die Axt nahm und das Schloß und den Haken und die Krampe von der Schuppentür abmachte und zurückging, und dann kam Papa aus Mandys Hütte, und sie nagelten das Schloß vom Holzschuppen an Mandys Tür und schlossen sie zu und gingen hinten rum hinter Mandys Hütte, und ich konnte hören, wie Onkel Fred das Fenster zunagelte. Und dann gingen sie wieder ins Haus. Aber es kam gar nicht drauf an, ob Mandy in ihrer Hütte war und nicht raus konnte, denn bald kam der Zug aus Jefferson mit Rosie und Papas Sonntagsanzug, und deshalb war Rosie also da und konnte für Großvater und uns kochen, und damit war ja alles in Ordnung.

Aber Onkel Rodney konnten sie nicht reinlegen. Das hätte ich ihnen gleich sagen können. Ich hätte ihnen erzählen können, daß Onkel Rodney manchmal bis nach dem Dunkelwerden warten wollte, ehe er mit seinen Geschäften anfing. Und deshalb hat's nichts weiter geschadet, daß ich erst spät am Nachmittag von Vetter Fred und Kusine Louisa weg konnte. Es war spät, und bald würden sie unten in der Stadt anfangen, das Feuerwerk abzubrennen, und dann würden wir es auch hören, und so konnte ich zwischen den Latten, mit denen Papa und Onkel Fred das hintere Fenster vernagelt hatten, gerade noch sein Gesicht erkennen, und wie unrasiert es war, und er fragte mich, wo ich zum Teufel so lange geblieben wäre, denn er hatte ja gehört, wie der Zug aus Jefferson vor dem Mittagessen eingelaufen war, noch vor elf Uhr, und er lachte, weil Papa und Onkel Fred ihn in die Hütte eingesperrt hatten, wo es doch genau das war, was er gern wollte, und ich sollte mich gleich nach dem Abendbrot rausschleichen, und ob ich glaubte, daß ich's könnte. Und ich hab ihm geantwortet, letzte Weihnachten wär's ein Vierteldollar gewesen, und damals hätte ich mich nicht aus 'm Haus schleichen müssen, und er lachte und sagte, ein Vierteldollar, ein Vierteldollar, und ob ich schon zehn Vierteldollar auf einmal gesehen hätte, und das hatte ich nicht, und er sagte, ich müßte gleich nach dem Abendbrot mit dem Schraubenzieher da sein, und dann würde ich zehn Vierteldollar sehn, und ich sollte dran denken, daß nicht mal der liebe Gott wüßte, wo er wäre, und deshalb sollte ich mich rasch fortscheren und wegbleiben, bis ich nach dem Dunkelwerden mit dem Schraubenzieher wiederkäme.

Und auch mich konnten sie nicht reinlegen. Ich hab nämlich den ganzen Nachmittag den Mann beobachtet, und er dachte, ich spiele bloß, und vielleicht hat er gedacht, weil ich von Jefferson bin statt von Mottstown, wüßt ich nicht, wer er wäre. Aber ich hab's doch gewußt, denn einmal, als er am Hofzaun entlangging und stehenblieb, um sich seine Zigarre wieder anzuzünden, da hab ich das Abzeichen unter seiner Kragenklappe gesehen, als er das Streichholz angezündet hat, und da hab ich gewußt, er ist so was wie Mr. Watts in Jefferson, der die Niggers fängt. Und ich hab am Zaun gespielt und konnte hören, wie er stehenblieb und mir zusah, und ich hab gespielt, und er sagte: »Tag, mein Kleiner! Morgen kommt ja wohl wieder der Weihnachtsmann zu dir, was?«

»Yes, sir«, sagte ich.

»Du bist doch Miss Sarahs Junge aus Jefferson, was?« sagte er.

»Yes, sir«, sagte ich.

»Willst Weihnachten bei deinem Großvater feiern, was?« sagte er. »Ob dein Onkel Rodney heut nachmittag zu Hause ist?«

»No, sir«, sagte ich.

»O je«, sagte er. »Das ist zu schade! Ich wollt ihn gern eine Minute sprechen. Er ist wohl in der Stadt, was?«

»No, sir«, sagte ich.

»So, so«, sagte er. »Er ist wohl irgendwohin zu Besuch gefahren, was?«

»Yes, sir«, sagte ich.

»O je«, sagte er, »das ist zu schade! Ich wollte ihn gern geschäftlich sprechen. Aber vielleicht hat's noch 'n bißchen Zeit.« Dann sah er mich an und fragte: »Weißt du ganz genau, daß er nicht mehr in der Stadt ist?«

»Yes, sir«, sagte ich.

»So, so. Weiter wollt ich nichts wissen«, sagte er. »Wenn du vielleicht deiner Tante Louisa oder deinem Onkel Fred davon erzählst, kannst du ihnen ja sagen, daß ich weiter nichts wissen wollte.«

»Yes, sir«, sagte ich. Und er ging weg. Und er ist nicht

wieder an unserm Haus vorbeigekommen. Ich hab aufgepaßt, aber er ist nicht wiedergekommen. Hat mich nicht
reinlegen können.

IV

Dann wurde es allmählich dunkel, und in der Stadt unten fingen sie an, Feuerwerk abzubrennen. Ich konnte es
hören, und bald würden wir die Leuchtkugeln und die Raketen sehen, und dann würde ich die zehn Vierteldollar haben, und ich dachte an den Korb mit Geschenken, und ich
dachte, daß ich eigentlich in die Stadt runtergehen könnte,
wenn ich mit der Arbeit für Onkel Rodney fertig wäre,
und für einen Zehner von meinen zehn Vierteldollar könnte ich ein Geschenk für Großvater kaufen und es ihm morgen geben, und vielleicht gibt er mir, weil ihm sonst keiner
was geschenkt hat, dann auch anstatt dem Zehner diesmal
'n Vierteldollar, und dann hätt ich elf Vierteldollar (bis
auf den einen Zehner), und das wäre doch wirklich fein!
Aber ich hatte keine Zeit, um's zu tun. Wir gingen also zum
Abendbrot, das Rosie auch hatte kochen müssen, mit Mama
und Tante Louisa, und die hatten Puder im Gesicht, wo
sie geweint hatten, und mit Großvater; den ganzen Nachmittag hatte Papa ihm geholfen, einen Schluck aus seiner
Medizinflasche zu nehmen, solange Onkel Fred in der Stadt
war, und Onkel Fred kam zurück, und Papa ging auf den
Flur raus, und Onkel Fred sagte, er hätte überall gesucht,
in der Bank und bei der Compress, und daß Mr. Pruitt
ihm geholfen hätte, aber sie hätten keine Spur von ihnen
finden können, weder von ihnen noch von dem Geld, und
Onkel Fred hatte es schon befürchtet, denn vorige Woche
hatte Onkel Rodney mal abends einen Wagen genommen,
und Onkel Fred hätte herausbekommen, daß Onkel Rodney
nach Kingston an die Hauptstrecke gefahren und dort in
den Schnellzug nach Memphis gestiegen sei, und Papa sagte,

Teufelnocheins, und Onkel Fred sagte, Nach dem Essen
woll'n wir zu ihm und es weiß Gott aus ihn herausquetschen,
denn ihn haben wir wenigstens. Ich hab's auch Pruitt gesagt,
und er sagte, wenn wir zu ihm halten, dann will er warten
und uns Zeit lassen.

Onkel Fred und Papa und Großvater kamen zusammen
zum Essen, Großvater zwischen ihnen, und er sagte, Weihnachten ist Gottseidank bloß einmal im Jahr, also hurra!,
und Papa und Onkel Fred sagten, so ist's recht, Pa, mach
nur immer so weiter, Pa!, und Großvater machte immer
so weiter, bis er plötzlich zu rufen anfing, Wo's der verdammte Junge, und damit meinte er Onkel Rodney, und
er hätte die größte Lust, selber in die Stadt zu gehen und
Onkel Rodney aus dem verdammten Billardsaal zu holen,
damit er heimkommt und seine Verwandten begrüßt. Und
wir aßen also Abendbrot, und Mama sagte, sie wollte die
Kinder nach oben bringen, und Tante Louisa sagte, Nein,
Emmeline könnte uns zu Bett bringen, und daher gingen
wir die Hintertreppe rauf, und Emmeline sagte, sie hätte
heut schon das Frühstück extra machen müssen, und wenn
die Leute glaubten, sie würde die schöne Weihnachtszeit
über dauernd Extra-Arbeit machen, dann wären sie nicht
so gescheit, wie sie 's ihnen zugetraut hätte, und es schiene
ihr ganz so, als wäre das hier ein Haus, wo man lieber
nicht sein sollte, und wir gingen also ins Kinderzimmer,
und nach einer Weile ging ich wieder die Hintertreppe runter, und mir fiel auch ein, wo der Schraubenzieher zu finden war. Dann konnte ich ganz deutlich das Feuerwerk
in der Stadt unten hören, und der Mond schien jetzt, aber
ich konnte trotzdem immer noch die Leuchtkugeln und die
Raketen sehen, die in den Himmel aufstiegen. Dann kam
Onkel Rodneys Hand aus der Ritze im Fensterladen und
nahm den Schraubenzieher. Ich konnte sein Gesicht jetzt
nicht sehen, und es lachte nicht grade, es klang nicht grade,
als ob er lachte, es war bloß die Art, wie er hinter dem

Laden so schnaufte. Denn ihn konnten sie nicht reinlegen. »All right«, sagte er. »Das macht also zehn Vierteldollars! Aber halt! Bist du ganz sicher, daß keiner weiß, wo ich bin?«

»Ja«, sagte ich. »Ich hab am Zaun gewartet, bis einer kam und mich gefragt hat.«

»Wer?« sagte Onkel Rodney.

»Der Mann mit dem Abzeichen«, sagte ich.

Da fluchte Onkel Rodney. Aber er fluchte nicht aus Wut. Es klang genauso, wie es klingt, wenn er lacht, bloß die Worte waren anders.

»Er hat gefragt, ob du irgendwohin zu Besuch gefahren wärst, und ich hab Yes, sir gesagt«, sagte ich.

»Gut so!« sagte Onkel Rodney. »Eines Tages wirst du weiß Gott ein ebenso guter Geschäftsmann sein wie ich. Und du sollst auch nicht mehr lange für mich lügen. Jetzt hast du also deine zehn Vierteldollar, nicht wahr?«

»Nein«, sagte ich. »Ich hab sie noch nicht.«

Da fluchte er wieder, und ich sagte: »Ich kann meine Mütze aufhalten, und du kannst sie reinfallen lassen, dann geht keiner daneben.«

Da fluchte er schrecklich, aber nicht laut. »Ich denk nicht dran, dir zehn Vierteldollar zu geben«, sagte er, und ich wollte schon anfangen, Du hast's versprochen – als Onkel Rodney weitersprach: ». . . weil ich dir nämlich zwanzig Vierteldollar geben will.«

Und ich sagte, fein, und er beschrieb mir, wie ich das richtige Haus finden könnte, und was ich tun sollte, wenn ich's gefunden hätte. Nur mußt ich diesmal keinen Zettel mitnehmen, denn Onkel Rodney sagte, es wär eine Arbeit für zwanzig Vierteldollar, und deshalb zu wichtig, um es auf 'n Zettel zu schreiben, und außerdem brauchte ich keinen Zettel, denn ich würde sie doch nicht kennen, und seine Stimme zischte immer noch aus dem Fensterladen raus, wo ich ihn nicht sehen konnte, und sie klang immer noch so, wie wenn er fluchte, als er sagte, Papa und Onkel Fred hätten ihm einen Gefallen getan, als sie Tür und Fenster zunagelten, und sie hätten nicht mal so viel Grütze, um das zu wissen.

»Fange an der Hausecke an und zähle drei Fenster ab. Dann wirfst du 'ne Handvoll Kies ans Fenster. Und wenn das Fenster aufgeht – egal, wer's ist, du kennst sie doch nicht –, dann sag einfach, wer du bist, und dann: ›In zehn Minuten ist er mit dem Buggy an der Ecke. Bringen Sie den Schmuck mit!‹ Sag das nochmal!« sagte Onkel Rodney.

»In zehn Minuten ist er mit dem Buggy an der Ecke. Bringen Sie den Schmuck mit!« sagte ich.

»Sag lieber: ›Bringen Sie den ganzen Schmuck mit!‹« sagte Onkel Rodney.

»Bringen Sie den ganzen Schmuck mit«, sagte ich.

»Gut«, sagte Onkel Rodney. Dann sagte er: »Na und? Worauf wartest du noch?«

»Auf die zwanzig Vierteldollar«, sagte ich.

Onkel Rodney fluchte wieder. »Denkst du, ich bezahle dich, ehe du deine Arbeit getan hast?« sagte er.

»Du hast was von einem Buggy gesagt«, sagte ich. »Vielleicht vergißt du, mich zu bezahlen, ehe du wegfährst, und vielleicht kommst du erst zurück, wenn wir schon wieder abgereist sind. Und außerdem: als wir damals im vorigen Sommer kein Geschäft machen konnten, weil Mrs. Tucker krank wurde, da wolltest du mir den Zehner nicht geben und hast gesagt, du könntest auch nichts dafür, daß sie krank ist.«

Da fluchte Onkel Rodney hinter der Ritze leise, aber fürchterlich und sagte dann: »Hör mal! Ich hab die zwanzig Vierteldollar jetzt nicht bei mir. Ich hab nicht mal einen einzigen Vierteldollar bei mir. Und ich kann nur welche bekommen, wenn ich hier raus bin und das Geschäft abschließe. Und ich kann's nicht heute abend abschließen,

wenn du mir nicht hilfst. Hast du's verstanden? Ich komme
dir gleich nach. Ich warte an der Ecke im Buggy, wenn du
zurückkommst. Geh jetzt los! Mach schnell!«

V

Ich ging also über den Hof, bloß daß der Mond jetzt
schon hell schien, und ich ging hinter dem Zaun entlang,
bis ich auf die Straße kam. Und ich konnte das Feuerwerk
knallen hören, und ich konnte sehen, wie die Leuchtkugeln
und die Raketen in den Himmel aufstiegen, aber das ganze
Feuerwerk war unten in der Stadt, und darum konnte ich
in der Straße nichts weiter sehen als die Kerzen und die
Weihnachtskränze. Und dann kam ich an den Weg und ging
den Weg rauf bis zum Stall, und ich konnte das Pferd im
Stall hören, aber ich wußte nicht, ob es der richtige Stall
war; aber sehr bald kam Onkel Rodney hinter der Stallecke
hervor, wie mit einem Satz, und sagte, Da bist du ja, und
er zeigte mir, wo ich stehen und zum Haus rüberhorchen
sollte, und er ging wieder in den Stall. Ich konnte aber nichts
andres hören als Onkel Rodney, der das Pferd anschirrte,
und dann pfiff er, und ich ging wieder zurück, und er
hatte das Pferd schon vor den Buggy gespannt, und ich
fragte, Wessen Pferd und Buggy ist das denn, es ist viel
magerer als das von Großvater. Und Onkel Rodney sagte,
es ist jetzt mein Pferd, wenn bloß der verdammte Mond
nicht so hell schiene. Dann ging ich den Weg zurück bis zur
Straße, und weil niemand kam, hab ich im Mondschein
mit dem Arm gewinkt, und der Buggy kam heraus, und ich
stieg ein, und wir sind rasch losgefahren. Die Seitenvorhän-
ge waren vorgezogen, darum konnte ich die Leuchtkugeln
und die Raketen unten in der Stadt nicht sehen, aber ich
konnte die Schwärmer hören, und ich dachte, vielleicht fahren wir mitten durch die Stadt, und vielleicht hält Onkel

Rodney und gibt mir 'n paar von den zwanzig Vierteldollar, dann könnt ich für Großvater ein Geschenk für morgen kaufen, aber dazu kam's nicht; Onkel Rodney schob bloß eben den Seitenvorhang offen, ohne zu halten, und da konnt ich das Haus sehen und die beiden Magnolienbäume, aber wir hielten erst, als wir an der Ecke waren.

»Und jetzt«, sagte Onkel Rodney, »wenn das Fenster aufgeht, sagst du: ›In zehn Minuten ist er an der Ecke. Bringen Sie den ganzen Schmuck mit!‹ Egal, wer's ist. Du brauchst nicht zu wissen, wer's ist. Du mußt sogar vergessen, was für 'n Haus es ist. Verstanden?«

»Yes, sir«, sagte ich. »Und dann zahlst du mir die...«

»Ja«, sagte er und fluchte. »Ja. Mach, daß du runterkommst!«

Ich kletterte also runter, und der Buggy fuhr weiter, und ich ging die Straße entlang. Und das Haus war ganz dunkel, bis auf ein einziges Licht, es war also das richtige, zwischen den beiden Bäumen. Ich ging also durch den Garten und zählte die drei Fenster ab, und ich wollte gerade Kies ans Fenster schmeißen, als eine Dame hinter einem Strauch hervorgerannt kam und mich packte. Sie versuchte immerzu, mir was zu sagen, nur konnt ich's nicht verstehen, und außerdem hatte sie nicht genug Zeit, viel zu sagen, denn ein Mann kam hinter einem andern Strauch hervorgerannt und packte uns beide. Bloß daß er sie am Mund erwischt hatte, denn das merkte ich an den Lauten, die sie hervorblubberte, während sie sich loskämpfen wollte.

»So, mein Kleiner«, sagte er. »Was gibt's denn jetzt? Bist du der Richtige?«

»Ich arbeite für Onkel Rodney«, sagte ich.

»Dann bist du der Richtige«, sagte er. Jetzt kämpfte und blubberte die Dame ganz mächtig, aber er hielt ihr den Mund zu. »Schon gut. Also was gibt's?«

Ich wußte nur nicht, daß Onkel Rodney auch mit Männern Geschäfte machte. Aber vielleicht mußte er's, seit er für die Compress-Gesellschaft arbeitete. Und außerdem hatte er mir gesagt, ich würde sie doch nicht kennen, also hatte er vielleicht das gemeint.

»Er sagt: in zehn Minuten an der Ecke!« sagte ich. »Und den ganzen Schmuck mitbringen! Er hat mir gesagt, ich müßt's zweimal sagen. Und den ganzen Schmuck mitbringen.«

Die Dame kämpfte und blubberte noch viel wilder, deshalb mußte er mich vielleicht loslassen, damit er sie mit beiden Händen festhalten konnte.

»Den ganzen Schmuck mitbringen«, sagte er und hielt die Dame mit beiden Händen fest. »Das ist eine gute Idee! Das ist großartig! Ich kann's verstehen, daß er gesagt hat, du müßtest es zweimal sagen. Gut! Geh du jetzt wieder an die Ecke und warte, und wenn er kommt, sagst du ihm: ›Sie sagt, er soll kommen und ihr tragen helfen.‹ Sag ihm das auch zweimal, verstanden?«

»Und dann bekomm ich meine zwanzig Vierteldollar?« sagte ich.

»Zwanzig Vierteldollar, so?« sagte der Mann und hielt die Dame fest. »Die sollst du also bekommen, ja? Das ist nicht genug! Sag ihm noch: Sie sagt, du sollst mir auch ein Schmuckstück schenken! Verstanden?«

»Ich will bloß meine zwanzig Vierteldollar«, sagte ich.

Dann gingen er und die Dame wieder ins Gebüsch hinein, und ich ging auch weg, zur Straßenecke, und ich konnte wieder die Leuchtkugeln und die Raketen unten in der Stadt sehen und die Schwärmer knallen hören, und dann kam der Buggy an, und Onkel Rodney zischte hinter dem Seitenvorhang, genauso wie hinter Mandys Fensterladen.

»Ja, und?« sagte er.

»Sie sagt, du sollst kommen und ihr tragen helfen«, sagte ich.

»Was?« sagte Onkel Rodney. »Hat sie gesagt, daß er nicht da ist?«

»Nein. Sie hat gesagt, du solltest kommen und ihr tragen

helfen, und das sollt ich zweimal sagen.« Dann sagte ich:
»Wo sind meine zwanzig Vierteldollar?«, denn er war
schon vom Buggy runtergesprungen und lief über den Bür-
gersteig und ins schattige Gebüsch rein. Ich ging also auch
ins Gebüsch und sagte: »Du hast gesagt, du würdest sie
mir geben, wenn ich . . .«

»Ja doch, ja«, sagte Onkel Rodney. Er schlich geduckt
unter den Büschen hin, und ich konnte ihn schnaufen hören.
»Ich geb sie dir morgen. Ich geb dir morgen dreißig Vierteldollar! Jetzt scher dich zum Teufel nach Hause! Und
wenn sie bei Mandys Hütte waren, dann weißt du von
nichts. Lauf jetzt! Rasch!«

»Ich möchte aber die zwanzig Vierteldollar lieber jetzt
haben«, sagte ich.

Er lief jetzt ganz rasch und geduckt durch die schattigen
Büsche, und ich war dicht hinter ihm, denn als er herum-
fuhr, hätte er mich fast umgestoßen, aber ich sprang noch
rechtzeitig aus dem Gebüsch, und er stand da und beschimpfte mich, und dann hat er sich gebückt, und ich sah, daß er
einen Stock in der Hand hatte, und da hab ich kehrtge-
macht und riß aus. Dann ging er weiter, immer geduckt im
Schatten, und ich ging wieder zum Buggy, weil wir am Tag
nach Weihnachten wieder nach Jefferson fahren würden,
und wenn Onkel Rodney nicht vorher wiederkäme, würde
ich ihn erst im nächsten Sommer wiedersehen, und dann
hätte er vielleicht mit einer andern Dame geschäftlich zu
tun, und mit meinen zwanzig Vierteldollar würd's mir wie
mit dem Nickel gehen, damals, als Mrs. Tucker krank wurde. Deshalb hab ich am Buggy gewartet, und ich konnte
die Raketen und die Leuchtkugeln aufsteigen sehen und die
Schwärmer unten in der Stadt knallen hören, nur daß es
jetzt spät war, und vielleicht waren alle Läden geschlossen,
und ich konnte kein Geschenk für Großvater kaufen, auch
wenn Onkel Rodney jetzt wiederkäme und mir meine
zwanzig Vierteldollar gäbe. Deshalb hab ich mir bloß das

Knallen von den Schwärmern unten angehört und gedacht, ich könnte ja Großvater sagen, daß ich ihm ein Geschenk hatte kaufen wollen, und dann gibt er mir vielleicht immerhin fünfzehn Cents statt bloß 'n Zehner, aber da fingen sie plötzlich hinten bei dem Haus, wo Onkel Rodney hingegangen war, auch damit an, Schwärmer abzuknallen. Bloß daß sie fünf schnell hintereinander losließen, und als sie keine mehr abknallten, dachte ich, vielleicht würden sie nach 'ner Minute auch Raketen und Leuchtkugeln loslassen. Aber das haben sie nicht getan. Sie haben bloß ganz schnell hintereinander die fünf Schwärmer abgeknallt und hörten dann auf, und ich stand am Buggy, und dann kamen Leute aus ihren Häusern raus und riefen sich was zu, und dann sah ich, wie Männer zu dem Haus rannten, wo Onkel Rodney hingeschlichen war, und dann kam ein Mann ganz schnell aus dem Garten gelaufen und ging die Straße entlang zu Großvaters Haus hin, und ich hab zuerst geglaubt, es wär Onkel Rodney, und er hätte den Buggy vergessen, aber dann sah ich, daß er's nicht war.

Aber Onkel Rodney kam gar nicht wieder, und deshalb ging ich weiter und zu dem Vordergarten, wo die Männer waren, weil ich trotzdem auf den Buggy achtgeben und Onkel Rodney sehen konnte, falls er aus den Büschen kam, und ich kam zu dem Vordergarten und sah sechs Männer, die trugen was Langes, und dann liefen zwei andre Männer mir entgegen und hielten mich auf, und der eine sagte, Verfluchtnocheins, das ist einer von den Kleinen, der eine aus Jefferson. Und da konnte ich sehen, daß das, was die Männer trugen, 'n Fensterladen war mit was drauf, das war in eine Decke eingewickelt, und deshalb dachte ich zuerst, sie wären gekommen, um Onkel Rodney zu helfen, den Schmuck zu tragen, bloß daß ich Onkel Rodney nirgends gesehen habe, und dann rief einer von den Männern: »Wer? Einer von den Kleinen? Verfluchtnocheins, den muß jemand nach Hause bringen!«

Der Mann hob mich also auf, aber ich sagte ihm, ich müßte auf Onkel Rodney warten, und der Mann sagte, Onkel Rodney käme jetzt nicht, und ich sagte, aber ich will auf ihn warten, und dann sagte einer von den Männern hinter uns, Verflucht, schafft ihn doch hier raus!, und wir gingen weg. Der Mann nahm mich huckepack auf seinen Rücken, und da konnte ich sehen, wie die sechs Männer im Mondschein den Fensterladen mit dem Bündel drauf trugen, und ich hab den Mann gefragt, Gehört es Onkel Rodney?, und der Mann hat gesagt, Nein, wenn's überhaupt jemand gehört, dann gehört es jetzt deinem Großvater. Und daher wußt ich dann, was es war.

»'s ist 'ne Rinderkeule!« sagte ich. »Ihr wollt sie zu Großvater bringen.« Da machte der andere Mann einen komischen Grunzer, und der, auf dem ich ritt, sagte, Ja, man kann's wohl so nennen, und ich sagte: »'s ist ein Weihnachtsgeschenk für Großvater! Von wem ist es? Ist es von Onkel Rodney?«

»Nein«, sagte der Mann. »Nicht von dem. Es ist von den Männern von Mottstown. Von allen Ehemännern in Mottstown.«

VI

Dann konnten wir Großvaters Haus sehen. Und alle Lampen brannten jetzt, sogar die auf der Veranda, und ich konnte Leute auf dem Flur sehen, ich konnte Damen mit Kopftüchern sehen, und noch andere gingen den Gartenweg hinauf zur Veranda, und dann konnte ich jemand im Haus hören, es klang wie Singen, und dann kam Papa aus dem Haus und den Gartenweg entlang zur Gartentür, und wir gingen ihm entgegen, und der Mann setzte mich ab, und ich sah auch Rosie an der Gartentür stehn und warten. Nur daß es jetzt nicht mehr wie Singen klang, denn es war keine Musik dabei, und deshalb war's vielleicht wieder Tante

Louisa, und vielleicht konnte sie jetzt Weihnachten ebensowenig leiden, wie Großvater immer sagte, daß er's nicht
leiden könne.

»'s ist ein Geschenk für Großvater«, sagte ich.

»Ja«, sagte Papa. »Geh du jetzt mit Rosie weg, und geh
schlafen! Mama kommt bald zu dir. Aber bis sie kommt,
mußt du ein ganz braver Junge sein. Höre auf Rosie! Hier,
Rosie! Bring ihn weg! Schnell!«

»Nicht nötig, mir das zu sagen«, sagte Rosie. Sie nahm
mich bei der Hand. »Komm mit!« sagte sie.

Bloß daß wir nicht in den Garten gingen, denn Rosie kam
aus der Gartentür raus, und wir gingen die Straße rauf.
Und dann dacht ich, vielleicht gehn wir hintenrum, um
den Leuten auszuweichen, aber das taten wir auch nicht.
Wir gingen einfach die Straße entlang, und ich fragte: »Wo
gehen wir hin?«

Und Rosie sagte: »Wir sollen in 'nem Haus von einer
Dame schlafen, die heißt Mrs. Jordan.«

Wir gingen also weiter. Ich sagte nichts. Denn Papa hatte
vergessen, etwas darüber zu sagen, daß ich aus dem Haus
geschlichen war, und wenn ich jetzt vielleicht zu Bett ginge
und brav wäre, würde er's vielleicht bis morgen vergessen.
Und überhaupt war die Hauptsache, daß ich Onkel Rodney
und meine zwanzig Vierteldollar zu fassen bekäme, ehe
wir wieder nach Haus fuhren, und vielleicht würde das
morgen auch noch gut. Wir gingen also weiter, und Rosie
sagte: »Da drüben ist das Haus«, und wir gingen in den
Vordergarten, und auf einmal sah Rosie das Opossum. Es
saß auf einem Persimonenbaum in Mrs. Jordans Garten,
und ich konnt es bei dem Mondschein auch gut sehen, und
ich schrie: »Lauf! Lauf und hol Mrs. Jordans Leiter!«

Und Rosie sagte: »Laß mich in Ruh mit 'ner Leiter! Du
kommst jetzt zu Bett!«

Aber ich hab nicht gewartet. Ich bin aufs Haus zugelau-
fen, und Rosie hinter mir drein, und sie schrie: »Du, Geor-

gie! Gleich kommst du her!« Aber ich blieb nicht stehen. Wir könnten die Leiter holen und das Opossum erwischen und es Großvater schenken, zusammen mit der Rinderkeule, und es würde nicht mal 'n Zehner kosten, und dann würde Großvater mir vielleicht sogar auch einen Vierteldollar schenken, und wenn ich dann die zwanzig von Onkel Rodney bekomme, dann hätt ich einundzwanzig Vierteldollar, und das wäre fein!

Wenn die Sonne untergeht [7]

I

Heute unterscheidet sich der Montag von keinem andern Wochentag in Jefferson. Die Straßen sind jetzt gepflastert, und die Telefongesellschaft und das Elektrizitätswerk fällen einen schattigen Straßenbaum nach dem andern – Sumpfeichen und Ahorne, Akazien und Ulmen –, um Platz zu schaffen für eiserne Masten, an denen büschelweise aufgedunsene und geisterhaft blutleere Lichttrauben hängen; und wir haben jetzt eine Städtische Waschanstalt, deren leuchtend lackierte Spezialautos am Montagmorgen die Runde machen und die Wäschebündel einsammeln: die schmutzige Wäsche einer ganzen Woche entflieht jetzt wie ein Spuk hinter schnellen und leicht erregbaren elektrischen Signalhupen und einem lange anhaltenden und allmählich verhallenden Geräusch von Gummi auf Asphalt, das an reißende Seide erinnert; und sogar die Negerinnen, die noch nach alter Sitte die Wäsche von den Weißen zum Waschen annehmen, pflegen sie in Autos zu holen und abzuliefern.

Doch vor fünfzehn Jahren waren die stillen, verstaubten, schattigen Straßen am Montagmorgen voll von Negerinnen, die in Leintücher eingeknüpfte Wäschebündel – beinah ebenso groß wie Baumwollballen – auf ihrem unbeweglichen und mit einem Turban umwickelten Kopf balancierten und sie so, ohne sie mit der Hand festzuhalten, von der Küchentür der weißen Familie zu den rauchgeschwärzten Waschkesseln neben der Tür ihrer Hütte im Negerquartier trugen.

Nancy setzte sich zuerst das Bündel auf den Kopf, und auf das Bündel setzte sie dann den schwarzen Matrosen-

Strohhut, den sie im Winter wie im Sommer trug. Sie war groß und hatte ein langes, trauriges Gesicht, das dort, wo ihre Zähne fehlten, etwas eingesunken war. Manchmal begleiteten wir sie eine kleine Strecke den Fußweg hinunter und quer übers Weideland, um gespannt das balancierte Bündel und den Hut zu beobachten, der niemals schwankte oder rutschte, auch nicht, wenn sie in den Graben hinunter- und auf der andern Seite wieder hinaufstieg oder sich bückte, um unter dem Zaun hindurchzuschlüpfen. Sie ließ sich dabei auf ihre Hände und Knie nieder und kroch mit starr in den Nacken gelegtem Kopf, auf dem das Bündel so ruhig wie ein Stein und so leicht wie ein Ballon lag, durch die Lücke und richtete sich wieder zu voller Größe auf und ging weiter.

Manchmal übernahmen die Männer der Waschfrauen das Holen und Abliefern der Wäsche, aber Jesus tat das nie für Nancy, auch nicht, bevor Vater ihm verboten hatte, in unser Haus zu kommen, und auch nicht, als Dilsey krank war und Nancy zu uns zum Kochen kam.

Und dann mußten wir auch wer weiß wie oft den Fußweg zu Nancys Hütte hinuntergehen und ihr bestellen, sie solle zu uns kommen und Frühstück machen. Am Graben blieben wir stehen, weil Vater uns eingeschärft hatte, wir sollten uns nicht mit Jesus einlassen – er war ein kleiner schwarzer Mann mit einer großen Rasiermessernarbe quer übers Gesicht –, und von dort aus warfen wir Steine auf Nancys Hütte, bis sie an die Tür kam und, da sie keine Kleider anhatte, nur den Kopf durch den Türspalt steckte.

»Was soll'n das, Steine auf mein Haus schmeißen?« rief Nancy. »Was soll'n das, ihr kleinen Teufel?«

»Vater sagt, du sollst kommen und Frühstück machen«, sagte Caddy. »Vater sagt, du hast dich schon 'ne halbe Stunde verspätet, und du mußt sofort kommen.«

»Hab keine Lust zum Frühstückmachen«, sagte Nancy. »Ich muß ausschlafen.«

»Du bist sicher betrunken«, sagte Jason. »Vater sagt, du bist betrunken. Bist du betrunken, Nancy?«

»Wie kann einer so was sagen!« rief Nancy. »Ich muß ausschlafen. Hab keine Lust zum Frühstückmachen!«

Deshalb hörten wir nach einem Weilchen auf, die Steine auf ihre Hütte zu werfen, und gingen wieder nach Hause. Als sie endlich kam, war es so spät, daß ich nicht mehr in die Schule gehen konnte. Deshalb dachten wir, es sei der Whisky, bis zu dem Tag, als sie wieder verhaftet wurde und auf dem Weg zum Gefängnis an Mr. Stovall vorbeikam. Er war Kassierer der Bank und Diakon der Baptistengemeinde, und Nancy fing an:

»Wann zahln Sie mir was, weißer Mann? Wann zahln Sie mir was, weißer Mann? Jetzt war's schon dreimal, und Sie haben noch immer keinen Cent bezahlt!« Mr. Stovall schlug sie, so daß sie hinfiel, und als sie dauernd weiterrief: »Wann zahln Sie mir was, weißer Mann? Jetzt war's schon dreimal, und Sie ...«, da trat ihr Mr. Stovall mit dem Absatz in den Mund, und Nancy lag auf der Straße und lachte. Sie drehte den Kopf auf die Seite und spuckte ein bißchen Blut und Zähne aus und sagte: »Jetzt war's schon dreimal, und er hat mir noch keinen Cent bezahlt!«

So kam es, daß sie ihre Zähne verlor, und den ganzen Tag sprachen die Leute über Nancy und Mr. Stovall, und den ganzen Abend konnten alle, die am Gefängnis vorbeikamen, Nancy singen und kreischen hören. Sie konnten sehen, wie ihre Hände die Gitterstäbe umklammerten, und eine Menge Leute blieben am Zaun stehen und hörten zu, ihr und dem Gefängniswärter, der versuchte, sie zum Schweigen zu bringen. Sie schwieg aber erst kurz vor Tagesanbruch: da hörte der Gefängniswärter in der Zelle über sich ein Bummern und Scharren, und er ging hinauf und fand Nancy, die an einer Gitterstange hing. Er sagte, es sei nicht der Whisky, sondern Kokain, denn kein Nigger würde je versuchen, sich das Leben zu nehmen, ausgenommen, wenn er voll Kokain stecke, denn ein Nigger voll Kokain sei kein Nigger mehr.

Der Gefängniswärter schnitt sie ab und brachte sie wieder zur Besinnung; dann hat er sie verprügelt, sie ausgepeitscht. Sie hatte sich an ihrem Kleid aufgehängt. Sie hatte es gut festgemacht, aber als sie verhaftet worden war, hatte sie nichts weiter an als das Kleid, und deshalb hatte sie nichts, um sich die Hände zu binden, und sie brachte es nicht zustande, daß ihre Hände das Fenstersims losließen. Deshalb hörte der Gefängniswärter den Lärm und rannte hinauf und fand Nancy, die splitternackt am Fenster baumelte, und ihr Bauch war schon geschwollen und stand wie ein kleiner Ballon vor.

Als Dilsey krank in ihrer Hütte lag und Nancy für uns kochte, konnten wir sehen, daß ihr die Schürze kugelrund abstand; das war, noch ehe Vater dem Jesus gesagt hatte, er dürfe nicht mehr zu uns ins Haus kommen. Jesus saß in der Küche hinter dem Herd, und die Rasiermessernarbe in seinem schwarzen Gesicht sah wie ein Stück schmutziger Bindfaden aus. Er sagte, Nancy n...te eine Wassermelone unter ihrer Schürze.

»Stammt aber wahrhaftig nicht von deinem Stengel«, sagte Nancy.

»Von was für 'nem Stengel?« fragte Caddy.

»Ich kann den Stengel abschneiden, wo sie von herstammt«, sagte Jesus.

»Was mußt du denn so vor den Kindern hier reden?« schalt Nancy. »Warum gehst'n nicht arbeiten? Hast doch gegessen! Möchtest du, daß Mister Jason dich hier erwischt, wie du in seiner Küche rumsitzt und so vor den Kindern redest?«

»Wie redest?« fragte Caddy. »Was für 'n Stengel?«

»Ich darf nicht in der Küche vom weißen Mann rumsitzen, aber der weiße Mann darf in meiner rumsitzen: der weiße Mann kann in mein Haus kommen, und ich kann's ihm nicht verbieten. Wenn der weiße Mann in mein Haus kommen will, hab ich keins mehr. Ich kann's ihm nicht verbieten, aber er kann mich nicht rausschmeißen. Das kann er nicht.«

Dilsey lag noch immer krank in ihrer Hütte. Vater sagte zu Jesus, er dürfe nicht mehr in unser Haus kommen. Dilsey war immer noch krank. Lange. Nach dem Abendbrot saßen wir in der Bibliothek.

»Ist denn Nancy noch nicht fertig mit der Küche?« fragte Mutter. »Mir scheint, sie braucht reichlich lange für das Geschirr!«

»Laß Quentin hingehen und nachsehn«, sagte Vater. »Quentin, geh hin und sieh nach, ob Nancy noch nicht fertig ist! Sag ihr, sie könne nach Hause gehen!«

Ich ging in die Küche. Nancy war fertig. Das Geschirr war fortgeräumt, und im Herd brannte kein Feuer mehr. Nancy saß dicht vor dem kalten Herd auf einem Stuhl. Sie sah mich an.

»Mutter möchte wissen, ob du fertig bist«, sagte ich.

»Ja«, sagte Nancy. Sie sah mich an. »Bin fertig.« Sie sah mich an.

»Was ist los?« fragte ich. »Was ist los?«

»Ich bin bloß 'n Nigger«, sagte sie. »Ist nicht meine Schuld.«

Sie sah mich an, wie sie da vor dem kalten Herd auf dem Stuhl saß, mit dem Matrosenhut auf dem Kopf. Ich ging wieder in die Bibliothek zurück. Es war der kalte Herd und all das: wo man sich doch eine Küche immer warm und lebendig und munter vorstellt. Statt dessen ein kalter Herd, und das ganze Geschirr weggeräumt, und um die Zeit wollte ja auch niemand mehr was essen.

»Ist sie fertig?« fragte Mutter.

»Ja«, sagte ich.

»Was macht sie denn noch?« fragte Mutter.

»Sie macht gar nichts. Sie ist fertig.«

»Ich will mal nachsehn«, sagte Vater.

»Vielleicht wartet sie drauf, daß Jesus kommt und sie nach Hause bringt«, sagte Caddy.

»Jesus ist weg«, sagte ich. Nancy hatte uns erzählt, wie sie eines Morgens aufwachte und Jesus weg war.

»Er hat mich im Stich gelassen«, sagte Nancy. »Ist nach Memphis, glaub ich. Muß wohl 'ne Zeitlang vor der Polizei hier ausreißen, glaub ich.«

»Gut, daß sie ihn los ist«, sagte Vater. »Hoffentlich bleibt er weg.«

»Nancy grault sich im Dunkeln«, sagte Jason.

»Du dich auch«, sagte Caddy.

»Nicht wahr«, sagte Jason.

»Angsthase«, sagte Caddy.

»Bin ich nicht«, sagte Jason.

»Laß das, Candace!« rief Mutter. Vater kam zurück.

»Ich will Nancy den Fußweg hinunterbegleiten«, sagte er. »Sie sagt, Jesus ist wieder da.«

»Hat sie ihn gesehen?« fragte Mutter.

»Nein. Ein Neger hat ihr ausgerichtet, daß er wieder in der Stadt ist. Ich bleibe nicht lange weg.«

»Und mich willst du allein lassen, um Nancy nach Hause zu bringen?« sagte Mutter. »Ist dir ihre Sicherheit wichtiger als meine?«

»Ich bleibe nicht lange weg«, sagte Vater.

»Du willst die Kinder ohne Schutz lassen, wo der Neger hier in der Nähe ist?«

»Ich geh mit«, sagte Caddy. »Vater, laß mich mit!«

»Was sollte er wohl mit ihnen anfangen, wenn es das Unglück wollte, daß sie ihm in die Hände fielen?« fragte Vater.

»Ich will auch gehn«, sagte Jason.

»Jason!« rief Mutter. Sie meinte Vater damit. Man merkte es an der Art, wie sie seinen Namen aussprach. Als glaubte sie, Vater hätte den ganzen Tag nachgedacht, um herauszufinden, was ihr am allerunangenehmsten wäre, und als hätte sie die ganze Zeit gewußt, daß es ihm schließlich einfallen würde. Ich rührte mich nicht, denn Vater und ich, wir wußten beide, daß Mutter von ihm verlangen würde, mich bei ihr zu lassen – falls sie rechtzeitig daran dachte. Deshalb blickte Vater mich nicht an. Ich war der älteste. Ich war neun, und Caddy war sieben, und Jason war fünf.

»Unsinn«, sagte Vater. »Wir bleiben nicht lange weg!«

Nancy hatte ihren Hut auf. Wir kamen an den Fußweg. »Jesus ist immer gut zu mir gewesen«, sagte Nancy. »Jedesmal, wenn er zwei Dollar hatte, hab ich einen davon bekommen.« Wir gingen den Weg entlang. »Wenn ich den Weg hinter mir habe«, sagte Nancy, »dann kann ich schon allein weiter.«

Der Weg war immer dunkel. »Das hier ist die Stelle, wo Jason an Hallowe'en[8] Angst bekommen hat!« sagte Caddy.

»Ist nicht wahr!« sagte Jason.

»Könnte Tantchen Rachel nicht mit ihm reden?« fragte Vater. Tantchen Rachel war alt. Sie wohnte allein in einer kleinen Hütte, ein bißchen weiter noch als Nancy. Sie hatte weißes Haar und saß den ganzen Tag in der Tür und rauchte Pfeife; sie arbeitete nicht mehr. Es hieß, sie wäre die Mutter von Jesus. Manchmal sagte sie, ja, sie wär's, und dann wieder sagte sie, daß sie mit Jesus überhaupt nicht verwandt wäre.

»Doch, es ist wahr!« sagte Caddy. »Du hast mehr Angst gehabt als Frony. Sogar mehr als T. P. Mehr Angst als die Niggers.«

»Keiner kánn mit ihm reden«, sagte Nancy. »Er sagt, ich hätt den Teufel in ihm aufgeweckt, und er wüßt nur ein einziges Mittel, um ihn wieder still zu machen.«

»Jedenfalls ist er jetzt fort«, sagte Vater. »Deshalb brauchst du jetzt keine Angst zu haben. Und es wäre besser, wenn du den Weißen aus dem Wege gehen würdest.«

»Den Weißen aus 'm Weg?« fragte Caddy. »Wie geht man ihnen aus 'm Weg?«

»Er ist nicht weg«, sagte Nancy. »Ich spür's, daß er da ist. Ich spür ihn jetzt, hier auf dem Weg. Er hört uns sprechen, jedes Wort, ist irgendwo versteckt und lauert. Ich hab'n nich' gesehn, und ich seh'n bloß noch ein einziges Mal, mit dem Rasiermesser im Mund. Mit dem Rasiermesser, das ihm an der Schnur den Rücken runterhängt, in seinem Hemd drin. Und dann werd ich mich nicht mal wundern.«

»Ich hab keine Angst gehabt«, sagte Jason.

»Wenn du dich ordentlich benommen hättest, wär's nicht so weit gekommen«, sagte Vater. »Aber es ist ja jetzt vorbei: wahrscheinlich ist er jetzt in St. Louis. Er hat wahrscheinlich 'ne andere Frau und denkt nicht mehr an dich.«

»Wenn er 'ne andre hat, dann soll er sich in acht nehmen, daß ich's nicht merke«, sagte Nancy. »Ich würd mich über sie stellen, und jedesmal, wenn er sie packen will, würd ich ihm den Arm abhacken, und den Kopf abhacken, und ihr würde ich den Bauch aufschlitzen und rein . . .«

»Still!« sagte Vater.

»Wem willst du'n Bauch aufschlitzen, Nancy?« fragte Caddy.

»Ich hab keine Angst gehabt«, sagte Jason. »Ich könnt den Weg ganz allein runtergehn!«

»Ach du!« sagte Caddy. »Nicht einen Fuß würdest du hier auf den Weg setzen, wenn wir nicht auch da wären!«

II

Dilsey war noch immer krank, deshalb brachten wir Nancy jeden Abend nach Hause, bis Mutter sagte: »Wieviel länger soll das noch so weitergehn? Mich hier ganz allein zu lassen in dem großen Haus, bloß, weil du 'ne furchtsame Negerin nach Hause begleiten willst?«

Wir richteten in der Küche ein Matratzenlager für Nancy her. Eines Nachts wachten wir auf und hörten ein Getön. Es war nicht Singen, und es war nicht Weinen, und es kam die dunkle Treppe rauf. In Mutters Zimmer brannte Licht, und wir hörten, daß Vater den Flur entlang und die Hintertreppe runterging, und Caddy und ich gingen auf den Flur. Der Fußboden war kalt. Unsre Zehen zuckten davor zurück, während wir dastanden und auf das Getön lauschten. Es war wie Singen und doch kein Singen – eben ein Getön, wie die Neger es machen.

Dann wurde es still, und wir hörten Vater die Hintertreppe runtergehen, und wir gingen an den oberen Treppenabsatz. Da fing es wieder an, im Treppenhaus, nicht laut, und auf der halben Treppe konnten wir dicht vor der Wand Nancys Augen sehen. Sie glichen Katzenaugen, und Nancy glich einer großen Katze, die uns von der Wand aus anstarrte. Als wir die Treppe runtergingen, bis dorthin, wo sie stand, verstummte das Getön, und wir standen da, bis Vater wieder von der Küche raufkam, in der Hand seine Pistole. Er ging mit Nancy runter, und dann kamen sie mit Nancys Strohsack an.

Wir legten den Strohsack in unser Zimmer. Als das Licht in Mutters Zimmer ausging, konnten wir wieder Nancys Augen sehen. »Nancy?« flüsterte Caddy. »Schläfst du, Nancy?«

Nancy flüsterte auch. Es klang wie »Oh« oder »No« – ich weiß es nicht genau. Als hätte kein Mensch es gesagt, als wär's von nirgendwoher gekommen und ginge nirgendwohin, bis es schien, als wäre Nancy überhaupt nicht mehr da und als hätte ich ihre Augen im Treppenhaus so lange angestarrt, daß sie sich meinen Augen eingeprägt hatten, wie es einem mit der Sonne geht, wenn man die Augen zumacht.

»Jesus«, flüsterte Nancy. »Jesus.«

»War es Jesus?« sagte Caddy. »Wollte er sich in die Küche schleichen?«

»Jesus«, sagte Nancy. So etwa: Jeeeeeeeeeeeeeeeeeesus, bis der Ton erlosch, wie ein Streichholz oder eine Kerze.

»Sie meint den andern Jesus«, sagte ich.

»Kannst du uns sehen, Nancy?« flüsterte Caddy. »Kannst du unsre Augen auch sehen?«

»Ich bin bloß 'n Nigger«, sagte Nancy. »Gott weiß es. Gott weiß es.«

»Was hast du unten in der Küche gesehen?« fragte Nancy. »Was wollte zu dir rein?«

»Gott weiß es«, flüsterte Nancy. Wir konnten ihre Augen sehen. »Gott weiß es.«

Dilsey wurde wieder gesund. Sie kochte unser Mittagessen. »Du hättest lieber noch ein, zwei Tage im Bett bleiben sollen«, sagte Vater.

»Warum denn?« sagte Dilsey. »Wenn ich noch'n Tag länger weggeblieben wär, hätt die Küche hier wie'n Schutthaufen ausgesehn! Geht alle hier raus, damit ich wieder Ordnung in meiner Küche schaff!«

Dilsey kochte auch das Abendessen. Und am gleichen Abend, kurz bevor es dunkel wurde, kam Nancy in die Küche.

»Woher willst'n wissen, daß er wieder da ist?« fragte Dilsey. »Hast'n doch nicht gesehn!«

»Jesus ist 'n Nigger«, sagte Jason.

»Ich kann ihn spüren«, sagte Nancy. »Ich kann's spüren, daß er da unten im Graben liegt.«

»Heut abend?« fragte Dilsey. »Ist er heut abend auch da?«

»Dilsey ist auch 'n Nigger«, sagte Jason.

»Versuch mal was zu essen!« sagte Dilsey.

»Ich möcht nichts«, sagte Nancy.

»Ich bin kein Nigger«, sagte Jason.

214

»Trink 'n bißchen Kaffee!« sagte Dilsey. Sie schenkte Nancy eine Tasse Kaffee ein. »Weißt du genau, daß er heute abend unten ist? Woher weißt du, daß es grade heut abend ist?«

»Ich weiß es«, sagte Nancy. »Er ist da, und er lauert. Ich weiß es. Hab lange genug mit ihm zusammengelebt. Ich weiß, was er vorhat, noch eh er's selber weiß.«

»Trink 'n bißchen Kaffee!« sagte Dilsey.

Nancy hielt die Tasse an ihren Mund und blies auf den Kaffee. Ihre Lippen stülpten sich vor wie 'ne Hakennatter, wie der Anfang von 'nem Gummischlauch, als hätt sie alle Farbe von ihren Lippen weggeblasen, während sie auf den Kaffee blies.

»Ich bin kein Nigger«, sagte Jason. »Bist du 'n Nigger, Nancy?«

»Ich bin in der Hölle geboren, mein Kleiner«, sagte Nancy. »Und bald bin ich gar nix mehr. Bald geh ich wieder hin, wo ich herkomm.«

III

Sie begann ihren Kaffee zu schlürfen. Während sie trank, die Tasse in beiden Händen, fing sie wieder mit ihrem Getön an. Sie blies es in die Tasse rein, und der Kaffee spritzte umher, auf ihre Hände und auf ihr Kleid. Ihre Augen starrten uns an, und sie saß da, die Ellbogen auf die Knie gestützt, die Tasse in beiden Händen, und blickte uns über ihre vollgeschwappte Tasse hinweg an und machte ihr Getön. »Seht mal Nancy an«, sagte Jason. »Nancy kann jetzt nicht mehr für uns kochen. Dilsey ist wieder gesund.«

»Halt den Mund, du!« sagte Dilsey. Nancy hielt die Tasse in beiden Händen, blickte uns an und machte ihr Getön, als wären zwei Nancys da, die eine, die uns anblickte, und die andre, von der das Getön herkam. »Warum bittest du nicht Mister Jason, daß er mit der Polizei telefommiert?« sagte Dilsey. Danach schwieg Nancy und hielt nur die Tasse in ihren langen braunen Händen. Sie versuchte, nochmal Kaffee zu trinken, aber er schwappte über, auf ihre Hände und ihr Kleid, und sie stellte die Tasse hin. Jason beobachtete sie.

»Ich kann'n nicht schlucken«, sagte Nancy. »Ich trink, und er will nicht runterrutschen.«

»Geh doch in meine Hütte runter«, sagte Dilsey. »Frony kann dir'n Strohsack hinlegen, und ich komm auch gleich nach.«

»Den kann kein Nigger aufhalten«, sagte Nancy.

»Ich bin kein Nigger«, sagte Jason. »Nicht wahr, Dilsey?«

»Sicher nicht«, sagte Dilsey. Sie blickte Nancy an. »Sicher nicht, scheint mir. Was willst'n also machen?«

Nancy sah uns an. Ihre Augen flogen rasch hin und her, als hätte sie Angst, daß ihr nicht mehr genug Zeit zum Sehen bliebe, und dabei rührte sie sich kaum. Sie sah uns an, uns alle drei gleichzeitig. »Wißt ihr noch die Nacht, wo ich bei euch im Kinderzimmer geschlafen hab?« fragte sie. Sie sagte, wie wir am nächsten Morgen so früh aufgewacht wären und gespielt hätten. Wir hatten leise spielen müssen, auf ihrem Strohsack, bis Vater aufwachte und es Zeit war, Frühstück zu machen. »Geht und bittet eure Ma, daß sie mich heut nacht hier schlafen läßt«, sagte Nancy. »Ich brauch keinen Strohsack. Dann können wir wieder spielen!«

Caddy ging zu Mutter und fragte. Jason ging mit. »Ich will nicht, daß Neger in unsern Schlafzimmern übernachten«, sagte Mutter. Jason heulte los. Er heulte so lange, bis Mutter sagte, er bekäme drei Tage lang keinen Nachtisch, wenn er nicht gleich aufhörte. Da sagte Jason, er würde aufhören, wenn Dilsey uns einen Schokoladekuchen backen würde. Vater war auch da.

»Warum unternimmst du nichts?« fragte Mutter. »Wofür haben wir die Polizei?«

»Was können die Polizisten denn ausrichten?« sagte Vater. »Wenn Nancy ihn nicht gesehen hat, wie soll ihn da die Polizei finden?«

»Warum hat sie dann Angst?« fragte Mutter.

»Sie sagt, er ist da. Sie sagt, sie weiß, daß er heute nacht da ist.«

»Und dabei bezahlen wir Steuern!« sagte Mutter. »Ich muß hier in dem großen Haus allein bleiben, während du ein Negerweib nach Hause bringst!«

»Du weißt, daß ich nicht mit meinem Rasiermesser draußen auf der Lauer liege«, sagte Vater.

»Ich hör auf, wenn Dilsey uns einen Schokoladekuchen bäckt«, sagte Jason. Mutter sagte, wir sollten wieder gehen, und Vater sagte, er wüßte nicht, ob Jason einen Schokoladekuchen bekäme, aber er wüßte ganz genau, was Jason in der nächsten Minute bekäme. Wir gingen wieder in die Küche und bestellten es Nancy.

»Vater hat gesagt, du sollst nach Hause gehn und die Tür zuriegeln, dann wärst du sicher!« sagte Caddy. »Wovor sicher, Nancy? Ist Jesus wütend auf dich?« Nancy hielt die Kaffeetasse in beiden Händen, die Ellbogen flach auf den Knien: ihre Hände hielten die Tasse zwischen den Knien. Sie blickte in die Tasse. »Was hast du angestellt? Warum ist Jesus wütend?« fragte Caddy. Nancys Hände ließen die Tasse los. Sie zerschellte nicht auf dem Fußboden, aber der Kaffee floß aus; Nancy blieb sitzen, und ihre hohlen Hände schienen noch immer die Tasse zu halten. Sie fing wieder mit ihrem Getön an, doch nicht laut. Kein Singen und kein Nicht-Singen war's. Wir sahen sie an.

»Heh!« sagte Dilsey. »Hör jetzt damit auf! Rappel dich 'n bißchen zusammen! Warte hier! Ich geh Versh holen, der kann dich nach Hause begleiten.«

Dilsey ging hinaus.

Wir blickten Nancy an. Ihre Schultern zitterten immerzu, aber das Getön hatte aufgehört. Wir sahen sie an. »Was will Jesus dir antun?« sagte Caddy. »Er ist doch fort!«

Nancy sah uns an. »Wir hatten doch Spaß zusammen, als ich die Nacht in eurem Zimmer war, wißt ihr noch?«

»Ich nicht«, sagte Jason. »Ich hatte keinen Spaß!«

»Du hast ja in Mutters Zimmer geschlafen«, sagte Caddy. »Du warst überhaupt nicht bei uns.«

»Wir wollen zu meiner Hütte runtergehn«, sagte Nancy. »Dann können wir wieder Spaß zusammen haben!«

»Mutter läßt uns nicht«, sagte ich. »Es ist jetzt zu spät.«

»Ihr braucht sie nicht zu stören«, sagte Nancy. »Wir können's ihr morgen früh sagen. Das macht ihr nichts.«

»Sie läßt uns nicht«, sagte ich.

»Fragt sie jetzt nicht«, sagte Nancy. »Stört sie nicht!«

»Sie hat nicht gesagt, daß wir nicht dürfen«, sagte Caddy.

»Wir haben nicht gefragt«, sagte ich.

»Wenn ihr geht, sag ich's Mutter«, sagte Jason.

»Wir hätten Spaß zusammen«, sagte Nancy. »Es macht ihr nichts. Bloß bis zu meiner Hütte. Ich hab ja schon so lange für euch gearbeitet. Es macht ihr nichts.«

»Ich hab keine Angst mitzukommen. Aber Jason, der hat Angst. Er will's verraten.«

»Ich hab keine Angst«, sagte Jason.

»Doch, du hast Angst«, sagte Caddy. »Du willst's verraten!«

»Ich verrat's nicht«, sagte Jason. »Ich habe keine Angst.«

»Jason hat keine Angst, mit mir zu gehen«, sagte Nancy. »Nicht wahr, Jason?«

»Jason will's verraten«, sagte Caddy. Der Weg war dunkel. Wir gingen am Gatter zur Viehweide vorbei. »Wenn jetzt wer hinter dem Gatter vorspringen würde, dann würde Jason schön brüllen, da wett ich drauf!«

»Würd ich gar nicht!« sagte Jason. Wir gingen den Fußweg hinunter. Nancy sprach laut.

»Warum sprichst du so laut, Nancy?« fragte Caddy.

»Wer? Ich?« sagte Nancy. »Hört euch das an: Quentin und Caddy und Jason sagen, daß ich laut spreche!«

»Du redest, als wären wir fünf«, sagte Caddy. »Du redest, als ob Vater auch hier wäre!«

»Wer? Rede ich denn laut, Mister Jason?« sagte Nancy.

»Nancy nennt Jason ›Mister‹«, sagte Caddy.

»Hört euch das an, wie Caddy und Quentin und Jason reden!« sagte Nancy.

»Wir reden gar nicht laut«, sagte Caddy. »Du redest so, als wär Vater ...«

»Still«, sagte Nancy. »Still, Mister Jason!«

»Nancy hat Jason wieder ›Mister‹ genannt ...«

»Still!« sagte Nancy. Sie sprach sehr laut, während wir durch den Graben gingen und durch den Zaun krochen, wo sie sich immer, mit der Wäsche auf dem Kopf, ducken mußte. Dann kamen wir zu ihrer Hütte. Wir waren das letzte Stück schnell gegangen. Sie machte die Tür auf. Die Hütte roch wie die Lampe, und Nancy roch wie der Docht, als hätten sie bloß aufeinander gewartet, um gemeinsam so zu riechen. Sie zündete die Lampe an und schloß die Tür, dann schob sie den Riegel vor. Dann sprach sie nicht mehr so laut, sondern blickte uns an.

»Was wollen wir jetzt machen?« fragte Caddy.

»Was wollt ihr denn gern machen?« fragte Nancy.

Es war etwas los mit Nancys Haus; man konnte es riechen; etwas, das man noch außer Nancy und dem Haus riechen konnte. Sogar Jason roch es. »Ich will nicht hierbleiben«, sagte er. »Ich will nach Hause gehn.«

»Dann geh doch«, sagte Caddy.

»Ich möchte nicht allein gehen«, sagte Jason.

»Wir wollen Spaß zusammen haben«, sagte Nancy.

»Wie denn?« sagte Caddy.

Nancy stand an der Tür. Sie blickte uns an; nur schien es, als hätte sie ihre Augen leergemacht, als hätte sie aufgehört, sie noch zu benutzen. »Was möchtet ihr gern machen?« fragte sie.

»Erzähl uns eine Geschichte!« sagte Caddy. »Kannst du uns eine Geschichte erzählen?«

»Ja«, sagte Nancy.

»Erzähle!« sagte Caddy.

Wir blickten Nancy an.

»Du kennst gar keine Geschichte!«

»Doch«, sagte Nancy. »Doch, ich kenn welche.«

Sie kam näher und setzte sich auf einen Stuhl vor der Feuerstelle. Ein kleines Feuer brannte. Nancy schichtete mehr auf, obwohl es in der Hütte schon heiß war. Sie ließ die Flammen lodern. Sie erzählte uns eine Geschichte. Sie sprach so, wie ihre Augen aussahen – als ob ihre Augen, die uns sahen, und ihre Stimme, die zu uns sprach, nicht zu ihr gehörten. Als ob sie woanders war, woanders wartete. Sie war gar nicht in der Hütte. Ihre Stimme war drin, ihr Körper auch – die Nancy, die unter einem Stacheldraht durchkriechen konnte, mit einem Wäschebündel auf dem Kopf, als wäre er so leicht wie ein Ballon –, die Nancy war da. Aber das war alles. »Und dann kam also die Königin zu dem Graben, wo sich der böse Mann versteckt hatte. Sie ging bis zu dem Graben, und dann sagte sie: ›Wenn ich bloß hier über den Graben könnte!‹ sagte sie . . .«

»Über welchen Graben?« fragte Caddy. »Einen Graben wie den draußen? Warum will eine Königin über so einen Graben?«

»Damit sie in ihr Haus kann«, sagte Nancy. Sie sah uns an. »Sie mußte durch den Graben, damit sie rasch in ihr Haus kam und die Tür zuriegeln konnte.«

»Warum wollte sie nach Hause gehen und die Tür zuriegeln?« fragte Caddy.

IV

Nancy blickte uns an. Sie hörte auf zu sprechen. Sie sah uns an. Jasons Beine stachen weit aus seiner Hose raus, wie er da auf Nancys Schoß saß. »Ich find die Geschichte nicht schön«, sagte er. »Ich möcht nach Hause gehn!«

»Vielleicht sollten wir alle gehn«, sagte Caddy. Sie stand vom Fußboden auf. »Bestimmt suchen sie uns schon.« Sie wollte auf die Tür zugehen.

»Nicht!« rief Nancy. »Mach nicht auf!« Sie stand schnell auf und überholte Caddy. Sie rührte die Tür und den Holzriegel nicht an.

»Warum nicht?« sagte Caddy.

»Komm wieder an die Lampe!« sagte Nancy. »Wir wollen Spaß haben! Ihr müßt nicht gehn.«

»Wir sollten gehn«, sagte Caddy, »wenn wir nicht ganz tollen Spaß haben!« Sie und Nancy kamen zum Feuer, zur Lampe zurück.

»Ich möchte nach Haus gehn«, sagte Jason. »Ich sag's Mutter!«

»Ich kenn eine andre Geschichte«, sagte Nancy. Sie stand dicht vor der Lampe. Sie blickte Caddy an, wie man ein Stöckchen anblickt, das man auf der Nase balanciert. Sie mußte nach unten blicken, wenn sie Caddy sehen wollte, aber ihre Augen sahen so aus, wie wenn man ein Stöckchen balanciert.

»Ich will nicht zuhören«, sagte Jason. »Ich hämmer auf 'n Fußboden!«

»Es ist eine schöne Geschichte«, sagte Nancy. »Sie ist besser als die vorige!«

»Worüber?« fragte Caddy.

Nancy stand vor der Lampe. Ihre Hand lag auf der Lampe, lag lang und braun über dem Licht.

»Du hast ja die Hand auf der heißen Glocke«, sagte Caddy. »Fühlt sich's denn für deine Hand nicht heiß an?«

Nancy sah ihre Hand auf der Glasglocke liegen. Langsam zog sie die Hand fort. Sie stand da, blickte auf Caddy und zerrte an ihrer langen Hand, als wäre sie mit einer Schnur an ihr Handgelenk gebunden.

»Wolln was andres machen!« sagte Caddy.

»Ich will nach Hause gehn!« sagte Jason.

»Ich hab Röstmais da«, sagte Nancy. Sie blickte Caddy an, und dann Jason und dann mich und dann wieder Caddy. »Ich hab Röstmais da!«

»Ich will keinen Röstmais«, sagte Jason. »Ich möcht lieber Bonbon!«

Nancy sah Jason an. »Du kannst das Rösteisen halten!« Sie zerrte noch immer an ihrer Hand. Sie war lang und schlaff und braun.

»Also gut«, sagte Jason. »Wenn ich das machen darf, dann bleib ich noch 'n Weilchen. Aber Caddy soll's nicht halten! Wenn Caddy das Rösteisen halten darf, will ich wieder nach Haus!«

Nancy legte Holz nach. »Sieh mal, wie Nancy ihre Hand ins Feuer hält!« sagte Caddy. »Was ist denn mit dir, Nancy?«

»'s ist Röstmais da«, sagte Nancy. »Hab 'n irgendwo.« Sie holte das Rösteisen unter dem Bett hervor. Es war kaputt. Jason fing an zu weinen.

»Jetzt können wir keinen Röstmais machen!« sagte er.

»Wir müssen ja doch nach Hause gehn«, sagte Caddy. »Komm, Quentin!«

»Wartet doch!« sagte Nancy. »Wartet! Ich kann's ausbessern! Wollt ihr mir nicht helfen, wenn ich's ausbeßre?«

»Nein«, sagte Jason. »Ich will nach Haus.«

»Still«, sagte Nancy. »Still! Da sieh mal! Sieh mal her! Ich will's so ausbessern, daß Jason es halten kann und den Mais röstet.« Sie nahm ein Stückchen Draht und besserte das Rösteisen aus.

»Das hält nicht«, sagte Caddy.

»Doch, es hält!« sagte Nancy. »Paß nur auf! Und jetzt helft ihr mir, den Mais auspalen.«

Der Röstmais war auch unter dem Bett. Wir palten ihn aus, ins Rösteisen rein, und Nancy half Jason, das Rösteisen übers Feuer zu halten.

»Er pufft nicht«, sagte Jason. »Ich will nach Hause!«

»Warte nur«, sagte Nancy. »Gleich fängt's an zu puffen! Dann haben wir Spaß zusammen!« Sie saß dicht vor dem Feuer. Den Docht hatte sie so hochgeschraubt, daß die Lampe zu blaken anfing.

»Warum schraubst du ihn nicht 'n bißchen runter?« sagte ich.

»Macht nix«, sagte Nancy. »Ich kann sie nachher putzen. Warte nur! Der Mais fängt gleich an zu puffen, nur noch 'ne Minute!«

»Ich glaub nicht, daß er's tut«, sagte Caddy. »Wir sollten doch nach Hause gehn. Sie werden Angst haben.«

»Nein«, sagte Nancy. »Jetzt fängt er an. Und Dilsey hat ihnen erzählt, daß ihr alle bei mir seid. Ich hab so lange für euch gearbeitet. Es macht ihnen nichts, wenn ihr alle in meiner Hütte seid. Wartet nur! Jetzt geht's jede Minute los!«

Dann bekam Jason etwas Rauch in die Augen und fing an zu weinen. Er ließ das Rösteisen ins Feuer fallen. Nancy holte einen nassen Lappen und wischte ihm das Gesicht ab, aber er hörte nicht auf.

»Still«, sagte sie. »Still!« Aber er war nicht still. Caddy holte das Rösteisen aus dem Feuer.

»Ist ganz verbrannt«, sagte sie. »Du mußt noch mehr Mais holen, Nancy!«

»Habt ihr alles reingetan?« fragte Nancy.

»Ja«, sagte Caddy. Nancy blickte Caddy an. Dann nahm sie das Rösteisen und öffnete es und schüttete das Verkohlte in ihre Schürze und begann die Körner auszusortieren, und ihre Hände waren lang und braun, und wir sahen ihr zu.

»Hast du keinen mehr?« fragte Caddy.

»Doch«, sagte Nancy. »Doch. Da seht mal! Der hier ist nicht verbrannt. Wir müssen ihn bloß ...«

»Ich will nach Hause«, sagte Jason. »Ich sag's Mutter!«

»Pst!« sagte Caddy. Wir horchten alle. Nancy hatte ihren Kopf zur verriegelten Tür hingewandt, in ihren Augen das rote Lampenlicht. »'s kommt einer«, sagte Caddy.

Da fing Nancy wieder an, solch Getön zu machen, nicht laut, und saß da, übers Feuer gebeugt, und ihre langen Hände baumelten zwischen den Knien; plötzlich sprang Wasser in großen Tropfen aus ihrem Gesicht und rann hinunter, und in jedem Tropfen kreiselte ein kleiner runder Feuerschein, wie ein Funken, bis er ihr vom Kinn fiel. »Sie weint nicht«, sagte ich.

»Ich weine nicht«, sagte Nancy. Ihre Augen waren geschlossen. »Ich weine nicht. Wer ist da?«

»Ich weiß es nicht«, sagte Caddy. Sie trat an die Tür und sah hinaus. »Jetzt müssen wir gehen«, sagte sie. »Da kommt Vater schon.«

»Ich sag's ihm«, sagte Jason. »Ich wollte nicht mit. Ihr seid schuld!«

Das Wasser lief noch immer über Nancys Gesicht. Sie drehte sich auf ihrem Stuhl um. »Hört mal! Sagt's ihm! Sagt's ihm, daß wir Spaß haben. Sagt ihm, daß ich mich gut um euch kümmern will bis morgen früh! Sagt ihm, er soll mich mitnehmen und bei euch auf 'm Fußboden schlafen lassen. Sagt ihm, ich brauch keinen Strohsack. Wir wollen Spaß haben. Wißt ihr noch 's letztemal, was für Spaß wir hatten?«

»Ich hab gar keinen Spaß gehabt«, sagte Jason. »Du hast mir weh getan. Du hast mir die Augen voll Rauch gemacht. Ich sag's ihm!«

Vater kam in die Hütte. Er sah uns an. Nancy stand nicht auf.

»Sagt's ihm!« sagte sie.

»Caddy ist schuld, daß wir hier sind«, sagte Jason. »Ich wollte nicht mit.«

Vater trat ans Feuer. Nancy blickte zu ihm auf. »Kannst du nicht zu Tantchen Rachel gehen und bei ihr bleiben?« sagte er. Nancy blickte zu Vater auf, die Hände zwischen den Knien.

»Er ist nicht hier«, sagte Vater. »Ich hätte ihn sonst gesehen. Keine Menschenseele weit und breit.«

»Er 's im Graben!« sagte Nancy. »Er lauert da hinten im Graben.«

»Unsinn!« sagte Vater. Er blickte Nancy an. »Weißt du, daß er da ist?«

»Ich hab sein Zeichen«, sagte Nancy.

»Was für ein Zeichen?«

»Ich hab's bekommen. Es lag auf dem Tisch, als ich reinkam. Neben der Lampe lag's, ein Schweinsknochen, noch mit blutigem Fleisch dran. Er 's draußen. Wenn ihr alle aus der Tür geht, bin ich fertig.«

»Womit bist du fertig, Nancy?« fragte Caddy.

»Ich bin keine Klatschbase«, sagte Jason.

»Unsinn!« sagte Vater.

»Er 's da draußen«, sagte Nancy. »Jetzt in der Minute sieht er da durchs Fenster und wartet, daß ihr alle geht. Dann bin ich fertig.«

»Unsinn!« sagte Vater. »Schließ dein Haus zu, und dann bringen wir dich zu Tantchen Rachel!«

»'s nützt ja doch nichts«, sagte Nancy. Sie blickte Vater jetzt nicht an, aber er blickte auf sie nieder, auf ihre langen, schlaffen, unruhigen Hände. »Verschieben nützt nichts.«

»Was willst du denn machen?« fragte Vater.

»Ich weiß es nicht«, sagte Nancy. »Ich kann nix machen. Bloß verschieben. Und das nützt nichts. Ich glaub, ich muß es einstecken. Ich glaub, es gehört mir. Ich glaub, was ich bekommen soll, das gehört mir eben.«

»Was bekommst du?« fragte Caddy.

»Nichts!« sagte Vater. »Ihr müßt jetzt alle ins Bett!«

»Caddy ist schuld, daß ich hier bin«, sagte Jason.

»Geh zu Tantchen Rachel!« sagte Vater.

»Es nützt nichts«, sagte Nancy. Sie saß vor dem Feuer, die Ellbogen auf den Knien, ihre langen Hände zwischen den Knien. »Nicht mal Ihre eigene Küche nützt was! Nicht mal, daß ich im Zimmer von Ihren Kindern auf 'm Fußboden schlafe, und am nächsten Morgen passiert's, und dann das blutige . . .«

»Still!« sagte Vater. »Schließ die Tür und lösch die Lampe aus und geh zu Bett!«

»Ich fürcht mich im Dunkeln«, sagte Nancy. »Ich hab Angst, daß es im Dunkeln passiert.«

»Willst du etwa so hier sitzen bleiben, bei der brennenden Lampe?« fragte Vater. Da begann Nancy wieder mit ihrem Getön, wie sie vor dem Feuer saß, die langen Hände zwischen den Knien. »Ach, hol's der Kuckuck!« sagte Vater. »Kommt jetzt mit, Kinder. Ihr solltet längst im Bett liegen!«

»Wenn ihr nach Haus geht, bin ich fertig«, sagte Nancy. Sie sprach jetzt ruhiger. Ihr Gesicht sah ruhiger aus, und ihre Hände auch. »Jedenfalls hab ich mein Sarggeld bei Mr. Lovelady gespart.« Mr. Lovelady war ein kleiner, schmächtiger Mann, der bei den Negern das Geld für die Versicherungen einkassierte: jeden Samstagmorgen ging er zu den Hütten oder in die Küchen und sammelte fünfzehn Cents ein. Er und seine Frau hatten im Hotel gewohnt. Eines Morgens beging die Frau Selbstmord. Sie hatten ein Kind, ein kleines Mädchen. Er reiste mit dem Kind weg. Nach ein oder zwei Wochen kam er zurück, allein. An den

Samstagen sahen wir ihn morgens die Seitenstraßen und Fußwege entlanggehen.

»Unsinn!« sagte Vater. »Das erste, was ich morgen früh in der Küche sehe, das bist du!«

»Sie werden schon sehen, was Sie sehn werden«, sagte Nancy. »Aber der Herr allein weiß, was es sein wird.«

VI

Wir ließen sie dort vor dem Feuer, allein.

»Komm und schieb den Riegel vor!« sagte Vater. Aber sie rührte sich nicht. Sie sah uns nicht wieder an, saß still zwischen Lampenlicht und Feuerschein. Aus einiger Entfernung konnten wir den Weg zurückblicken und sahen sie durch die offene Tür.

»Was ist, Vater?« fragte Caddy. »Was passiert denn?«

»Nichts«, sagte Vater. Jason ritt huckepack auf Vaters Rücken, so daß er der größte von uns allen war. Wir stiegen in den Graben hinunter. Ich sah mich ruhig um. Wo sich der Mondschein und die Schatten vermischten, konnte ich nicht viel erkennen.

»Wenn Jesus sich hier versteckt hat, kann er uns sehen, nicht wahr?« fragte Caddy.

»Er ist nicht da«, sagte Vater. »Er ist schon vor langer Zeit fortgegangen.«

»Du bist schuld, daß ich mitgekommen bin!« rief Jason von oben herunter; gegen den Himmel sah es aus, als hätte Vater zwei Köpfe, einen kleinen und einen großen. »Ich wollte nicht mit!«

Wir kletterten aus dem Graben raus. Wir konnten noch immer Nancys Hütte und die offene Tür sehen, aber Nancy konnten wir nicht mehr vor dem Feuer sitzen sehen, bei offener Tür, weil sie müde war. »Ich bin todmüde«, hatte sie gesagt. »Ich bin bloß 'n Nigger. 's ist nicht meine Schuld.«

Aber hören konnten wir sie, denn sowie wir aus dem Graben herauskamen, fing sie wieder mit dem Getön an, das kein Singen und auch kein Nicht-Singen war. »Wer wird jetzt für uns waschen, Vater?« sagte ich.

»Ich bin kein Nigger«, sagte Jason hoch oben und dicht an Vaters Kopf.

»Du bist schlimmer«, sagte Caddy. »Du bist 'ne Klatsch-base. Und wenn hier was rausspringen würde, hättest du mehr Angst als ein Nigger!«

»Hätt ich gar nicht!«

»Du würdest weinen!«

»Caddy!« sagte Vater.

»Würd ich gar nicht!« sagte Jason.

»Angsthase!« sagte Caddy.

»Candace!« sagte Vater.

Anmerkungen

1 Hawkshaw: amerikanischer Ausdruck für Detektiv

2 Weber and Fields: amerikanische Komödianten, die von 1920 bis 1925 sehr beliebt in den music halls waren

3 Grüß Gott: so im Text

4 Jamaica Ginger: alkoholhaltiges Ingwergetränk, während der Prohibition zusammengebraut, sehr beliebt

5 Keeley: Trinkerheilanstalten, nach einem Reformer Keeley so benannt

6 Sutti: Witwe, die sich mit der Leiche ihres Mannes verbrennen ließ

7 ›That Evening Sun‹ ist der Titel des St. Louis Blues: I hate to see that evening sun go down

8 Hallowe'en: Vorabend von Allerheiligen, an dem die Kinder sich verkleiden und Spuk und Schabernack treiben

Nachweis

Die Erzählungen von William Faulkner liegen in fünf Bänden bei Dioge-
nes vor: *Brandstifter* (detebe 20040), *Eine Rose für Emily* (detebe 20041),
Rotes Laub (detebe 20042), *Sieg im Gebirge* (detebe 20043) und
Schwarze Musik (detebe 20044). Die amerikanische Ausgabe ›Collected
Stories of William Faulkner‹ erschien im Jahre 1950 bei Random House
in New York. Vorabdrucke erfolgten in verschiedenen amerikanischen
Zeitschriften.

A Rose for Emily (Eine Rose für Emily): The Forum, April 1930, danach
in ›These Thirteen‹ (1931), ein Sammelalbum mit 13 Erzählungen

Hair (Haar): American Mercury, Mai 1931. Danach in ›These Thirteen‹
(1931)

Centaur in Brass (Zentaur aus Messing): American Mercury, Februar
1932

Dry September (Dürrer September): Scribner's Magazine, Januar 1931

Death Drag (Der Todesschwung): Scribner's Magazine, Januar 1932.
Danach im Sammelband ›Doctor Martino‹ (1934)

Elly (Elly): Story, Februar 1934. Danach im Sammelband ›Doctor Martino‹ (1934)

Uncle Willy (Onkel Willy): American Mercury, Oktober 1935

Mule in the Yard (Maultier im Garten): Scribner's Magazine, August
1934

That Will Be Fine (Das wäre fein!): American Mercury, Juli 1935

That Evening Sun (Wenn die Sonne untergeht): American Mercury,
März 1931. Danach im Sammelband ›These Thirteen‹ (1931)

Stephen B. Oates
William Faulkner
Sein Leben. Sein Werk

Aus dem Amerikanischen von
Matthias Müller. Leinen

Mit dieser ersten umfassenden Lebensbeschreibung
William Faulkners, die für einen breiten Leserkreis geschrieben ist, hat der preisgekrönte Autor Stephen B.
Oates ein biographisches Meisterwerk vorgelegt: ein
sorgfältig recherchiertes, brillant geschriebenes Buch,
auf dessen Seiten sich das außergewöhnliche und bewegte Leben dieses Riesen der amerikanischen Literatur entfaltet.

Oates' eindringliches Porträt fängt Faulkner mit all seiner Komplexität und Widersprüchlichkeit ein. *William
Faulkner* ist eine mitreißend und virtuos erzählte Bio-
graphie. Wir erleben Faulkners Seelenqualen, seine
Wut, seinen Kummer, seinen Humor, seine Einsamkeit
und seine künstlerische Entwicklung vom jungen
Dichter zum Träger des Nobelpreises und zu einem
der größten amerikanischen Dichter.

»Sehr zufriedenstellend, sogar romantisch und sehr
spannend.« *The New York Times*

»Mit beträchtlichem erzählerischem Können ortet
Oates die finsteren turbulenten Strömungen in Faulkners Leben, und sein detailgetreuer Bericht dieses
großen und tragischen Lebens läßt keinen Leser unge-
rührt.« *Chicago Tribune*

Joseph L. Fant &
Robert Ashley
Faulkner in West Point

Die Entwicklung der amerikanischen Ideale
im Spiegel der amerikanischen Literatur
Aus dem Amerikanischen von
Elisabeth Schnack. Leinen

Am 19. und 20. April 1962 besuchte William Faulkner die amerikanische Militärakademie West Point – es war Faulkners letzter großer öffentlicher Auftritt vor seinem Tod.

Am ersten Tag las Faulkner aus seinem Roman *Die Spitzbuben* (detebe 20989), der erst Ende jenes Jahres erschien, und stellte sich nach der Lesung den Kadetten der Akademie zur Diskussion. Am nächsten Tag folgte eine Diskussion im Rahmen eines Seminars zum Thema *Die Entwicklung der amerikanischen Ideale im Spiegel der amerikanischen Literatur.* Ausführlich wie selten zuvor äußerte sich Faulkner zu seinem Selbstverständnis als Schriftsteller, zu Fragen der amerikanischen Literatur, zur Weltpolitik ebenso wie zu Fragen der amerikanischen Innenpolitik, etwa zur Frage der Gleichberechtigung der Rassen in den Südstaaten.

Die Diskussionsprotokolle werden ergänzt durch die Rede Faulkners zur Verleihung des Nobelpreises sowie durch zahlreiche Fotos.

»Faulkner ist eine der wenigen großen schöpferischen Begabungen des Westens.« *Albert Camus*

William Faulkner im Diogenes Verlag

*James Fenimore Cooper
im Diogenes Verlag*

»Solange es
die Literatur gibt,
wird es
Lederstrumpf
geben.«
Honoré de Balzac

Lederstrumpf
Vollständige Ausgabe in fünf Bänden
in Kassette. detebe 21820

Alle Bände auch einzeln lieferbar:

Die Ansiedler
oder Die Quellen des Susquehanna
Ein Zeitgemälde. Mit Anmerkungen, Nachwort und einer Karte
Aus dem Amerikanischen von C. Kolb
detebe 21818

Die Ansiedler steht am Beginn der sich über fast zwanzig Jahre hinziehenden Lederstrumpf-Reihe. Am
Rande der Gemeinschaft von Templeton leben Lederstrumpf (Natty Bumppo) und sein Freund John Mohe-
gan (der alte Indianer Chingachgook). Dieser, einst
Häuptling der Delawaren, will der früher von seinem
Stamm bewohnten Heimat und seinen hier bestatteten
Ahnen treu bleiben. So wird er, der am Schluß des Ro-
mans einem Waldbrand zum Opfer fällt, zum Symbol
einer gleichsam vorgeschichtlichen Welt, die der weißen Zivilisation weichen mußte.

»Coopers Lederstrumpf-Romane frappieren einen ökologisch sensibilisierten Leser durch ihre Aktualität.« *Neue Zürcher Zeitung*

Der letzte Mohikaner
Ein Bericht über das Jahr 1757

Mit Anmerkungen und einem Nachwort
Aus dem Amerikanischen von L. Tafel
detebe 21816

Für den zweiten Band der Lederstrumpf-Romane ist bezeichnend, daß Cooper nicht an das Ende, sondern an den Beginn von *Die Ansiedler* anknüpft. Nicht Alter und Tod, sondern die jungen Mannesjahre Natty Bumppos interessieren ihn: Lederstrumpf erscheint hier als erprobter, berühmter Kundschafter und Krieger von etwa dreißig Jahren, als »Falkenauge« und »Lange Büchse«.

»Während Sir Walter Scott um eine Nation, eine Macht trauert, beklagt James Fenimore Cooper die Ausrottung eines edlen Volkes, die Zerstörung einer unberührten, natürlichen Welt, er trauert um Natur und Menschheit als Ganzes.« *George Sand*

Die Prärie
Roman. Mit Anmerkungen, Nachwort und einer Karte
Aus dem Amerikanischen von G. Friedenberg
detebe 21819

Der alte Lederstrumpf, Natty Bumppo, lebt seit seiner zehn Jahre zurückliegenden Flucht aus Templeton als Trapper auf den weiten Ebenen westlich des Mississippi – in einer Landschaft, die Cooper selbst nie gesehen hat, die er aber nach zeitgenössischen Reiseberichten erstaunlich genau nachzeichnet.
Im reinen Naturzustand lebt der Pawnee-Häuptling Hartherz, Lederstrumpfs Adoptivsohn, der ideale Indianer: schön, mutig, in völliger Übereinstimmung mit den ethischen Forderungen seiner Welt (Bewäh-

rung im Krieg, Ehrlichkeit, Tapferkeit). Ihm steht der Sioux Mahtoree, der böse Indianer, gegenüber: verschlagen, unaufrichtig, aber intelligent.

»Die Lederstrumpf-Romane sind wundervoll. Sie bilden eine Art amerikanische Odyssee, mit Natty Bumppo als Odysseus.« *D. H. Lawrence*

Der Pfadfinder
oder Das Binnenmeer

Roman. Mit Anmerkungen, Nachwort und einer Karte
Aus dem Amerikanischen von C. Kolb
detebe 21817

In seinem vierten Lederstrumpf-Roman zeigt Cooper den Helden als etwa vierzigjährigen Mann. Diesmal stürzt er ihn zwar ausnahmsweise in ein sentimentales Dilemma – Natty Bumppo liebt Mabel, die Tochter des Sergeanten Dunham, und möchte sie heiraten –, aber auch diese Liebesgeschichte dient dazu, die Problematik von Individuum und Gemeinschaft in der Gestalt des Lederstrumpf aufzuzeigen.

»Hier kann der Kopf mit Nutzen sich vom Herzen weisen lassen, und der Gelehrte lernen ohne seine Bücher.« *William Cowper*

Der Wildtöter
oder Der erste Kriegspfad

Roman. Mit Anmerkungen, Nachwort und einer Karte
Aus dem Amerikanischen von G. Pfizer
detebe 21815

In *Der Wildtöter* kehrt Cooper wieder zum Schauplatz von *Die Ansiedler* zurück, zur Landschaft von Templeton (Cooperstown), zum Otsego-See, wo der Autor sich nach seiner Heimkehr aus Europa endgültig niedergelassen hatte. Diesmal aber verbannt er jede Spur von Zivilisation aus seinem Werk und stellt imaginativ den ursprünglichen, der Geschichte vorausliegenden Naturzustand wieder her: ein Traum von der Jugend und vom Garten Eden – fern der pessimistisch stimmenden Gegenwart. Natty Bumppo erscheint hier als Zwanzigjähriger, der noch keinen Menschen getötet hat.

»Zu den Autoren von Weltgeltung muß auch James Fenimore Cooper gezählt werden, dessen Lederstrumpf-Erzählungen noch junge Seelen entflammen werden, wenn die Schule längst vergessen ist.«
Egon Friedell

Mark Twain
im Diogenes Verlag

John Irving
im Diogenes Verlag

Die wilde Geschichte vom Wassertrinker
Roman. Aus dem Amerikanischen von
Edith Nerke und Jürgen Bauer
Leinen

Owen Meany
Roman. Deutsch von Edith Nerke und
Jürgen Bauer. Leinen

Das Hotel New Hampshire
Roman. Deutsch von Hans Hermann
detebe 21194

Laßt die Bären los!
Roman. Deutsch von Michael Walter
detebe 21323

Eine Mittelgewichts-Ehe
Roman. Deutsch von Nikolaus Stingl
detebe 21605

Gottes Werk und Teufels Beitrag
Roman. Deutsch von Thomas Lindquist
detebe 21837